창조론과 창조신학

# 창조론과 창조신학

2026년 4월 7일 처음 펴냄

지은이      김정형 박일준 박창훈 배덕만 손호현 신용식 신익상
           이상목 이성호 이오갑 이용주 장재호 전철 정대경 홍국평
펴낸이      김영호
펴낸곳      도서출판 동연
등 록       제1-1383호(1992. 6. 12)
주 소       서울시 마포구 월드컵로 163-3
전화/팩스    02-335-2630 / 02-335-2640
이메일      yh4321@gmail.com
인스타그램    instagram.com/dongyeon_press

ISBN 979-11-7611-022-8 93230

# 창조론과 창조신학

김정형 박일준 박창훈 배덕만 손호현 신용식 신익상 이상목
이성호 이오갑 이용주 장재호 전철 정대경 홍국평 함께 씀

동연

## 머리말

우리는 왜 신앙하는가? 종교는 죽이는 무기인가, 살리는 거름인가? 신학자는 십자군인가, 농부인가?

역사는 반복되며 '두려움의 상술(商術)'에 기초한 교회가 부흥하는 듯하지만, 거기 어디에도 하나님의 신비로운 살림에 대한 거룩한 경탄은 부재하다. 1633년 로마의 종교 재판소는 갈릴레오 갈릴레이의 지동설이라는 과학적 주장을 이단으로 정죄하며, 갈릴레오가 맞다면 "지구가 아니라 태양이 하늘 가운데서 움직이다가 멈추어 하루 동안 움직이지 않았다"라는 여호수아 10장 13절은 거짓이 된다고 했다. 갈릴레오의 저서는 금서 목록에 포함되었고, 그는 종신 징역형을 선고받았다가 감형되어 자택에 감금되었다. 하지만 1822년 갈릴레오의 저서는 바티칸의 금서 목록에서 해금되고, 1984년 교황 요한 바오로 2세는 "갈릴레오를 정죄하는 데 있어서 교회 성직자들이 잘못하였다"라고 공식적으로 인정한다. 351년이 걸린 뒤늦은 사과이다.

2024년 대한민국 서울에서 또다시 종교 재판이 진행되었다. 기독교대한성결교회의 서울신학대학교 총장과 이사장은 자신의 학교에서 가르치는 박영식 교수가 유신진화론을 주장한다고 정죄하였다. 과학자들의 이른바 '진화론'을 수용했기 때문이라는 이유이다. 그런 식이라면, 하나님의 "계속적 창조"를 말한 종교개혁자 마르틴 루터(Martin Luther), 하나님은 "진화의 자연적 방식"을 통해 일하신다고 가르친 장 칼뱅(John Calvin), 동식물 "화석"의 존재를 인정했을 뿐만 아니라 『자연과학개론』을 집필한 존 웨슬리(John Wesley) 등 모두 그들의 동일한 잣대에 따르면 유신진화론자로서 이단적이라고 정죄당할 것이다. 진리는 억압될 수 없기에 진리이다. 이번에는 성결교회의 누가 그리고 언제 유신진화론 혹은 창조과학 사태를 사과하게 될지 안타까운 의문을 가지게 된다.

이 저술은 한국 신학계의 역량이 총집결된 결과물이라고 해도 과언이 아니다. 감리교신학대학교, 강서대학교 신학과, 기독연구원 느헤미야, 배재대학교 기독교사회복지학과, 부산장신대학교, 서울신학대학교, 성공회대학교, 숭실대학교 기독교학과, 연세대학교 신과대학/연합신학대학원, 평택대학교 피어선신학전문대학원, 한신대학교 등에서 각 교단의 학생들을 가르치는 교수님들이 힘과 지혜를 모아 주셨다. 유신진화론이라는 마녀사냥과 이단 만들기의 차가운 비극 가운데서도 뜻밖에 피어난 봄꽃과도 같은 결실이다. 함께 글을 써주신 저자들 그리고 여러 대학과 학회에서 함께 성명서를 발표해 주신 교수님들께 머리 숙여 감사를 드린다. 또한, 대책위원회 활동을 할 때에 친히 전화를 주시어 치하해 주셨던 한국 신학계의 큰 스승 고(故) 김경재 선생님의 기억이 잔잔히 마음에 요동을 친다. 저자들과 함께 "나는 창조의 하나님을 믿습니다" 특집 연재를 기획해 주신 뉴스앤조이의 최승현 편집국장님 그리고 누구보다도 더 적극적으로 학문의 자유와 출판의 자유를 위해 앞장서 주신 도서출판 동연의 김영호 대표님께 감사를 드린다.

이 저서는 크게 네 부분으로 구성되었다. 1부는 구약 성서와 신약 성서 안의 창조론을 다룬다. 2부는 창조론과 진화론의 역사를 기원후 2세기부터 오늘날까지 추적한다. 3부는 과학과 신학의 대화가 어떤 긍정적 의미를 가지는지를 논의한다. 4부는 미래에 전개될 지구와 우주의 운명 그리고 인간 삶의 의미에 대한 전망을 논의한다. 독자들이 쉽게 각 글의 내용을 파악하실 수 있도록 아래에 간략하게 소개의 글을 적어보았다. 삼일절의 뜻깊은 아침에 자유케 하시는 진리가 되신 하나님께서 우리 한국교회를 억압과 무지에서 해방하시리라 희망하며 기도하는 마음으로 글을 마친다.

## 1부 ı 성서 안의 창조론

**홍국평** 구약성서학자 홍국평 교수는 '무로부터의 창조' 교리가 창세기 텍스트의 내재적 생각을 주석(exegesis)한 성서신학의 결과라기보다는 창세기의 본문 속으로 후대의 교리가 거꾸로 투사되어진 조직신학적 해석(eisegesis)이라고 지적한다. 오히려 '무로부터의 창조' 교리는 성서 본문에 분명히 드러나지 않을 뿐 아니라, 창세기는 메소포타미아 등에서처럼 물에 잠긴 혼돈(混沌)으로부터의 창조라는 모티프(motif)를 사용하고 있다고 그는 설명한다.

**이상목** 신약 성서학자 이상목 교수는 신약 성서의 창조 신앙이 창세기의 문자적 표현에 얽매이지 않았을 뿐만 아니라, '무로부터의 창조' 교리가 핵심도 아니라고 한다. 신약 성서의 핵심적 신앙은 예수가 우주를 만드셨다는 '창조주 기독론'(創造主 基督論)이며, 또한 창세기에 따르면 하나님께서 우주는 '말씀'으로 창조하시고 오직 인간만 직접 하나님의 '손'으로 만드셨지만, 히브리서는 "주의 손으로 하늘을 지었다"라고 고백하면서 창세기의 표현에 축자적 근본주의자들처럼 얽매이지 않았다고 그는 지적한다.

## 2부 ı 창조론과 진화론, 그 교리적 역사의 추적

**손호현** 조직신학자이며 문화신학자인 손호현 교수는 '무로부터의 창조' 교리가 역사적으로 2세기에 바실레이데스에 의해 처음으로 제시되었으며, 13세기에 와서 비로소 제4차 라테란 공의회에서 공포되었다고 설명하다.

따라서 '무로부터의 창조' 교리가 교회가 생겨나기도 이전에 이미 창세기 본문 안에 존재하였다고 주장하는 것은 설득력이 떨어지는 시대착오적인 소급적(遡及的) 해석이라고 그는 주장한다.

**이용주** 조직신학자 이용주 교수는 마르틴 루터의 창조 신앙의 핵심이 하나님에 대한 인격적 신뢰라는 것을 설명한다. "나는 하나님의 피조물이라는 것을 믿는다"라는 진술은 자신을 유지하시고 지탱하시는 하나님을 깊이 신뢰한다는 것을 고백한다는 뜻이라고 루터는 생각한다. 곧 루터의 창조 신앙은 태초에 일회적으로 발생한 우주의 창조 방식에 대한 고백이 아니라, 지금도 진행되는 하나님의 계속적 창조 활동(creatio continua)을 신뢰한다는 고백이다.

**이오갑** 조직신학자 이오갑 교수는 종교개혁자 장 칼뱅이 식물과 동물을 제2 원인으로 보는 하나님의 "매우 순수한 진화 계획"에 기초한 진화론적 창조론을 제시하였다고 지적한다. 칼뱅은 이렇게 말한다: "하나님은 우리에게 알려지지 않은 '진화'(進化)라는 자연적 방식으로 세상을 통치하는 권한을 가지므로, 그분의 주권적인 통치에 우리 자신을 복종시키는 것이 절제와 겸손의 올바른 규칙이 되어야 한다." 심지어 프린스턴신학교의 근본주의를 대변했던 벤저민 워필드조차도 이러한 칼뱅의 창조 교리를 수용하며, 그것이 "인간의 영혼을 제외한 모든 것에서 진화론적 교리라는 사실을 간과해서는 안 된다"라고 가르쳤다.

**박창훈** 교회사학자 박창훈 교수는 존 웨슬리가 『자연과학개론』을 쓸 정도로 과학에 매력을 느꼈으며, 인간, 동물, 식물과 화석, 유성, 천체 등에 대해 논의하였다고 지적한다. 웨슬리의 '존재의 황금 사슬' 개념이란 "화석을 포함한 생명 없는 흙과 식물, 동물"에서부터 인간에 이르기까지 모든 생태계의 유기적 질서가 바로 하나님의 지혜를 드러낸다고 믿는 창조신학이라고 그는 설명한다.

배덕만 기독연구원 느헤미야의 배덕만 교수는 교회사적 측면에서 2024년 서울신학대학교 박영식 교수와 유신진화론 논쟁은 결코 새롭거나 낯선 문제가 아니며, 찰스 다윈의 진화론이 등장한 이후 지속된 신학적 논쟁이라고 한다. 특히 성서의 축자영감설을 주장했던 찰스 하지 등의 근본주의자들이 진화론을 무신론이라고 공격한 미국의 상황에서 1925년 발생한 법률적 소송 "스콥스 재판"을 자세히 조명한다. 그리고 이후 이어진 반진화론적 운동의 역사를 추적하면서, 창조과학은 그리스도인들이 선택하는 유일한 답안이 아닐 뿐만 아니라, 진화론이 창조 신앙 자체를 폄훼하는 것도 아니라는 것을 역설하였다.

정대경 종교와 과학의 대화를 추구하는 정대경 교수는 진화론이 결코 "원숭이로부터 인간이 출현했다"라는 것을 가르치는 것이 아니라고 한다. 다윈이 생명의 나무를 통해 이야기한 것은 원숭이와 인간을 포함한 모든 생명체는 공통의 조상에서 발생했다는 점이다. 현대 진화론은 하나님의 형상으로서의 인간을 전혀 격하하는 태도가 아니며, 오히려 인간의 목적과 책임을 강조한다고 그는 본다.

### 3부 | 과학과 신학의 대화

박일준 종교철학자 박일준 교수는 이른바 '창조과학'은 성서를 마치 자연과학 교과서처럼 문자적으로 해석하려는 사이비 과학이며, 신학이나 자연과학 어느 것도 제대로 훈련받지 못한 이들의 오해에 기초할 뿐이라고 비판한다. 마치 요한복음의 "예수 처형의 피의 대가를 우리의 후손에게 돌리겠다"라는 본문이 2차 세계대전 당시 유태인 학살을 정당화하는 성서 본문이라고 악용된 예와도 매우 유사하게, 창조과학도 '유신진화론이라는 존재하지 않는 마녀를 오히려 만들어서 공포와 억압을 교회 안에 재생산하는 종교적 이데올로기'로서의 부정적 역기능을 하지는 않는지 성찰해야 한다고 지적한다.

**이성호** 과학과 종교의 대화를 추구하는 이성호 교수는 자신이 유학 시절 받은 질문인 "목사님은 왜 과학을 공부하시나요?"라는 화두를 통해, 종교와 과학의 대화로서의 과학신학이라는 연구는 자연과학이 아니라 신학이라는 것을 강조한다. 따라서 신학자뿐만 아니라 목회자가 자연과학을 탐구하는 것은 과학자가 되기 위해서가 아니라 더 나은 신학자 혹은 목회자가 되기 위해서라고 주장한다.

**장재호** 조직신학자 장재호 교수는 오랜 역사와 균형적 깊이를 지닌 영국의 기포드 강연을 신학과 과학의 역사적 모범 사례로서 제시하며, 사이언톨로지, 라엘리안무브먼트, 크리스천사이언스 등 최첨단 과학을 신봉하는 사이비 종교들 혹은 기독교 안의 유사한 창조과학의 문제를 비판하기 위해서 오히려 신학대학에서 과학신학을 매우 능동적으로 가르쳐야 한다고 강조한다.

**신익상** 종교철학자 신익상 교수는 지구가 둥글다는 것을 우리가 굳이 증명하려 하지 않듯이, 창조과학의 과학적 타당성을 다시 논의해야 하는 것이 일종의 낭비라는 퇴행적 행태일 수 있다고 지적한다. 그럼에도 이러한 낭비가 필요하다면, 그것을 새로운 지혜의 언어로 전환시켜야 할 사명을 우리가 가진다고 지적한다.


**4부 | 지구신학, 우주신학 그리고 현상학적 창조신학**

전철 조직신학자 전철 교수는 기후의 변화, 생명 다양성의 감소, 에너지 소비, 대기 오염 등의 지구 위기의 시대를 맞이하여, 성서의 하나님은 인간만이 아니라 지구라는 피조물 전체를 사랑의 대상으로 삼으신다고 설명한다. 마치 <오징어 게임>의 한 참가자가 남긴 "제발 그만해, 이러다가는 다 죽어"라는 절박한 절규에서처럼, 인간은 다른 생명체와의 공존의 방식을 고민하는 지구의 신학을 성찰해야 한다는 것이다.

**김정형** 종교철학자 김정형 교수는 인간 외에도 다른 생명체인 외계인들이 우주에 존재한다면, 인류의 죄와 구원의 문제에만 집중했던 기존의 인간 중심적 신학은 달라져야 하며, 더 포괄적인 일종의 우주 신학이 필요하게 될 것이라고 주장한다. 특히 과거 종교개혁자 멜랑히톤은 대속적 희생물이 되신 예수 그리스도가 한 분이듯이, 지구라는 하나의 땅만이 그리스도의 대속적 희생의 대상으로 존재한다고 생각했다. 하지만 오늘날 현대 천문학의 발전으로 지구만이 유일한 땅이라는 멜랑히톤의 주장은 사실상 철회된 상황이라고 지적하며, 이처럼 신학도 과학의 발전과 함께 발전해 나가야 한다고 그는 주장한다.

**신용식** 조직신학자 신용식은 철학자 레비나스의 현상학을 조명하며, 창조 신앙은 물리적 우주의 기원에 대한 과학적 담론이 아니라 오히려 인간의 삶에 대한 실천적이고 윤리적인 함의를 표현한 이야기라고 설명한다. 창세기의 창조 이야기는 단지 하나님의 우주 제작 이야기라기보다는 하나님이 이러한 피조 세계에 대해서 타자 그리고 이웃이 되신다는 것을 드러내는 일종의 현상학적 이야기라는 것이다.

2026년 3월 1일
우리 민족의 출애굽 해방절 아침에
저자들과 함께 손호현 씀

# 차례

# 2부 ı 창조론과 진화론, 그 교리적 역사의 추적

# 3부 | 과학과 신학의 대화

# 4부 ┃ 지구신학, 우주신학 그리고 현상학적 창조신학

# 1부

## 성서 안의 창조론

# 구약 성서와 '무로부터의 창조'

홍국평

(연세대학교 신과대학·연합신학대학원/구약신학)

## I. 여는 말

그 모세를 만나 '무로부터의 창조'에 대해 묻는다면 뭐라고 답할까? 적어도 "예, 아니오"의 간단한 답은 아닐 것 같다. 답이 아닌 물음이 되돌아왔을지도 모른다.

"자네가 말하는 '무'란 무엇인가?"

사실 성서 히브리어에는 우리가 아는 '무' 개념에 걸맞은 단어가 없고, 당연히 그 개념도 부재했다고 말하는 것이 옳다. 무슨 뜻일까? '무'에서 '유'를 만든다는 개념이 고대인에게는 낯선 것이었다는 말이다.

한참을 설명해서 우리가 이해하는 형이상학적 '무'의 개념을 설명했다 하자. 그러면 그 다음에는 순순히 고개를 끄덕였을까? 창세기 1장이 성서 어느 본문보다 논리적, 체계적 사고를 보여준다는 점을 고려할 때, '무' 개념을 이해했다면 논리적으로 그의 답은 "아마도 그럴 것 같다"였을지 모르겠다. 하지만 그 답과 함께, 아니면 그 답 이전에 또 다른 물음이 따라왔을 것 같다.

"그런데 자네에겐 그게 왜 중요한 건가?"

아마 그 중요성을 이해시키기 위해서는 또 한참의 설명이 필요했을 것이다. 이후 유대 · 기독교 역사에서 하나님 이해가 어떤 도전에 직면했고, 또 어떻게 발전해 왔는지, 그 긴 역사를 모세는 흥미 있게 들었을 것이다.

세상이 하나님의 말씀에서 나왔다든지, 하나님 외에 창조주가 없었다든지 등의 생각을 그는 무리 없이 받아들였을 것 같다. 하지만 "이것이 당신이 본문에서 설명하려 한 것이지요?"라고 묻는다면, 아마도 짧은 답보다는 그의 장황한 이야기를 들어야 했을 것이다. 그의 본문이 어떤 상황에서 무슨 의도로 쓰였으며 왜 그들에게 중요했는지…. 그렇게 우리의 대화는 끝없이 겉돌지 않았을까 싶다. 우리의 질문과 그들의 질문이 달랐기 때문이다.

대화의 어려움은 고대인과 현대인 사이에만 있는 것은 아닐 터, 신학자들 사이에도 존재한다. 신학에는 여러 분과가 있고, 각 분과는 서로 매우 다른 언어를 사용한다. 그래서 서로 대화가 어려울 때가 많다. 성서학자에게 가장 대화가 어려운 상대를 꼽자면 개인적으로 조직신학자를 꼽겠다. 서로의 과제가 다르기 때문이다.

조직신학자들은 성서학자에게 어떤 개념이나 사상의 성서적 배경, 뿌리를 찾아달라는 류의 질문을 종종 던진다. 신학적 진술을 위해 성서적 근거를 찾는 경우가 대부분이다. 그런데 당혹스러운 것은 현대인의 신학적 사고에 꼭 맞는 개념이 성서에 부재한 경우가 많다는 사실이다. 삶의 자리가 다르기 때문에 당연한 일이다. 그때 성서학자는 텍스트에 보이는 대로 대답하지만, 조직신학자는 해답 없음에 무척 당혹스러워하며 계속 근거를 찾으려 한다. 그러면서 우리의 대화는 끝없이 겉돈다.

"'무로부터의 창조'는 성서를 통해서는 거의 증빙될 수 없다"라는 박영식 교수의 진술에 대한 곡해도 이 맥락에서 이해할 수 있겠다. 성서학자의 건조한 관찰에 의미를 부여해 보려고 노력하는 조직신학자의 씨름을 신앙 고백의 언어로 해석한 결과라 하겠다. 엄밀히 말해 이 문장에 대한 비난은 성서학자가 짊어져야 하고, 그래서 나는 오늘 성서학자의 관찰을 무시하지 않고 진지하게 성찰한 어느 선량한 조직신학자를 대변하기 위해 이 자리에 섰다.


## II. 조직신학과 성서신학

현대 신학자에게 '무로부터의 창조' 교리는 당연시 되어 왔다. 널리 알려진 대로, 이는 '세상이 무엇으로부터 만들어졌느냐'에 대한 서양 철학의 오랜 논의와 관련이 있다. 구약학자들의 생각도 처음엔 다르지 않았다. 서구 신학의 영향에서 자유로울 수 없었기 때문에 무로부터의 창조를 본문에 투사해서 읽는 경우가 많았다. 하지만 시간이 지나면서 성서학자들은 무로부터의 창조가 성서 본연의 것은 아님을 깨닫기 시작했다.

이런 깨달음이 가능했던 데에는 우선 고대 근동의 문헌 발굴이 결정적인 작용을 했다. 성서의 창조기사에 직접적 배경을 제공하는 유사한 창조 담론이 무더기로 발굴되면서, 고대 근동의 맥락에서 창조를 이해하려는 시도가 시작된 것이다. 성경의 세계가 우리의 세계와 이질적인 반면, 고대 근동의 세계와 매우 유사하다는 사실이 선명해졌다. 이런 맥락에서 성서신학의 독립적 움직임이 시작되었다.[1] 성서신학은 조직신학에 종속되어서는 안 되고, 독립적 분과로 인정되어야 한다는 것이다.

그렇게 성서신학은 서서히 기독교 교리의 그늘에서 벗어나, 고대 이스라엘 종교 본연의 신학을 재구성하기 위한 노력에 박차를 가하게 된다. 20세기에 들어 서구 학자들이 주도하던 성서학 담론에 유대 성서학자들이 본격적으로 참여하면서 이런 분위기는 더욱 무르익게 된다.[2] 여전히 남아있던 기독교의 채색을 걷어내고 유대교, 기독교, 이슬람 등 종교가 태동하기 이전인 고대 이스라엘 종교의 텍스트로서 구약 성서를 복원하려는 시도가 힘을 받게 되었다.

이런 움직임이 조직신학자에게 달갑지만은 않았을 것이다. 조직신학자에게 성서적 근거 확보는 필수적인데, 그간 사용해 왔던 수많은 근거 본문들의 의미가 재해석되면서 혼란이 야기되기 때문이다. 자칫 기독교 신학의 근간을 흔들 수도 있다는 우려도 없지 않았다. 그럼에도 학자들은 두 분야의 분리에 동의하게 되었다. 성서신학의 과제와 조직신학의 과제가 근본적으로 다르기 때문이다. 성서신학은 성서에 담긴 신학을 파헤치는 것이 목표

---

1 대부분의 학자들은 가블러의 아돌프대학교 취임 강연 "De justo discrimine theologiae biblicae et dogmaticae regundisque recte utriusque finibus" (Discourse on the Proper Distinction between Biblical and Dogmatic Theology, and the Right Determination of the Aims of Each)가 중요한 이정표가 되었다고 믿는다. 간략한 영문판은 다음에서 찾아볼 수 있다. John H. Sandys-Wunsch and Laurence Eldredge, "J. P. Gabler and the Distinction between Biblical and Dogmatic Theology: Translation, Commentary, and Discussion of His Originality," *Scottish Journal of Theology* 33 (1980): 133-158.

2 여러 학자가 있지만 여전히 존 레벤슨의 영향을 손에 꼽는 사람이 많다. Jon D. Levenson, *Creation and the Persistence of Evil: The Jewish Drama of Divine Omnipotence* (San Francisco: Harper & Row, 1988). 우리말 번역본은 존 D. 레벤슨/홍국평·오윤탁 역, 『하나님의 창조와 악의 잔존』 (서울: 새물결플러스, 2019).

인 반면, 조직신학은 우리의 믿는 바를 체계적으로 진술하는 것을 목표로 한다. 동일 선상에 놓고 보면 충돌이 불가피하지만, 서로 다른 과제로 보면 다시 대화할 수 있게 된다. 그렇게 서서히 조직신학과 성서신학은 서로의 길을 인정하게 된다.

## III. '무로부터의 창조'에 관한 상반된 시선

'무로부터의 창조'와 얽힌 문제도 이러한 맥락에서 이해하면 좋다. 조직 신학의 요청과 성서신학의 진술이 크게 엇갈리는 경우에 속하기 때문이다. 기독교 신학에서 이 교리가 중요해질수록 성서의 상반된 진술과의 충돌은 불가피한 일이었다.

역사 비평의 발전으로 본문의 역사와 배경에 대한 이해가 깊어지고, 또 고대 근동 문명에 대한 이해의 폭이 넓어지면서 성서학자들은 '무로부터의 창조' 교리에 균열을 내기 시작했다. 여기에는 몇 가지 이유가 있다.

우선, '무로부터의 창조'라는 개념이 성서에 명시적으로 드러나 있지 않다.[3]

---

3 구약 성서의 외경인 마카베오하 7:28은 '무로부터의 창조'의 강력한 지지 본문으로 여겨졌다. 공동번역은 다음과 같다. "얘야, 내 부탁을 들어 다오. 하늘과 땅을 바라보아라. 그리고 그 안에 있는 모든 것을 살펴라. 하느님께서 무엇인가를 가지고 이 모든 것을 만들었다고 생각하지 말아라. 인류가 생겨난 것도 마찬가지다." 하지만 학자들이 지적하듯이 이 구절은 세상에 있던 물질이 아닌 무형의 질료로 만들었다는 생각으로 이해하기에 무리가 없는 말이다. 다음을 참조. Gerhard May, *Creatio Ex Nihilo: The Doctrine of "Creation out of Nothing" in Early Christian Thought*, trans. S. Worral. (Edinburgh: T&T Clark, 1994), 6-8; Gary A. Anderson and Markus N. A. Bockmuehl, eds., *Creation Ex Nihilo: Origins, Development, Contemporary Challenges* (Notre Dame, IN: University of Notre Dame Press, 2018), 16.

둘째, 창세기 1장 2절과 같은 본문은 1장 1절을 어떻게 해석할 것인가와 관련된 복잡한 문제를 차치하더라도,4 말씀으로 시작한 빛의 창조(1장 3절) 이전의 혼돈을 묘사한다는 것을 부인하기 어렵다.5

셋째, 창세기뿐 아니라 시편과 욥기 등 여러 창조 관련 본문이 혼돈으로 부터의 창조 모티프(Motif)를 지속적으로 사용한다.

이런 이유로 구약학자들은 창세기 1장이 혼돈을 극복한 창조 모티프를 배경으로 하고 있다는 데 동의한다. 메소포타미아뿐 아니라 한국, 중국, 일본을 포함한 세계 문명 대다수에서 혼돈과 질서 모티프가 드러난다는 것 또한 무시할 수 없는 이유다. 고대인의 사고 체계에 편만한 개념이 성서에 포함되어 있다는 것은 자연스러운 일이기 때문이다.

이렇게 성서의 창조관을 고대 근동 문화의 산물로 이해해야 한다는 공감대가 형성되면서, 성서학자들은 '무로부터의 창조' 교리를 본문에 투사하는 해석(eisegesis)을 지양하게 된다. 이런 해석은 본문에서 의미를 끌어내는 것(exegesis)을 해석의 모범으로 삼는 성서학자들에게 지양해야 할 사례로 꼽히곤 한다. 이에 조직신학자들도 이 개념이 교리의 역사 속에서 확립된 개념이며, 성서 본연의 창조관과는 거리가 있음을 인지하기 시작했다.6

하지만 성서가 우리의 신앙하는 바를 지지하지 않을 때, 혹은 부정할 때 우리는 어떻게 해야 할까? 이 심각한 문제가 여전히 남아있다. 우리 대학 학

---

4 이 문제에 대해서는 최근 발표된 다음 논문을 참조. Robert Holmstedt, "The Restrictive Syntax of Genesis i 1," *Vetus Testamentum* 58 (2008): 56-67.

5 Anderson and Bockmuehl, *Creation Ex Nihilo*, 16.

6 레벤슨의 『하나님의 창조와 악의 잔존』이 조직신학자들에게 널리 읽히는 이유도 여기서 찾을 수 있을 것이다.

부에서 성서학 수업을 수강하는 신실한 학생들의 고민이기도 하다. 문제를 회피하고 지내는 학생들도 있지만, 자신의 전 존재를 던져 이 문제와 씨름하는 친구들도 있다.

이 고민을 '신앙과 신학'의 관계 정립이라고 부르곤 한다. 그리고 3학년 정도 되면 신앙과 신학을 분리해서 생각할 수 있게 되었다고 짐짓 자랑스럽게 말하는 친구들을 보면 예전의 내 모습을 보는 것 같다. 하지만 너무 장담은 말라는 말을 굳이 해주진 않는다. 곧 경험으로 알게 될 것이기 때문에….

조직신학과 성서신학의 독립도 이 친구들이 말하는 '신앙과 신학'의 관계와 비슷한 면이 있어 보인다. 서로의 과제가 다르다는 것을 알면 양립의 길이 열린다. 하지만 그렇게 평행선을 달리는 것이 그 자체로 답은 아니다. 우리가 믿는 모든 것이 성서에 증빙되어 있지는 않다는 사실을 마주하는 것은 반드시 더 깊은 성찰로 이어져야 한다.

그리스도교 신앙이 성경에 뿌리를 내리고 있는 것은 분명하지만, 현대 기독교 신앙이 오롯이 성경에 들어있다고 말할 순 없다는 것은, 나의 신앙의 정체에 대한 입체적인 조망을 요청한다. 신앙의 역사성이라고 말할 수 있을까. 성서로부터 시작되어 기독교의 역사와 함께 줄곧 발전해 오늘에까지 이어졌다는 것, 그래서 성서학자도 역사학자도, 조직신학자도 필요하다는 것이다.[7]

하지만 깊은 곳으로 나아가는 길, 진리를 추구하는 길은 언제나 위험한

---

[7] 이런 생각이 낯선 이들이 많겠지만, 사실 우리가 믿는 것 중에는 구약 시대 이후 발전된 개념이 많다. 천사, 악마, 천당과 지옥 등이 대표적이다. 구약 성서에 당연히 근거가 있을 것이라 기대하겠지만, 성서적 뿌리보다 이후 시대의 성장 과정의 영향을 더 많이 받은 개념들이다. 다음과 같은 책을 보면 도움을 받을 수 있다. 송혜경, 『사탄: 악마가 된 고발자』 (의정부: 한님성서연구원, 2019).

법이다. 자칫 순진한 신앙을 위협할 수 있다는 것이 일선 목회자들의 우려임을 잘 안다. 하지만 사실은 이런 문제를 스스로 소화하지 못한 목회자 자신의 문제일 수도 있겠다는 생각이다.

"성서에 없는 것을 어떻게 교리로 받아들일 수 있나요?"

"'무로부터의 창조'가 성서의 핵심 창조관이 아니라면 우리는 여전히 이 교리를 믿어야 하나요?"

이런 질문에 정교하게 답할 수 있는 목회자가 몇이나 될까? 동시에 이런 질문에 대한 명쾌한 답에 목말라하는 신실한 기독교인이 얼마나 많은가? 바로 이런 질문에 성숙하게 대응할 수 있도록 돕기 위해 조직신학자는 오늘도 창조신학을 새롭게 연구하는 것이다.

## IV. 구약학자가 '무로부터의 창조'를 대하는 방법

지금까지 우리는 '무로부터의 창조'의 문제가 조직신학과 성서신학의 차이에서 기인한다는 것을 살펴보았다. 이제 한 걸음 더 나아가 구약학자가 '무로부터의 창조'를 대하는 방법에 대해 잠시 설명하고자 한다.

이를 위해 세 가지 질문을 던지면서 시작해 보자.

― 구약학자는 '무로부터의 창조'를 거부하는가?
― 구약 성서에서 창조란 무엇인가?

— 구약 성서에서 '무로부터의 창조'의 뿌리를 찾을 수 있는가?

비슷해 보이지만 전혀 다른 질문이다. 이 점을 이해하는 것이 중요하다.

첫째, 구약학자는 '무로부터의 창조'를 거부할까? 그렇지 않다. 하나님이 세상을 창조하는 데에 이미 있었던 질료가 필요했는가, 혹은 '하나님 외세상의 다른 동인이 있었는가' 등의 질문을 한다면 대부분 "아니다"라고 고백할 것이다. 구약학자이기 이전에 현대를 살아가는 신앙인이기에 우리는 하나님이 유일한 창조의 동인이라고 믿는다. 이 점에서는 유대교 학자들도 마찬가지일 것 같다.

문제는 두 번째 질문이다. "구약 성서에서 창조란 무엇인가?" 구약신학의 과제가 선명하게 부각되는 질문이다. 이미 언급했듯이 구약학자는 현대기독교 신앙고백과 별개로, 성서 자체가 증언하는 창조를 최대한 객관적으로 파헤치려 노력한다. 논리적, 철학적, 교리적 필요가 아닌 성서의 내적 증거와 당시의 문화적 맥락 속에서 답을 찾으려 한다.

이렇게 성서신학의 과업에 충실하게 되면, 우리는 '무로부터의 창조'가구약 성서 창조관의 핵심이 아니라고 말할 수밖에 없다. 다른 말로 하면, 고대 이스라엘인에게는 '무'라는 개념도, 창조에 질료가 필요했냐는 질문도 중요하지 않았다는 말, 아니 그보다 더 중요한 질문이 있었다는 뜻이다.

조직신학자와 성서신학자의 길이 엇갈리는 지점이다. 성서신학자는 고대 이스라엘인의 질문은 무엇이었는지 묻고, 그들의 시선에서 텍스트를 이해하려 노력한다. 그 자체가 목적이기에 혼돈을 극복한 창조 개념이 성서적창조관에 더 부합한다고 말한다.

하지만 성서신학의 과제가 끝난 이 지점에서 조직신학의 과제가 시작된다. 만약 그것이 고대 이스라엘인의 창조 이해였다면, '지금, 여기'에서 우리가 고백할 창조는 무엇인지 되묻는다. 우리 시대에만 이런 조직신학적 질문이 유효했을 것이라고 생각하면 오산이다. 성서가 만들어진 후 어느 시대에나 있었던 질문이고, 앞으로도 계속될 질문이다.

'무로부터의 창조' 개념이 우리에게 익숙해지게 된 것도 '세상은 어떻게 만들어졌는가?', '신은 어떤 존재인가?' 등의 철학적 도전에 대한 응전의 결과였다. 새로운 질문 앞에서 누군가 씨름하고, 그 결과로 전에 없던 개념이 확립되었다.

이 지점에서 세 번째 질문이 나온다. "성서에서 '무로부터의 창조' 개념의 뿌리를 찾을 수 있는가?"

두 번째 질문이 구약학자의 질문이라면 이것이 조직신학자의 질문에 가깝다. 자연히 이 질문에 대한 구약학자들의 답은 엇갈릴 수 있다. 뿌리 혹은 씨앗을 어떻게 규정할지에 대해 생각이 다를 수 있고, 서양 철학과 교리로부터 받은 영향의 정도도 다르기 때문이다. 그런 다양한 의견을 여기서 모두 대변할 생각은 없다. 중요한 것은 '무로부터의 창조'가 구약의 핵심 창조관이 아니라고 생각함에도 이 질문에는 긍정적으로 답할 이가 많다는 점이다. 즉, "직접적 증빙"은 없어도 후에 '무로부터의 창조' 개념으로 발전될 '씨앗'은 찾을 수 있다는 생각이다.[8]

— 하나님이 홀로 세상을 만드셨다.
— 하나님이 세상을 만드실 때 어떤 도움이나 재료도 필요하지 않았다.
— 말씀으로 모든 것을 창조할 능력이 있었다.

---

8 최근에 이 문제를 다룬 책이 출간되었다. Anderson and Bockmuehl, *Creation Ex Nihilo*. 이 중 앤더슨이 쓴 1장을 읽어보면 구약학자인 그가 무로부터의 창조 교리의 성서적 뿌리를 이해하는 방식을 살필 수 있다.

'무로부터의 창조' 교리의 근간을 형성하는 이런 개념들은 성경에서 그 뿌리를 찾을 수 있다는 것이다. 다만, 이런 생각들이 아직 '무로부터의 창조'라는 교리로 체계화되기 전이었을 뿐이다. 이것이 앞서 모세 이야기를 꺼낸 이유다. 모세에게 '무로부터의 창조' 개념이 필요하게 된 역사적 배경을 설명한다면 그는 '무로부터의 창조'에 동의했을 수 있지만, 여전히 그 개념을 창조의 핵심으로 받아들이지는 않았을 것이다. 모세가 씨름한, 아니(이제부터는 더 정확하게 말해야 하겠다) 창세기 1장의 저자가 씨름한 문제는 마땅히 그의 상황 속에서 이해해야 한다. 우리의 문제를 강요할 순 없다.

그의 문제는 고대 근동 세계의 중심지에서 만난 메소포타미아의 창조 신화였다. 신들이 악한 혼돈의 세력을 무찌르고, 그 승리의 기반 위에 세상의 질서가 놓이게 되었다는 것이 고대 근동 창조 신화의 골자다. 시리아 · 팔레스타인의 작은 나라에서 잡혀 온 유다 사람들에게 바빌론 창조 신화는, 거대한 '지구라트'(Ziggurat)를 처음 목도했을 때의 충격에 비할만 했을 것이다. 그들의 체계적이고 발전된 신 이해 앞에서, 흙으로 사람을 빚어 만들고 숨을 불어넣은 자기들의 신 이야기(창 2장)는 미개하게 느껴졌을지 모른다. 헌데, 놀랍게도 이 작은 나라에서 잡혀 온 신학자는 바빌론의 신화를 받아들이지 않고 그에 대한 강력한 응전을 시도한다. 바빌론의 모든 신들을 부정하고 오직 이스라엘의 하나님을 유일한 창조주로 선포한 것이다.

메소포타미아 창조 신화의 특징은 혼돈의 세력과의 치열한 전투가 이야기의 대부분을 차지한다는 점이다. 옛 뱀, 바다 용, 리워야단 등 성경에도 자주 등장하는 혼돈의 거대한 세력에 맞서 싸우던 신들은 패배 위기에 직면한다. 이때 신들과 세상을 구원한 영웅이 나왔으니, 바로 바빌론 만신전의 주인이 된 마르둑(Marduk)이라는 신이다. 그는 강력한 힘으로 혼돈의 세력을 제압한다. 따라서 인간은 마르둑의 노고에 보답하기 위해 신전의 노예 같은 삶을 마땅히 받아들여야 한다는 것이 신화의 주제다. 성경의 창조는 이런 서사와 궤를 같이 하지만 근본적으로 다른 하나님 이해를 표방한다.

하나님의 위력은 훨씬 더 막강하다. 야훼는 말씀으로 혼돈의 세력을 제압하였고, "바다의 용"(탄닌, 창 1:21에서는 '바다 짐승'으로 순화됨. 사 27:1 참조)은 하나님의 피조물로 묘사된다. 하나님의 압도적 위용 앞에 저항 세력은 철저히 무력화된다. 그래서 혹자는 고대 근동의 창조 신화가 끝난 지점에서 구약 성서의 창조 이야기가 시작된다고 말한다.

이러한 하나님 이해는 강제 이주민 처지였던 유다 사람들의 상황과 극적 대비를 이룬다. 나라 잃은 백성이 세상의 중심에서 만난 고도로 발전된 신화 체계(나는 그것을 당시의 과학이라고 말한다)에 흡수되지 않고, '우리는 누구인지' 잊지 않을 수 있었던 것은, 그들 고유의 정체성을 지켜낼 강력한 정체성 서사, '우리의 이야기'가 있었기 때문이다. 그것이 모세오경의 주된 기능이었고, 그 처음에 창조 이야기가 자리잡고 있었다. 바빌론의 창조 신화에 주눅 들지 않고 야훼 하나님을 세상의 창조주로 선포했던 이 당찬 신학자의 영적 상상력이 없었다면 가능하지 않았을 일이다.

수많은 사람의 뇌리에 각인된 세상의 시작 이야기는 이렇게 바빌론 포로기라는 절망적 실존에서 탄생했다.

이렇게 고대 이스라엘 사람들이 이해한 '창조'란 물리나 철학이 아니다. 태초에 한 번 일어난 단회적 사건도 아니다. '지금 여기', 생의 한가운데 계속 재현되는 사건이다. 혼돈은 오늘도 우리의 삶을 위협하고 있다. 이 실존의 위기 앞에서 우리는 저 옛날 혼돈을 잠재웠던 하나님의 창조를 다시 경험해야 한다. 그 승리가 재현되는 곳이 예배의 장이다. 6일간 혼돈 속에서 방황하던 우리가 7일째, 즉 하나님이 안식하신 그날 창조 질서에 참여한다. 혼돈으로 가득한 현실 속에서 그의 백성은 "깨소서 주님!"을 외치며 간구한다. 세상의 악과 고통 앞에 마치 잠자고 있는 듯 보이는 하나님을 깨우고자 부르짖는다. 이제 잠에서 깨어나 그 옛날 혼돈을 제압한 위력을 '지금 여기'에 재현할 것을….

이것이 창세기 1장 본연의 의미이며, 구약 성서 창조신학의 정수이다. 우리가 현대의 시선에 갇혀 이 역동적인 회복과 구원의 드라마를 미개하고 이교적인 것으로 배척한다면, 혹은 그저 태초의 7일간 일어난 사건의 연대기로 무미건조하게 읽는 데 그친다면, 이 위대한 드라마를 완성한 '고대 이스라엘의 조직신학자'는 무엇이라 답했을까?


## V. 맺으며

'무로부터의 창조'라는 교리와 '혼돈을 극복한 창조'라는 성서의 가르침은 이것이냐 저것이냐의 관점으로 접근해서는 안 된다. 둘은 창조에 대한 서로 다른 종류의 생각으로, 서로 보완하고 양립할 수 있다. '무로부터의 창조'는 논리적, 철학적 사유의 산물인 반면, 혼돈을 극복한 창조는 실존적 산물이다. 고대 이스라엘인의 삶의 자리에서는 혼돈의 극복이라는 실존적 고백이 중요했다면, 현대 신앙인은 논리적 체계 안에서 신을 설명해야 할 요구를 직면해 왔다. 그렇다고 현대인은 '무로부터의 창조' 개념만 필요로 한다는 것은 아니다. 고통과 악의 문제는 오늘도 우리가 직면하는 현실이다. 따라서 혼돈을 극복한 창조는 오늘을 사는 현대인의 삶에도 재현될 수 있고, 재현되어야 한다.

그리고 한 발짝 더 나아가야 한다. 이 두 창조 개념은 각자의 시대적 도전에 응전하는 시도였고, 그 도전은 현재진행형이다. 새 시대는 끊임없이 새로운 과제를 우리에게 던진다. 저들이 그 시대의 문제와 씨름하면서 창조에 대한 개념이 발전했다면, 우리는 우리 시대의 도전에 신학적으로 대응해야 한다. 따라서 '무로부터의 창조'는 종착역이 아니며 언젠가 극복될 수 있는 잠정적 개념이다. 고인 물은 썩을 수밖에 없다. 신학은 늘 새롭게 자기를 변혁시켜야 한다.

바로 그 작업의 첨병이 조직신학자들이다. 이들이야말로 우리 시대의 도전에 대한 신학적 응전의 최전선에 서 있다. 이들의 과업이 때로 낯설고 거칠고 위험해 보일 수 있다. 하지만 분명하게 말할 수 있는 것이 있다.

어제의 조직신학자가 없었다면 오늘의 기독교는 없었고, 오늘의 조직신학자가 없으면 내일의 기독교는 없을 것이다.

이들의 고단한 싸움을 우리 모두가 응원해야 할 이유다.

# 신약의 창조 이해

이상목

(평택대학교 교수/신약학)

## I. 들어가며

구약 창세기의 창조 이야기는 신약 성서 속에 뚜렷한 자취를 남겼다. 신약은 때로 창조에 관한 구약의 기록을 직접 인용하기도 하고, 때로는 하나님의 창조를 간접적으로 암시하기도 한다. 가령, 베드로후서는 만물의 시작을 말하면서 땅은 "물에서 나와 물로 성립된 것"이라고 말한다(벧후 3:5). 이는 창세기 1장 9-10절을 명징하게 연상시킨다. 반면, 바울의 아담 기독론은 아담의 창조를 직접 다루지는 않지만, 창세기의 첫 인간인 아담의 창조를 전제로 하여 아담과 예수를 구원론적 관점에서 유비적으로 고찰한다(롬 4:12-21; 고전 15:11-21, 45).

신약은 창조 이야기를 신학적 담론이나 윤리적 권고를 위한 전제로 삼아 신약 고유의 신학을 전개하기도 한다. 예수는 종말의 환란을 예고하면서 "창세로부터 지금까지" 인간이 경험하지 못한 환란이 될 것이라 말한다(마 24:21). 여기서 예수는 창세기의 천지창조를 인류 역사의 시작점으로 설정하고 종말에 관한 예고를 전한다. 요한복음은 예수를 "태초에 하나님과 함께했던 말씀[로고스]"이라고 설명한다(요 1:1). 본문의 "태초에"는 앞선 예와는 달리 예수의 정체에 관한 신학적 통찰을 담는 중요한 용어이다. 이러한 예들은 창세기의 창조 이야기가 초기 교회에서 살아있는 전통으로 역동하였음을 보여준다.

창조 이야기에 관한 신약의 관심은 유대교 안에서 태동한 예수 운동의 태생적 특징을 반영한다. 예수와 그의 직계 제자들은 모두 유대교 전통을 지키는 유대인이었다. 그러한 정체성은 직계 제자의 범위를 12명의 남성으로 제한하지 않더라도 동일하다. 예를 들어, 예수는 회당에서 활동하며 안식일을 지켰고(막 1:21; 6:2 참고), 제자들은 예수가 떠난 후 예루살렘 성전에서 유대교의 정해진 시간에 따라 기도했다(행 3:1 참고). 이러한 점을 주목하면 유대교는 초기 교회의 모태였음을 알 수 있다. 초기 교회는 유대교의 경전인 구약 성서를 자기 경전으로 받아들였다. 초기 신자들은 구약을 인용하고 해석하면서 교회를 위한 신학을 형성하였다.

신약의 교회는 구약의 창조자 하나님 신학을 수용하여 새롭게 해석하였다. 초기 교회는 유대교의 창조 이해를 받아들여 예수의 하나님을 창조자로 고백했다. 하지만 초기 교회는 또한 예수에 관한 독특한 신앙고백을 창조자 하나님 신학과 연결하였다. 곧, 하나님을 예수 그리스도를 보내어 구원의 길을 여신 분으로 이해하였다. 구약의 창조자 하나님은 신약에서 모든 인류를 위한 구원자 하나님으로 새롭게 고백되었다. 유대교의 유산은 초기 교회의 신학적 자양분이 되었다. 신약의 창조 이야기 인용은 유대교의 유산을 바탕으로 교회의 신학을 형성했던 초기 기독교의 흔적을 보여준다.

## II. 창조 이야기와 신약의 기독론적 해석

예수에 관한 초기 교회의 경험과 고백은 예수의 정체와 구원자의 역할을 설명하려는 노력으로 이어졌다. 갈릴리에서 시작된 하나님 나라 운동은 예루살렘에 이르러 예수의 십자가 처형과 부활로 이어졌다. 예수를 따르던 자들은 예수의 죽음과 부활을 경험한 후 그를 하나님의 구원자, 그리스도로 고백했다. 특히 제자들이 목격한 예수의 부활 현현은 예수를 하나님의 아들로, 나아가 하나님으로 이해하는 신학의 밑거름이 되었다. 예수를 구원자로 이해했던 초기 교회의 신학은 예수를 하나님의 창조와 관련하여 이해하는 신학으로 발전하였다. 초기 교회는 예수를 하나님의 구원뿐만 아니라 창조에 동참하는 존재로 고백하였고, 이는 신약 성서 곳곳에서 발견된다. 신약 성서에는 초기 교회의 기독론적 관심이 중요한 신학 주제로 자리한다.

초기 교회는 구약의 지혜 전통을 계승하여 예수를 창조자로 고백하는 신학을 발전시켰다. 우선, 구약과 제2성전기 유대교 전통을 살펴보자. 잠언 8장은 하나님의 지혜에 관한 구약의 신학을 보여주는 대표적인 본문이다. 잠언 8장 22-23절은 하나님의 지혜와 천지창조에 관해 다음과 같이 기록한다.

여호와께서 그 조화의 시작 곧 태초에 일하시기 전에 나[지혜]를 가지셨으며 [יְהוָה] 만세 전부터, 태초부터, 땅이 생기기 전부터 내가 세움을 받았나니.[1]

잠언은 천지창조 이전에 하나님의 지혜가 있었다고 말한다. 하나님의

---

[1] 별도의 표시가 없는 경우 성구 인용은 개역개정 본문이다. 성경 외의 문헌은 사역을 기본으로 하고 그렇지 않은 경우는 출처를 표기한다.

지혜는 태초 이전에 존재했다. 곧, 지혜는 인간의 시간 개념을 초월한다. 지혜의 시작은 천지창조 이전의 일이었고, 따라서 인간에게는 신비로 남는다.[2] 그러한 지혜는 하나님이 지은 것이다. 위에 인용된 개역개정은 하나님이 지혜를 "가지셨으며"라고 번역하지만, 히브리어 동사 קָנָה는 '가진다' 외에도 '창조하다'라고 번역된다.[3] 공동번역 개정판은 22절을 "야훼께서 만물을 지으시려던 한처음에 모든 것에 앞서 나를 지으셨다"라고 번역한다. 고대 그리스어 번역인 칠십인역(LXX)도 문제의 히브리어 동사를 '창조하다'라는 의미로 옮긴다. 곧, "주께서 그의 길 처음에, 그의 일에 앞서 나를 창조하셨다"(κύριος ἔκτισέν με ἀρχὴν ὁδῶν αὐτοῦ εἰς ἔργα αὐτοῦ)라고 번역한다. 반면, 라틴어 번역 불가타는 "possedit"(가지셨다)로 옮긴다. 이러한 번역의 차이는 가령 여러 영문 번역에서도 동일한데, 그들은 "possessed"(가지셨다) 또는 "created"(창조하셨다)로 양분된다. New Revised Stanard Version(NRSV)와 New Jerusalem Bible(NJB)는 "created"로, New American Standard Bible(NASB)와 English Standard Version(ESV)는 "possessed"로 옮긴다. Complete Jewish Bible(CJB)은 하나님의 창조라는 의미를 드러내면서도 "created"가 아닌 "made"라고 번역한다. 이러한 번역의 차이와 함께 23절을 주목하면 지혜를 하나님이 지은 것으로 해석하는 것이 적절하다. 23절은 하나님이 만세 전부터 지혜를 세웠다고 전한다. 곧, 하나님이 지혜를 '세운' 때가 지혜의 출현 시점이 된다. 이는 그 시작이 없는 하나님과는 질적으로 다른 지혜의 특성이다.

---

2 Roland E. Murphy, *Proverbs* (WBC 22; Grand Rapids: Zondervan, 1998), 52.

3 번역에 관한 더욱 자세한 정보는 다음을 보라. Michael V. Fox, *Proverbs 1-9: A New Translation with Introduction and Commentary* (New York: Doubleday, 2000), 265-266.

잠언이 말하는 하나님의 지혜는 의인화되어 등장한다. 지혜는 "길가의 높은 곳과 네거리"에서, "성문 곁과 문 어귀와 여러 출입하는 문에서" 사람들을 불러 권고하는 존재로 그려진다(잠 8:2-4). 지혜는 하나님의 속성이지만, 동시에 하나님과는 구분되는 존재로 나타난다. 이러한 지혜의 특성은 하나님의 창조에 관한 잠언의 기록에서 더욱 흥미롭게 묘사된다. 하나님의 지혜는 창조의 순간에 하나님과 함께하며 창조에 참여하였다. 잠언은 다음과 같이 말한다.

> 그[하나님]가 하늘을 지으시며 궁창을 해면에 두르실 때에 내[지혜]가 거기 있었고… 바다의 한계를 정하여 물이 명령을 거스르지 못하게 하시며 또 땅의 기초를 정하실 때에 내가 그 곁에 있어서 창조자가 되어 날마다 그의 기뻐하신 바가 되었으며…(잠 8:27, 29-30).

잠언이 기록하는 하나님의 창조사역은 창세기 1장의 창조기사를 연상시킨다. 위의 인용문에서 사용된 궁창, 바다, 물 등의 단어는 창조의 둘째 날과 셋째 날에 있었던 일을 떠올리게 한다. 여기서 주목할 것은 잠언이 하나님의 지혜를 "창조자"(אָמוֹן, 아몬)로 부른다는 점이다. 이 히브리어 단어는 하나님 옆에 있으면서 그의 창조에 참여한 지혜의 역할을 나타낸다.[4] 이 히브리어 단어를 새번역은 "창조의 명공"으로, 공동번역 개정판은 "조수"로 번역한다. 영문 번역들에서도 이와 유사한 번역이 다수이다. NRSV는 "a master worker"로, NASB와 ESV는 "a master workman"으로 옮긴다. CJB는 "someone he[God] could trust"라고 번역하여 앞선 예들과는 다

---

4 Murphy, *Proverbs*, 48, 53.

른데, 이는 창조 시에 하나님이 신뢰할 수 있는 자는 창조에 관련된 역할을 충실히 수행하는 자라고 이해하는 번역으로 평가할 수 있다. 이러한 점에서 CJB의 번역도 다른 번역들과 배치되지 않는다. 잠언은 하나님의 지혜를 의인화된 존재로 묘사하며, 그가 하나님의 창조에 참여했다고 기록한다. 곧, 하나님의 창조는 하나님의 지혜라는 보조 창조자를 통해 이루어졌다.

폭스(Michael Fox)는 잠언 8장 30절에서 "아몬"으로 명명된 지혜의 역할이 실제론 하나님의 창조를 조력하거나, 어떤 방식으로든 그의 참여하였음을 의미하지 않는다고 주장한다.[5] 그의 연구에 따르면, 잠언 8장 30-31절에서 "아몬"인 지혜의 실제 행위는 하나님 앞에서 그의 기쁨이 되는 것이며, 이는 "아몬"을 창조자 또는 창조의 조력자로 해석함이 타당하지 않음을 보여준다. 주석가들은 히브리어 명사 "아몬"은 어린아이 또는 장인(匠人)으로 번역하는데, 아직 어느 한 번역이 통설이 되지 못한 상태이다. 폭스는 "아몬"을 어린아이로 해석하여 아버지와 같은 하나님 앞에서 기쁨이 되었다고 설명한다.[6] 저자는 창조가 오직 하나님만의 행위라고 보아 "하나님만이, 창세기 1장과 욥기 38장과 같이 혼돈에 질서를 부여한다"라고 진술한다.[7]

그러나 폭스의 주장은 잠언 3장 19장을 주목하면 동의하기 어렵다. 우선, 해당 구절은 "여호와께서는 지혜로(בְּחָכְמָה; τῇ σοφίᾳ, LXX) 땅에 터를 놓으셨으며 명철로(בִּתְבוּנָה) 하늘을 견고히 세우셨고"라고 기록한다. 구약의 고대 그리스어 번역인 칠십인역(LXX)은 בְּחָכְמָה("지혜로")를 수단의 여격으로 이해하여 τῇ σοφίᾳ로 옮겼다. 다시 말해, 수단의 여격은 창세 이전에 세움

---

5 Michael Fox, "Ideas of Wisdom in Proverbs 1-9," *JBL* 116 (1997), 628. 627-629.

6 이와 유사한 해석의 예는 다음을 보라. Leo G. Perdue, *Wisdom & Creation: The Theology of Wisdom Literature* (Nashville: Abingdon, 1994), 90-91.

7 Fox, "Ideas of Wisdom in Proverbs 1-9," 628.

을 받은 지혜(잠 8:23)가 창조의 수단이었다는 생각을 드러낸다. 따라서 잠언 3장 19절은 하나님의 창조에 창조의 조력자 또는 수단이 개입되었다고 볼 수 있는 전거가 된다. 그렇다면 지혜는 "아몬"으로서 창조의 장인으로 활동했다고 봄이 타당하다. 다음으로 잠언은 동사 מְשַׂחֶקֶת를 사용해 지혜의 행위를 묘사하는데, 이 단어는 '놀다' 또는 '기뻐하다'로 해석할 수 있다.[8] 머피(Roland E. Murphy)는 지혜가 창조된 지구 위에서 있는 인간들 사이에서 놀거나 기뻐한 것이라고 해석한다.[9] 그에 따르면 그러한 지혜의 행위는 창조와 무관한 지혜의 역할을 의미하는 것이 아니다. 지혜는 오히려 창조 시에 하나님과 함께 있었고, 창조 후에는 피조 세계의 인간들과도 함께한다.[10] 그는 창조에 참여하였으며 피조 세계에 임한 신적 존재이다.[11]

창조자 지혜에 관한 잠언의 전통은 제2성전기 유대교와 초기 교회로 이어졌다. 우선, 제2성전기 유대교 전통을 살펴보자. '솔로몬의 지혜'(또는 지혜서)는 잠언과 같이 하나님의 지혜를 창조의 행위자로 기록한다. 지혜서 8장 5절은 지혜를 찬양하면서 "무엇이 모든 것을 움직이는 지혜보다 더 부요한가?"(σοφίας πλουσιώτερον τῆς τὰ πάντα ἐργαζομένης)라고 말한다. 여기서 지혜는 "모든 것을 움직이는" 존재로 묘사된다. 달리 표현하면, 지혜서의 지혜는 만물을 움직이는 능동적인 원인이다(τῆς τὰ πάντα ἐργαζομένης,

---

8 NRSV와 ESV는 해당 히브리어 동사를 "rejoicing"으로, NASB와 CJB는 "I played"로 옮긴다.

9 Murphy, *Proverbs*, 53.

10 Roland E. Murphy, "Wisdom and Creation," *JBL* 104 (1985), 9-10.

11 랜즈는 잠언 8장과 창세기 1장을 비교하여 양자의 유사성을 분석한다. 그는 창세기의 창조에서도 지혜의 역할이 개입되었다고 해석할 가능성을 제시한다. George M. Landes, "Creation Tradition in Proverbs 8:22-31 and Genesis 1," *A Light unto My Path: Old Testament Studies in Honor of Jacob M. Myers*, ed. by H. N. Bream, R. D. Heim and C. A. Moore (Philadelphia: Temple Univ. Press, 1974), 279-298.

Wisd. 8:5). 지혜서는 나아가 하나님의 지혜를 "만물을 만들어 낸 자"(τῶν ὄντων ... τεχνῖτις)라고 부른다(8:6). 지혜는 창조 시에 하나님과 함께했으며(ἡ σοφία ... παροῦσα ὅτε ἐποίεις τὸν κόσμον, Wisd. 9:9) 모든 것에 스며들고 침투하여 만물 가운데 편만하다(χωρεῖ διὰ πάντων, Wisd. 7:24).12 공동번역은 "지혜는… 모든 것을 통찰한다"라고 번역하는데, 이는 만물 속에 스며들고 침투하는 지혜가 만물을 꿰뚫어 볼 수 있는 존재라는 이해를 반영한다. 천지만물의 창조자는 하나님이지만, 하나님의 지혜는 하나님과 구별된 존재로서 창조의 행위자라고 지혜서는 기록한다.

유대교의 지혜 전통은 초기 교회가 예수를 신학적으로 이해하고 설명하는 데 많은 영향을 끼쳤다. 초기 기독교는 예수를 신성을 지닌 존재로 고백하면서 그 신성을 창조자의 신성으로 이해하였다. 이러한 기독론의 대표적인 예로 골로새서를 들 수 있다. 골로새서는 예수에 관해 다음과 같이 기록한다.

> 그[예수]는 보이지 아니하는 하나님의 형상이시요 모든 피조물보다 먼저 나신 이시니 만물이 그에게서[ἐν αὐτῷ, 그 안에서] 창조되되 하늘과 땅에서 보이는 것들과 보이지 않는 것들[이]… 다 그로 말미암고 그를 위하여 창조되었고 또한 그가 만물보다 먼저 계시고 만물이 그 안에 함께 섰느니라(골 1:15-17).

골로새서는 예수를 신성을 지닌 존재로 이해하면서, 그 신성을 창조자

---

12 이러한 지혜의 속성은 스토아 철학의 영향으로 볼 수 있다. John J. Collins, *Jewish Wisdom in the Hellenistic Age* (Louisville: Westminster John Knox Press, 1997), 196-199.

의 신성으로 설명한다. 예수는 만물 이전에 있었고 만물을 창조하였다. 골로새서는 예수를 하나님의 지혜라고 말하지 않지만, 골로새서가 전하는 예수의 특성과 역할은 잠언과 지혜서의 창조자 지혜 전통과 동일하다. 다시 말해, 골로새서는 예수의 신성을 하나님의 지혜가 지닌 신성으로 이해한다. 예수는 피조물보다 먼저 있었고, 모든 피조물은 "그에게서"(또는 그 안에서) 창조되었다. "보이는 것들과 보이지 않는 것들"(τὰ ὁρατὰ καὶ τὰ ἀόρατα)은 창조의 포괄성을 강조한다. 이러한 포괄성은 예수의 개입 없이 그 어떤 피조물도 존재할 수 없었음을 명확히 한다. 여기서 나아가 골로새서는 "만물이 예수를 위하여 창조되었다"라고 기록한다. 이러한 신학적 이해는 유대교의 지혜 전통과는 다른 독특한 사상을 보여준다. 이러한 이해와 함께, 17절은 예수의 최고 지위를 강조한다. 예수는 만물보다 먼저 있으며 만물이 그 안에 함께 서 있다. 골로새서는 예수가 단순한 창조의 행위자를 넘어서는 더욱 고양된 존재로 설명하려 한다.[13] 골로새서는 하나님이 창조를 기독론적으로 해석하여 예수의 정체와 역할에 관한 이해를 설명하는 초기 교회의 신학을 보여준다.

골로새서가 보여주는 창조자 기독론은 요한복음에서도 핵심적인 신학 주제이다. 요한복음은 다른 신약 복음서들과는 달리 예수의 탄생 이전에 관한 신학적 담론을 전한다. 마가복음은 예수의 세례로부터 예수의 지상 활동을 기록하며, 마태복음과 누가복음은 예수의 탄생에 관한 전승으로부터 예수에 관한 보도를 시작한다. 이에 반해, 요한복음은 탄생 이전의 예수에 관한 기록으로 시작하지만, 정작 예수의 탄생에 관해서는 침묵한다. 요한복음

---

13 와트는 골로새서가 예수의 최고 지위를 드러내는 방식을 고찰한다. Jonathan M. Watt, *Colossians, Philemon* (Leiden: Brill, 2024), 92-93. 골로새서는 예수를 고양하려는 신학을 창조와 관련하여 전개한다.

은 마리아에게서 태어난 예수의 육적인 기원에 관심을 기울이지 않았다. 그 관심은 예수의 신적 기원과 지위에 있었다. 요한복음은 아래와 같이 시작한다.

태초에 말씀이 있었다 이 말씀은 하나님과 함께 계셨으니 이 말씀은 곧 하나님이다. … 모든 것이 그로 말미암아 나타났으니 나타난 것이 하나도 그가 없이 된 것은 없다(요 1:1, 3; 필자의 번역).

요한복음에 따르면, 예수는 태초부터 하나님과 함께했던 하나님의 말씀(로고스)이며 하나님의 신성을 공유한 존재이다. 이 말씀은 또한 하나님의 창조를 위한 행위자였다. 만물은 말씀을 통해 창조되었다. 말씀 없이 존재하게 된 것은 아무것도 없었다. 이러한 요한복음의 창조자 신학은 잠언으로부터 이어진 지혜 전통을 계승한다고 볼 수 있다. 고대 유대교 지혜문학이 말하는 하나님의 지혜는 요한복음에서 하나님의 말씀으로 나타난다.[14] 지혜와 말씀이라는 용어의 차이는 예수에 관한 창조자 기독론에 있어 중요하지 않다.[15] 두 용어는 모두 하나님의 속성을 의미하면서 창조의 행위자를 가

---

14 웨첸은 구약의 여러 문헌에서 하나님의 말씀이 중요하게 다루어지는 데 비해서 지혜서에서는 말씀이 아닌 지혜가 전면에 부각된다고 지적한다. 요한복음에 지혜가 아닌 로고스가 창조의 사역자로 나타나는 이유를 구약의 하나님이 말씀하는 행위와 그것의 창조적 결과를 창조로 이해했기 때문이라 저자는 설명한다. 이러한 이해는 특히 필로의 로고스 이해에 중요하다. Herman C. Waetjen, *The Gospel of the Beloved Disciple: A Work in Two Editions* (New York: T & T Clark, 2005), 61-71. 아마도 예수의 성별이 남성이라는 점이 그를 지혜(σοφία, 소피아[여성명사])가 아닌 말씀(λόγος, 로고스[남성명사])으로 이해하는 데 영향을 미쳤을 수 있다. 소피아나 로고스를 역사적 인물과 동일시하는 것은 매우 이례적이다. 예수를 소피아가 아닌 로고스로 이해함이 더욱 자연스러웠을 것이다.

15 필로는 로고스와 지혜를 동일시한 흔적을 보여준다(*Leg. All.* 1.65; *De Fug.* 97; *De Somn.* 2.242). L. K. K. Dey, *The Intermediary World and Patterns of Perfection in Philo and Hebrews* (Missoula: Scholars, 1975). 이러한 동일시는 지혜와 로고스 전통을 연합하는 사상을 보여준다. 요한복음의 로고스도 필로의 사상과 같이 지혜와 로고스를 연합한다. 요한복

리킨다. 요한복음은 모든 만물의 창조를 하나님이 행하실 구원의 영역으로 이해한다. "모든 것"은 하나님의 말씀에 의해서 창조되었으며, 또한 성육한 말씀을 통한 구원에 참여할 수 있다.

예수는 하나님의 말씀이 육체가 되어 세상에 온 자이다. 요한복음은 "말씀이 육신이 되어 우리 가운데 거하"신다고 선언한다(요 1:14). 예수는 창세 이전에 하나님과 함께 누렸던 영광을 버리고 인간 가운데 왔다. 성육신은 예수의 신성이 상실되었음을 의미한다. 하늘에 있던 로고스는 육신으로 지상에 내려왔다. 그의 하강은 신성의 상실을 보여주는 또 다른 측면이다. 그러나 예수의 하강과 성육은 그가 지닌 신성의 전적인 상실을 의미하지 않는다. 예수는 부분적인 신성의 상실을 경험할 뿐이다.16 예수의 지상 활동은 예수가 로고스로서 누렸던 영광을 제한적으로나마 드러낸다. 그가 행한 치유와 기적이 제한적 영광을 드러내는 기회가 된다. 이러한 이유로 요한은 인간 예수에 내재한 신성을 포착한다.

예수는 부분적으로 상실된 영광을 회복하기를 원한다. 그의 기도는 그러한 열망을 잘 드러낸다. 예수는 제자들을 위한 고별 연설 후 아버지에게 기도하며 "창세 전에 내가 아버지와 함께 가졌던 영화"로써 지금 영화롭게 되기를 아버지께 간구한다(요 17:5). 요한복음은 예수의 십자가를 그가 영화롭게 되는 사건으로, 예수의 부활과 승천은 아버지에게 돌아가는 것으로 이해한다.17 구약으로부터 이어진 창조신학은 예수의 기원과 지상 활동 그리

---

음은 유대교 지혜 전통의 지혜 사상이 깊이 스며있는 로고스를 말한다.

16 서중석, 『복음서의 예수와 공동체의 형태』(서울: 이레서원, 2007), 195-206.

17 서중석은 예수의 영광이 십자가와 부활에서 드러날 뿐만 아니라 그의 사역 전반에서 나타난다고 해석하면서, 이를 요한 공동체의 현실과 관련시켜 설명한다. "요한이 지상에서 겪는 십자가의 고난에서 예수의 승귀와 영광이 드러났다고 말하는 것은 요한 공동체가 겪고 있는 사회적 고립 혹은 고난을 구성원들에게 정당화하려는 것이었다." 서중석, 『요한복음해석』(서울:

고 죽음과 부활을 이해하는 신학적 틀을 요한복음에 제공하였다.

히브리서는 창조자 기독론을 위의 신약 문헌들보다 더욱 직접적으로 표현한다. 히브리서 1장 2절은 하나님의 창조가 그 아들로 말미암았다고 말한다.

[하나님이]… 이 아들을 만유의 상속자로 세우시고 또 그로 말미암아 모든 세계를 지으셨느니라.

위의 인용문은 하나님을 창조의 주체로 밝힌다. 아들을 만물의 상속자로 세운 것도 하나님이며, 그 아들로 말미암아 세계를 창조한 것도 하나님이다. 히브리서가 하나님의 주체성을 강조한다는 점은 위에서 다룬 골로새서와 요한복음의 창조 기독론과는 사뭇 다르다. 후자의 두 신약 문헌은 하나님의 창조 행위가 직접적으로 표현되지 않고 은연중에 그러함이 내포된다. 창조는 예수(골로새서) 또는 하나님의 말씀(요한복음)으로 말미암은 사건이라고 명시된다. 반면, 히브리서는 창조가 하나님의 주체적인 창조 행위라고 진술한다.

그러나 히브리서 1장 10절은 하나님의 주체적 창조 대신 예수의 창조를 강조한다. 창조에 있어 하나님과 예수의 주체성은 서로 상충하지 않으며 창조 행위 안에서 조화롭다. 1장 10절을 보자.

또 주여 태초에 주께서 땅의 기초를 두셨으며 하늘도 주의 손으로 지으신 바라.

---

대한기독교서회, 2012), 193-219. 직접인용은 217.

위 구절은 히브리서가 시편 102편 25절을 인용한 것이다. 시편 기자는 땅의 기초도 놓고 하늘도 창조한 자가 '주'라고 노래한다. 여기서 '주'는 야훼를 의미한다. 하지만 이 시편 구절이 히브리서 1장에 인용되면서 창조의 주체가 야훼에서 예수로 바뀐다. 이를 위해서는 1장 8절과 9절을 주목해야 한다.

아들에 관하여는 하나님이여 주의 보좌는 영영하며 주의 나라의 규는 공평한 규이니이다 주께서 의를 사랑하시고 불법을 미워하셨으니 그러므로 하나님 곧 주의 하나님이 즐거움의 기름을 주께 부어 주를 동류들보다 뛰어나게 하셨도다….

위 본문은 히브리서가 시편(102:25 이하)을 인용한 10절에 인접하는 선행 문맥을 형성한다. 여기서 히브리서는 하나님과 "주"(土)를 별개의 존재로 설정한다.[18] 1장 8절은 시편 45:6 이하를 인용하는데, 원래 시편은 하나님의 품성과 다스림을 찬양하는 시이다. 하지만 이 찬양은 히브리서 1장 8절에서 인용되면서 하나님이 아닌 아들을 찬양하는 시로 바뀐다. 1장 9절의 "하나님 곧 주의 하나님"은 하나님과 주가 서로 다른 존재임을 나타낸다. 다시 말해, 인용된 히브리서 본문의 하나님과 주는 별개이며 후자는 아들을 지칭한다. 8절의 "하나님이여 주의 보좌"에서도 주는 하나님의 아들을 가리킨다. "주의 보좌"는 아들의 보좌이며 그 보좌가 영원할 것이다. 히브리서는 보좌의 영영함, 의를 사랑함, 불법을 미워함 등을 하나님이 아닌 "아

---

18 Harold W. Attridge, *The Epistle to the Hebrews: A Commentary on the Epistle to the Hebrews* (Philadelphia: Fortress, 1989), 58-59.

들"에 관한 것으로 열거한다. 구약에서 야훼에게 속한 것으로 기록될 내용이 히브리서에서는 '주 아들'에게로 귀속된다. 하나님은 아들에게 기름을 부어 그의 지위를 고양하였고, 그 아들은 그 고양의 결과로 신적 칭호인 '주'를 부여받는다.

히브리서의 '주 아들' 기독론은 10절로 이어진다. 10절이 말하는 천지를 창조한 주는 하나님이 아니라 바로 그의 아들 예수이다. 히브리서는 예수가 하나님의 아들로서 '주'이며 창조자라고 말하며, 그의 창조 행위를 구체적으로 명시한다. 이것은 지혜가 창조 시에 하나님과 함께했다고 말하거나(잠언, 지혜서), 말씀으로 말미암아 만물이 나타났다거나(요한복음), 또는 만물이 예수에게서 창조되었다고(골로새서) 말하는 것과는 다르다. 히브리서는 예수의 창조자 신분을 한층 고양한다.

지금까지 살펴본 신약 문헌들의 예수 이해는 구약과 제2성전기 유대교의 창조신학을 기독론적으로 해석하고 적용한 예를 보여준다. 예수의 정체를 설명하려는 초기 교회의 기독론적 관심은 창세기 1장의 창조기사에 관한 유대교 지혜 전통에서 신학적 열쇠를 찾았다. 초기 교회는 예수를 창세 이전부터 있었던 하나님의 말씀 또는 하나님의 아들로서 신성을 가진 창조의 행위자로 이해하고 선포하였다. 이러한 기독론적 창조 이해는 유대교 지혜 전통이 보여주는 창세 이전에 관한 신학적 질문, 창조의 동인과 과정 그리고 창조의 행위자에 관한 신학적 담론을 자양분 삼아 예수의 기원과 역할에 관한 이해를 발전시킨 초기 교회의 신학이다. 이러한 신학에 있어 창세기 창조기사는 전면에 드러나지 않는다. 가령, 창세기 1장이 기록한 창조의 순서, 하루의 시간적 길이 등은 관심의 대상이 아니다. 신약의 기독론은 창세기 1장이라기보다 잠언과 지혜서 등의 유대교 창조신학을 숙고하여 자신만의 신학을 형성하였다.

## III. 창조 이야기와 신약의 윤리적 관심

신약은 윤리적 권고를 위한 원리를 도출하기 위해 창세기의 창조 이야기를 해석하고 적용했던 여러 예를 보여준다. 그러한 예는 예수의 일화에서 많이 발견된다. 신약 복음서들은 예수가 창세기의 천지창조를 언급하는 장면들을 기록하는데, 가령 예수는 가르침을 전하면서 "하나님께서 창조하신 시초부터"(막 13:19), "창세로부터"(마 24:21; 25:34), "창세 이후로"(눅 11:50), "창세 전부터"(요 17:24) 등의 표현을 사용한다. 이러한 어법은 하나님의 창조를 전제하는 예수의 생각을 보여준다. 예수는 자신의 메시지를 하나님의 창조와 관련지어 설득의 힘을 더한다. 그는 메시지의 엄중함을 수사적으로 강조해 독자의 주의를 환기한다.

예수가 창조 이야기를 해석하여 윤리적으로 적용하는 대표적인 예로 이혼에 관한 일화를 들 수 있다. 신약의 첫 두 복음서는 예수와 바리새인들 사이에 있었던 이혼 논쟁을 기록한다(마 19:1-12; 막 10:1-12). 이들 복음서의 보도는 서로 다른 점이 있으나, 논쟁의 핵심과 예수의 윤리 권고에 있어서는 동일하다. 마태복음은 마가복음에는 없는 내용을 10장 10-12절에 추가하였으나, 10장 9절까지의 사건과 교훈은 마가복음의 기록과 같다. 마가와 마태에 따르면, 예수가 요단강 근처에서 무리를 가르치던 어느 날 일단의 바리새인들이 그를 찾아와 "아내를 버리는 것이 옳으니이까"라고 묻는다. 이에 예수는 바리새인들에게 "모세는 어떻게 너희에게 명하였느냐"라고 반문한다. 바리새인들은 모세가 이혼 증서를 써준다면 아내를 버릴 수 있도록 허락했다고 말한다. 이는 신명기 24장 1절과 3절을 인용한 답변이다. 바리새인들은 모세의 권위를 중시하는데, 예수는 모세가 명령한 규정에 관해 질문하여 그들의 답변을 유도한다. 예수에게 바리새인들의 답은 충분히 예견된 것이다. 그들의 답변을 들은 예수는 사람들의 완악함 때문에 모세가 이혼을 허락했다고 지적하면서, 모세의 명령을 능가하는 윤리 원칙을 가르친다. 마가복음 10장 6-9절은 예수의 가르침을 아래와 같이 기록한다.

> 창조 때로부터 사람을 남자와 여자로 지으셨으니 이러므로 사람이 그 부모를 떠나서 그 둘이 한 몸이 될지니라 이러한즉 이제 둘이 아니요 한 몸이니 그러므로 하나님이 짝지어 주신 것을 사람이 나누지 못할지니라.

위 인용구에서 예수는 이혼이 하나님의 뜻을 어기는 것이라고 밝히면서 이혼을 금지한다. 그는 이혼 금지의 이유로 하나님이 아담과 하와에게 준 명령을 든다. 창세기 2장 24절에 따르면, 하나님은 아담의 배필인 여자를 창조한 후 "남자가 부모를 떠나 그의 아내와 합하여 둘이 한 몸을 이룰지로다"라고 명령한다. 예수는 이 명령을 인용하며 사람이 하나님의 피조물임을 상기시키면서, 남편과 아내가 한 몸을 이룸이 하나님의 명령임을 주지시킨다. 예수는 바리새인들이 모세의 권위를 너무 숭앙하는 나머지 하나님의 명령을 망각했음을 드러낸다. 아울러, 이혼에 관한 최상위 윤리 원칙을 밝힌다.

예수는 한 몸을 이루라는 하나님의 명령을 어길 때 발생하는 문제를 짚어서 바리새인들을 설득하려 한다. 그는 바리새인들에게 이혼이 간음의 문제와 연결될 수 있음을 설명하여, 그들이 이혼 금지의 엄중함을 이해할 수 있도록 한다. 남편이나 아내가 배우자를 버리고 다른 사람에게 장가 또는 시집가면 그것은 간음하는 것이다(막 10:11-12; 마 19:9 참고). 예수는 이혼에 관한 논쟁을 통해 창세기의 인류 창조 이야기를 윤리적으로 해석하여 이혼에 관한 윤리 원칙과 실천적 교훈을 끌어낸다.

하나님의 창조는 안식일에 관한 논쟁에서도 중요한 신학적 기초를 제공하는 주제로 등장한다. 이 논쟁은 마가복음 2장 23-24절과 누가복음 6:1-5절에 병행하여 등장한다. 양 본문이 여러 차이점을 보이지만, 주목할 것은 마가복음이 전하는 예수의 안식일 이해이다. 마가복음의 예수는 안식일이 사람을 위하여 있다고 천명하는 반면, 누가복음에는 이 내용이 없다. 두 복음서는 동일한 안식일 논쟁을 기록하면서도 예수의 메시지를 상이하게 전한다. 마가복음에 따르면, 어느 안식일 예수와 제자들이 밀밭 사이를 지나가고 있었다. 제자들은 길을 만들기 위해 밀 이삭을 잘랐다. 제자들의 행동을 목격한 바리새인들은 제자들이 "어찌하여 안식일에 하지 못할 일을 하나이까"(막 2:24)라고 예수에게 물으며 그를 힐난한다. 밀밭을 지나며 이삭을 자르는 행동은 안식일에 금지되었기 때문이다. 예수는 바리새인들의 책망에 대응하여 사무엘상 21장 6절을 인용하여 "다윗이 자기와 함께 한 자들이 먹을 것이 없어 시장할 때에 한 일을 읽지 못하였느냐"(막 2:25)라고 묻는다. 나아가, 그는 아비아달 대제사장[19] 때에 다윗이 제사장만 먹을 수 있는 진설병을 먹고 함께한 사람들에게 주었다고 지적한다(막 2:26). 예수는 다윗이 율법에 금한 것을 행하고도 정죄 받지 않았음을 들어 안식일 규정에 관한 새로운 이해를 제시할 근거를 마련한다. 예수는 다음과 같이 논쟁을 마무리 짓는다.

---

19 마가의 예수는 다윗의 일화를 아비아달 대제장 시기의 사건이라 말하지만, 이는 사무엘상의 기록과 배치된다. 사무엘상 21장 1절은 다윗이 진설병을 먹었던 때를 아히멜렉 제사장 시기라고 기록한다. 아비아달은 사무엘상 22장 20절에 이르러서야 등장하는데, 거기서 그는 대제사장이 아닌 제사장으로 기록된다. 마태와 누가의 병행 단락은 모두 아비아달을 삭제한다. 그들은 아비아달이 과거의 기록과 부합하지 않음을 알았을 것이다.

[예수께서] 또 이르시되 안식일이 사람을 위하여 있는 것이요 사람이 안식일을 위하여 있는 것이 아니니 이러므로 인자는 안식일에도 주인이니라(막 2:27-28).

위의 인용문에서 예수는 율법 규정이 사람을 전적으로 규제할 수 없다고 일갈한다. 다시 말해, 안식일 규정은 사람의 필요와 형편을 고려하지 않는 절대적 규정이 아니다. 다윗이 배고픔에 지쳐 제사장 아히멜렉을[20] 찾아갔을 때 다윗과 그의 사람들이 먹을 수 있는 것은 진설병 뿐이었다(삼상 21:1-4 참고). 이러한 상황에서 다윗이 진설병을 먹고 함께한 사람들에게 나누어 준 것은 진설병을 범한 것으로 여겨지지 않았다. 예수는 제자들이 밀 이삭을 잘라 밀밭 가운데 길을 낸 것은 다윗의 예와 같이[21] 안식일 범한 것이 아니라고 말한다. 마가복음은 바리새인들이 예수의 질문(26절)에 아무런 답을 하지 않은 것으로 기록한다. 진설병과 관련된 다윗의 일화는 바리새인들에게도 문제가 없는 일이었던 것으로 보인다. 다시 말해, 다윗의 진설병 섭취는 바리새인들도 이의를 제기할 수 없는 문제였다고 볼 수 있다.[22] 마가는 다윗 일화를 꺼내어 밀 이삭을 자른 행동을 정당화하고, 나아가 예수의 메

---

20 아히멜렉은 아비아달의 아버지이다.

21 예수가 말하는 다윗의 사건은 기실 사무엘상의 기록과는 다른 점이 많다. 가령, 사무엘상의 다윗은 제사장에게 진설병을 달라고 요청하지만, 예수가 기억하는 다윗은 그러한 요청 없이 바로 하나님의 전에 들어가 진설병을 먹는다. 전자의 정중함은 후자의 무례함과 배치된다. 아마도 마가의 예수는 기본적 필요(배고픔)를 채우기 위한 안식일 규정의 유연한 적용을 강조하려는 목적에 충실하게 다윗 일화를 인용하였다고 볼 수 있다. Adela Yarbro Collins, *Mark: A Commentary* (Hermeneia; Minneapolis: Fortress, 2007), 202-203. 마가의 기록과 사무엘상 보도의 차이점을 주목하여 비유가 논리적 유비를 형성하는 데 실패하였고, 따라서 설득력이 낮다는 의견을 여러 연구자가 제기하였다. Robert A. Guelich, *Mark 1-8:26* (WBC 34A; Dallas: Word Books, 1989), 122-123.

22 Collins, *Mark*, 203.

시아 신분을 정당화하는 사건으로 기록한다.23 그렇다면 안식일 논쟁과 창조 이야기는 무슨 관계인가?

안식일 준수는 십계명에 규정되었지만, 안식의 개념은 창세기의 창조기사에서 비롯된다. 창세기는 하나님이 엿새 동안 천지와 만물을 모두 창조한 후, 일곱째 날에 모든 것을 마치시고 안식하였다(창 2:1-2)라고 기록한다. 하나님은 자신이 안식한 일곱째 날을 복되고 거룩하게 하였는데, 이러한 이유로 안식일은 하나님의 백성이 거룩하게 지켜야 할 날로 규정되었다. 십계명의 안식일 계명은 창세기가 기록한 하나님의 안식을 근거로 제정되었다.

예수는 안식일 규정의 핵심, 곧 안식일의 근본적인 의미에 주목한다. 곧, 안식일은 사람을 위해 있는 것이지 사람이 안식일을 위해 있는 것이 아니라는 점이다. 만약 사람이 안식일을 위해 있다고 생각한다면, 그것은 하나님의 창조와 안식의 의미를 알지 못하기 때문이다. 예수는 하나님의 창조와 안식을 인간을 위한 것으로 해석하여 안식일 규정이 사람을 옭아멜 수 없다고 선언한다.

누가복음 6장의 안식일 논쟁은 마가복음의 보도와는 다르게 제자들이 밀 이삭을 자른 이유를 배고픔으로 설정하는 듯하다. 누가복음은 제자들이 밀밭 사이로 가며 "이삭을 잘라 손으로 비비어 먹"었다라고 전한다(눅 6:1). 제자들이 배고픔에 밀 이삭을 잘라 먹었다면, 이것은 진설병을 먹은 다윗의 경우와 긴밀한 유비를 형성한다. 이 경우 다윗이 진설병을 먹은 행동이 정

---

23 "인자"는 두 가지 의미가 중첩되어 사용된 용어로 볼 수 있다. 하나는 지상의 예수를, 나머지 하나는 미래의 고양된 신분을 의미한다. 그렇다면 본문의 "인자"는 지상의 예수가 종말의 메시아적 권위를 가지고 있음을 나타낸다고 할 수 있다. Richard B. Hays, *The Moral Vision of the New Testament: A Contemporary Introduction to New Testament Ethics* (San Francisco: HarperSanFrancisco, 1996), 91 n.17.

당화되는 논리가 제자들의 이삭 잘라 먹기에도 바로 적용될 수 있다. 이러한 논리적 정합성은 누가복음이 마가복음의 보도를 더욱 쉽게 이해할 수 있도록 수정한 결과로 볼 수 있다. 누가복음의 병행구와 비교한다면, 마가복음의 보도는 안식일 주제를 매개로 하나님의 창조 이야기를 윤리적으로 해석한다는 점이 확연하다. 마가복음의 예수는 하나님의 창조와 안식을 재조명하여 안식일 준수에 관한 실천적 권고를, 그것도 매우 급진적 권고를 제시한다.

## IV. 창조 이야기와 바울의 신학

하나님의 창조는 바울의 신학에서도 중요한 주제이다. 여기서는 기독론과 구원론의 관점에서 바울의 창조 이해를 살펴본다. 우선, 아담 기독론이라고 널리 알려진 바울의 예수 이해는 예수와 아담을 비유적으로 이해하여 예수로 인한 부활과 생명을 설명한다. 바울의 아담 기독론은 고린도전서와 로마서에 잘 나타나 있다. 고린도전서 15장 21-22절은 다음과 같이 말한다.

> 사람이 한 사람으로 말미암았으니 죽은 자의 부활도 한 사람으로 말미암는도다 아담 안에서 모든 사람이 죽은 것 같이 그리스도 안에서 모든 사람이 삶을 얻으리라.

아담의 범죄가 모든 사람에게 영향을 미쳤다는 점은 예수의 구원사역을 설명하는 바울 신학의 열쇠로 작용한다. 예수 그리스도의 죽음과 부활도 모든 사람에게 영향을 미친다. 이것은 마치 아담의 행동으로 인한 후과가 모든 사람에게 미치는 것과 같다. 바울은 이러한 원인과 결과의 상관성을 들어 아담과 예수를 유비적으로 이해한다. 네브(Gottfried Nebe)는 이 유비적 관계를 "대조적 병행"(an antithetic parallelism)이라고 설명한다.[24] 이는 아담과 예수가 바울의 구원론에서 전혀 다른 행위와 그 결과를 대조적으로 보여주기 때문이다. 유비적 관계와 "대조적 병행"은 바울의 아담 기독론의 다른 측면을 부각하여 설명한다.

상술한 바울의 신학적 사고는 고린도전서 15장에서 계속된다. 바울은 이어지는 본문에서 아담을 "첫 아담"으로, 예수를 "마지막 아담"으로 설정하여(고전 15:45) 양자의 유비를 통해 자신의 구원론을 설명한다. 여기서 바울은 하나님을 창조자로 이해하면서 창세기의 인간 창조를 전제로 예수에 관한 경험과 이해를 신학적으로 풀어낸다. 물론 바울이 사용한 유비의 논리적 정밀성에 이의를 제기할 수도 있을 것이다. 아담의 범죄는 모든 후손에게 무차별적으로 적용되지만, 예수의 죽음과 부활은 믿는 자에게 실제적인 구원의 효과를 가져오기 때문이다. 하지만 유비를 통한 신학적 설명은 모든 세부 사항에서 논리적인 정합성을 갖추기 어렵다. 그러한 설명을 통해 바울이 말하고자 하는 바를 이해하는 것이 중요하다. 바울은 아담 기독론을 통해 예수가 모든 사람의 구원자임을 천명하면서 신자들이 종말에 부활할 것임을 고린도 교회에 설득하고자 노력한다.[25] 창세기의 아담 창조와 이후 실낙원 이야기는 바울에게 예수와 그의 구원을 이해하는 신학적 관점을 제공

---

24 Gottfried Nebe, "Creation in Paul's Theology," *Creation in Jewish and Christian Tradition*, ed. by H. G. Reventlow and Y. Hoffman (New York: Sheffield Academic Press, 2002), 127-128 참고. 직접인용은 128.

25 고린도전서 15장은 고린도 교회의 일부 신자들이 종말에 있을 몸의 부활을 믿지 않았던 정황을 보여준다. 바울은 그러한 신자들에게 부활의 확실성 그리고 몸의 부활이라는 부활의 양태를 설득한다.

한다. 바울은 하나님의 창조를 전제하고, 기독론과 구원론을 위한 신학적 기초로 삼는다.

바울은 죽은 자들의 부활을 설명하기 위해 피조 세계에 대한 보편적인 인간의 경험을 말한다. 그는 부활이 없다고 주장하는 사람들에게 부활은 분명히 있으며, 부활한 몸은 죽기 이전의 육체와는 다르다고 설명하면서, 피조물의 다양한 육체와 형체 그리고 영광을 예로 든다. 바울은 고린도 신자들을 향해 다음과 같이 말한다.

> 다 같은 육체가 아니니 하나는 사람의 육체요 하나는 짐승의 육체요…. 하늘에 속한 형체도 있고 땅에 속한 형체도 있으나 하늘에 속한 것의 영광이 따로 있고 땅에 속한 것의 영광이 따로 있으니 해의 영광이 다르고 달의 영광이 다르며… 별과 별의 영광이 다르도다 죽은 자의 부활도 그와 같으니 썩을 것으로 심고 썩지 아니할 것으로 다시 살아나며(고전 15:39-42).

하나님이 창조한 만물은 각각의 육체, 형체, 영광을 가진다. 곧, 만물의 몸은 다양하게 서로 다른 것처럼 부활 이후의 몸도 이전의 몸과 다르다(고전 15:35-50; 빌 3:20-21 참고). 이러한 차이를 이해하지 못하는 사람들이 부활을 부정한다고 바울은 지적한다. 그들은 부활을 지상의 육체가 생전 상태 그대로 다시 살아나는 것으로 보았고, 그러한 부활의 가능성을 부정하였다. 하지만 바울은 부활한 몸이 더는 흙에 속하지 않으며, "하늘에 속한 이의 형상"을 입을 것이라 단언하며, 부활을 반드시 있을 것이라 주장한다. 다시 말해, 부활한 몸은 생전의 육체($\sigma\acute{\alpha}\rho\xi$)가 아니라 질적으로 변화된 몸($\sigma\tilde{\omega}\mu\alpha$)이다.[26] 지상에 있는 피조물의 육체는 하늘에 있는 해, 달, 별들과 같은 존재와 다르다. 고대 지중해 세계의 사람들은 대부분 별과 같은 천체를 신적인 존

재로 생각했으며, 유대인들은 천체를 천사로 여겼다.[27]

바울은 하나님의 창조를 전제하면서 종말에 있을 부활을 설명하기 위해 천체에 관한 문화적 이해를 신학적으로 활용한다. 그의 부활론은 고린도 신자들의 오해를 교정하고, 그들이 종말에 있을 부활을 받아들이도록 하려는 바울의 노력을 반영한다.

바울은 피조물의 현재를 탄식과 고통의 상태라고 말한다. 이는 창세기의 실낙원 이후의 피조 세계를 바라보는 바울의 신학적 시각을 드러낸다. 바울은 "피조물이 다 이제까지 함께 탄식하며 고통을 겪고 있는 것을 우리가 아느니라"(롬 8:22)라고 말하면서, 신자들도 "우리 몸의 속량을 기다리느니라"(롬 8:23)라고 설명한다. 이는 하나님의 구원이 완성되지 않은 시대의 현실에 대한 바울의 신학적 진술이다. 바울은 창세기에 기록된 창조와 타락을 하나님의 구원이라는 관점에서 조망하여 현재와 미래를 이해하는 신학을 형성한다. 바울에게 하나님의 구원은 인간만을 위한 것이 아니라, 하나님의 피조 세계 전체를 아우르는 것이다.

바울은 하나님의 창조가 과거의 일회적인 사건이 아니라, 그의 현재와 미래에 다시 경험할 사건으로 이해한 것으로 보인다. 상술한 대로, "피조물의 해방"(롬 8:21)과 "우리 몸의 속량"(롬 8:23)은 장래에 있을 하나님의 구원을 가리킨다. 이 장래 사건은 하나님의 새로운 창조로 볼 수 있다. 그것은 피조 세계가 하나님의 안에서 회복되는 사건으로서 바울이 고대하는 구원의 완성이다. 또한, 바울은 하나님의 창조를 현재적인 사건으로 이해하기도 한다.

---

26 Gordon D. Fee, *The First Epistle to the Corinthians* (Grand Rapids: W. B. Eerdmans, 1987), 782-783; Dale Martin, *The Corinthian Body* (New Haven: Yale Univ. Press, 1995), 117-129.

27 Craig S. Keener, *1-2 Corinthians* (Cambridge: Cambridge Univ. Press, 2005), 131.

그런즉 누구든지 그리스도 안에 있으며 새로운 피조물이라 이전 것은 지나 갔으니 보라 새 것이 되었도다(고후 5:17).

위 인용구에서 바울은 그리스도 안에 있는 자는 새로운 피조물이라고 선언한다. 신자들은 그 믿음으로 아브라함의 후손이 되어 그 유업을 잇는다. 아브라함과 그 후손에게 주어진 언약은 "오직 믿음의 의"로 인한 것이다(롬 4:13). 하나님의 구원을 그의 주권에 따라 주어지며, 아브라함의 계보도 모든 후손을 통하지 않고, 오직 하나님이 선택한 자를 통해 이어진다(롬 9장 참고). 예수를 그리스도로 고백하는 신자들은 이제 믿음으로 아브라함의 후손이 되어 언약의 수혜자가 된다. 바울을 그러한 신자들의 상태를 단순히 미래에 있을 것이라 말하지 않는다. 바울에게 그것은 현재에 일어난 일이다. 신자들은 그리스도 안에서 이미 새로운 피조물이다. 그들은 "새 것"이 되어 옛것을 벗어버렸다. 바울에게 있어서 하나님의 창조는 창세기의 기록으로만 남은 것이 아니라, 신자들이 그리스도 안에서 체험하는 것이며, 장래에 피조물의 회복에서 절정에 이를 사건이다. 바울은 하나님의 창조를 신학적으로 해석하여 신자들의 현재를 이해하고, 종말의 현실에 대한 확신을 신자들에게 주려 하였다. 바울에게 있어 창세기의 창조기사는 문자적 해석의 대상이 아닌 창조적인 신학적 사고의 토대요, 신앙의 자양분이었다.


## V. 신약은 창조 이야기를 문자적으로 이해하는가?

지금까지 살펴본 여러 신약 문헌은 창세기 창조기사를 토대로 초기 교회의 신학을 발전시켰음을 보여주었다. 신약은 다양한 신학 주제를 다루면서 창세기의 창조기사를 직접 또는 간접으로 인용하기도 하고, 창조기사의 내용을 암시하기도 한다. 여기서는 창세기의 내용을 보다 직접적으로 인용하는 신약 문헌의 예를 통해 초기 교회가 하나님의 창조를 이해하면서 창세기의 세부 사항이나 표현에 얽매이지 않았음을 살펴보고자 한다.

베드로후서는 "만물이 처음 창조될 때"(벧후 3:4)를 언급하면서 창세기 1장 창조기사의 내용을 구체적으로 인용한다. 베드로후서 3장 5절은 다음과 같다.

> 이는 하늘이 옛적부터 있는 것과 땅이 물에서 나와 물로 성립된 것도 하나님
> 의 말씀으로 된 것을 일부러 잊으려 함이로다.

땅의 생성에 관한 위 인용구의 설명은 창세기 1장 9-10절을 떠올리게 한다. 창세기에 따르면, 천하의 물이 한 곳으로 모이면서 뭍이 드러났고, 하나님께서 뭍을 땅이라고 부르고, 모인 물은 바다라고 불렀다. 베드로후서는 그리스도의 강림을 부정하는 자들에게 그것의 확실함을 말하면서 창세기를 인용한다. 하나님의 창조가 확실한 만큼 주의 재림도 그러하다고 설명하고, 그리스도의 재림을 믿도록 설득한다.

베드로후서의 창세기 창조기사 인용에서 한 가지 흥미로운 점이 있다. 그것은 베드로후서가 땅의 창조에 뒤이어 "그때에 세상은 물이 넘침으로 멸망하였"다고 기록하는 점이다(벧후 3:6). 이 구절은 창세기에 기록된 노아의 홍수 이야기를 암시한다. 베드로후서는 창세기의 창조와 홍수 이야기를 전제로 삼아 종말을 기다리는 신자들에게 조급해하지 말라고 권고한다(벧후 3:9-10). 과거에는 물의 심판이 있었고, 미래에는 불의 심판이 있을 것이며, 하늘과 땅은 심판과 멸망의 때에 "불사르기 위하여 보존"되는 것이다

(벧후 3:7). 종말은 반드시 도래할 것이며 그리스도는 강림할 것이다.

베드로후서는 창세기의 창조와 대홍수 이야기를 과거의 사건으로 전제한다. 이것만 주목하면 베드로후서는 창세기의 기록을 문자 그대로 역사적 사건으로 이해하는 듯하다. 그러한 이해는 창조의 각 날(日)을 24시간의 하루라고 보는 문자적 해석으로 이어질 수 있다고 혹자는 생각할 것이다. 하지만 베드로후서는 창세기를 인용한 직후 다음과 같이 적는다.

> 사랑하는 자들아 주께는 하루가 천 년 같고 천 년이 하루 같다는 이 한 가지를
> 잊지 말라(벧후 3:8).

위 구절은 베드로후서가 시편 90편 4절을 인용한 것이다. 시편은 하나님의 시간과 인간의 시간은 전혀 다름을 강조하는데, 베드로후서도 이에 동의하여 해당 시편 구절을 옮겨 적는다. 베드로후서는 신자들이 자기 시간 개념이나 계산으로 하나님의 때를 판단하지 말아야 한다고 말한다. 종말의 때는 하나님에게 속한 것이며, 인간은 그 시기를 알 수도 없고 정할 수도 없다. 그렇다면 창세기 1장의 창조가 6일에 걸쳐 진행되었는데, 각 날이 인간의 하루와 같다는 해석은 베드로후서의 창조 이해와는 다를 것이다. 애초에 그러한 문자적 해석은 베드로후서의 관심이 아니다.

히브리서는 베드로후서와는 또 다른 면에서 신약의 창세기 창조 이해가 창세기의 문자적 기록에 제한되지 않음을 보여준다. 시편은 "주께서 옛적에 땅의 기초를 놓으셨사오며 하늘도 주의 손으로 지으신 바니이다"라고 노래하는데(시 102:25), 히브리서는 이를 인용하면서 다음과 같이 진술한다(히 1:10).

καὶ· Σὺ κατ᾽ ἀρχάς, κύριέ τὴν γῆν ἐθεμελίωσας, καὶ ἔργα τῶν χειρῶν σού εἰσιν οἱ οὐρανοί.

또 주여 태초에 주께서 땅의 기초를 두셨으며 하늘도 주의 손으로 지으신 바라(개역개정).
또 주여 태초에 당신께서 땅의 기초를 두셨습니다. 그리고 하늘은 당신 손의 일입니다(필자의 번역).

　여기서 주목할 것은 시편과 히브리서가 모두 "주가 손으로" 하늘을 지었다고 고백한 점이다. 개역개정은 그리스어 본문의 뜻과는 다소 상이하다. 그리스어 표현을 직역한다면, 시편 102편 25절 후반 절과 히브리서 10장 1절 후반 절은 모두 "하늘은 당신 손의 일입니다"로 옮길 수 있다. 개역개정 본문은 그리스어 표현의 의미를 살려 독자가 이해하기 쉽게 "주의 손으로 지으신 바"라고 풀어놓은 것으로 볼 수 있다. 하나님이 하늘을 손으로 지었다면, 땅의 기초는 어떻게 창조되었을까? 인용된 본문을 살피면, '주의 손으로 지으심'은 하늘에만 국한된 고백으로 볼 이유가 없다. 오히려 땅의 기초도 하나님의 손으로 지어졌다고 보는 것이 타당하다. 시편과 히브리서는 땅과 하늘이 모두 하나님의 손의 일, 곧 그의 손으로 지은 것이라 말한다. 혹자는 "하늘이 당신 손의 일이다"는 시편의 고백이고, 히브리서는 그것은 단순히 인용했다고 해석할 수도 있을 것이다. 하지만 히브리서가 시편의 창조 고백에 동의하여 그대로 인용했다고 보는 것이 더욱 타당할 것이다.
　"주의 손으로 하늘을 지었다"라고 고백하는 시편과 히브리서의 창조신학은 창세기의 창조기사와 미묘하게 다른 점을 부각한다. 창세기 1장은 하나님이 말씀으로 만물을 창조했다고 전한다. 인간 창조에 있어서는 '인간이 있으라'와 같은 말씀으로 창조했다고 명시하지는 않지만, 다른 피조물의 창조를 주목하면 인간도 하나님의 말씀으로 지어졌다고 보는 것이 합리적이다. 다만, 창세기 2장은 하나님이 흙으로 사람을 지었다고 기록하여 하나님의 손을 추정할 수 있게 한다. 하지만 그러한 가능성도 인간의 창조에 국한될 뿐이며, 인간을 제외한 천지 만물의 창조에는 적용하기 어렵다. 하지만 시편과 히브리서는 창세기와는 다르게 땅과 하늘이 하나님의 손에 의해서 창조되었다고 고백한다. 이러한 고백은 시편과 히브리서가 모두 창세기의 창조기사를 문자적으로 이해하지 않았음을 보여준다. 다시 말해, 창세기를 읽고 묵상하던 후대의 신학적 사고는 창세기의 특정 표현이나 어구에 얽매이지 않았다. 시편과 히브리서는 하나님이 "말씀으로" 천지 만물을 창조했다는 창세기 1장의 문자 기록에 제한되지 않고 하나님의 창조를 새롭게 이해했던 고대 성서 해석의 좋은 예가 된다.

구약 성서의 내용을 기억하고 인용하는 고대인들의 양식은 문자적인 정확성에 초점을 맞추지 않았다. 그들의 기억과 인용은 성서의 참된 의미에 있었다. 예수의 일화는 그러한 기억과 인용의 예를 보여준다. 위에서 다룬 이혼에 관한 단락에서 예수는 창세기를 인용하면서 이혼이 불가하다고 가르친다. 마가복음에 따르면, 예수는 "사람이 그 부모를 떠나서 그 둘이 한 몸이 될지니라"라고 말한다. 하지만 예수가 인용한 창세기 구절은 "남자가 부모를 떠나 그의 아내와 합하여 둘이 한 몸을 이룰지로다"(창 2:24)이다. 창세기 본문과 예수의 인용은 대동소이하다고 볼 수 있지만, "사람이 그 부모를 떠남"과 "남자가 부모를 떠남"은 분명한 차이를 보여준다. 이는 기억과 인용에서 흔히 발견되는 변화 및 변형의 예이다. 예수는 이혼의 가능성을 묻는 말에 답하면서 "남자"와 "사람"의 차이에 주목하지 않았다. 그는 남자와 여자를 만들어 한 몸이 되게 하신 하나님의 뜻에 집중하였다. 그렇다면 성서의 진의를 전하는 기억과 인용은 자구의 정확성이나 문자적 해석에 집착할 것이 아니다.

## VI. 나가며

지금까지 살펴본 신약의 여러 문헌은 하나님의 창조를 고백하고, 그것을 전제로 새로운 신학을 전개하였다. 이러한 점에서 하나님의 창조는 신약에 흐르는 신학적 기초이다. 하지만 한 가지 기억할 것은 위의 신약 본문들은 하나님의 창조를 말하면서 창세기 내용을 그대로 반복하거나, 문자적으로 이해하지 않았다는 점이다. 초기 교회는 예수의 정체를 이해하기 위해, 신앙 공동체의 윤리적 쟁점에 답하기 위해, 또는 구원과 부활을 설명하기 위해 하나님의 창조를 새롭게 해석하고 적용하였다. 신약의 창조 이해는 신학적 창의성을 통해 새로운 세대와 관련을 맺었던 초기 교회 성서 해석의 역사를 보여준다. 곧, 초기 교회는 하나님의 창조를 다양한 맥락 속에서 고백하였다. 창세기 특정 본문의 문자적 해석은 그들의 관심이 아니었다. 그것은 하나님의 창조를 고백하고 이해하는 데 중요하지 않았다.

# 참고문헌

서중석. 『요한복음해석』. 서울: 대한기독교서회, 2012.

_____. 『복음서의 예수와 공동체의 형태』. 서울: 이레서원, 2007.

Attridge, Harold W. *The Epistle to the Hebrews: A Commentary on the Epistle to the Hebrews*. Philadelphia: Fortress, 1989.

Collins, Adela Yarbro. *Mark: A Commentary*. Hermeneia; Minneapolis: Fortress, 2007.

Collins, John J. *Jewish Wisdom in the Hellenistic Age*. Louisville: Westminster John Knox Press, 1997.

Day, L. K. K. *The Intermediary World and Patterns of Perfection in Philo and Hebrews*. Missoula: Scholars, 1975.

Fee, Gordon D. *The First Epistle to the Corinthians*. Grand Rapids: W. B. Eerdmans, 1987.

Fox, Michael V. *Proverbs 1-9: A New Translation with Introduction and Commentary*. New York: Doubleday, 2000.

_____. "Ideas of Wisdom in Proverbs 1-9." *Journal of Biblical Literature* 116 (1997), 613-633.

Guelich, Robert A. *Mark 1-8:26*. Dallas: Word Books, 1989.

Hays, Richard B. *The Moral Vision of the New Testament: A Contemporary Introduction to New Testament Ethics*. San Francisco: HarperSanFrancisco, 1996.

Keener, Craig S. *1-2 Corinthians*. Cambridge: Cambridge Univ. Press, 2005.

Landes, George M. "Creation Tradition in Proverbs 8:22-31 and Genesis 1." *A Light unto My Path: Old Testament Studies in Honor of Jacob M. Myers*. ed. by H. N. Bream, R. D. Heim and C. A. Moore. Philadelphia: Temple Univ. Press, 1974, 279-298.

Martin, Dale. *The Corinthian Body*. New Haven: Yale Univ. Press, 1995.

Murphy, Roland E. *Proverbs*. WBC 22; Grand Rapids: Zondervan, 1998.

_____. "Wisdom and Creation." *Journal of Biblical Literature* 104 (1985), 3-11.

Nebe, Gottfried. "Creation in Paul's Theology." *Creation in Jewish and Christian Tradition*. ed. H. G. Reventlow and Y. Hoffman. New York: Sheffield Academic Press, 2002, 111-138.

Perdue, Leo G. *Wisdom & Creation: The Theology of Wisdom Literature*. Nashville: Abingdon, 1994.

Philo. *Legum Allegoriarum*.

_____. *De Fuga et Inventione*.

_____. *De Somniis*.

Waetjen, Herman C. *The Gospel of the Beloved Desciple: A Work in Two Editions*. New York: T & T Clark, 2005.

Watt, Jonatha M. *Colossians, Philemon*. Leiden: Brill, 2024.

Worthington, J. D. *Creation in Paul and Philo: The Beginning and Before*. Tübingen: Mohr Siebeck, 2011.

2부

# 창조론과 진화론, 그 교리적 역사의 추적

✦

# 무로부터의 창조, 무의 하나님

손호현

(연세대학교 교수/조직신학·문화신학)

그리스도교의 '무로부터의 창조'(*creatio ex nihilo*) 교리는 존재자들(τὰ ὄντα, *ens, Seiendes*) 혹은 존재(τὸ εἶναι, *esse, Sein*) 자체가 하나님에 대한 최종적인 언어적 규명이 될 수 없다는 사실을 보여준다.[1] 교리는 무(無)의 신비와 존재(存在)의 피조성을 동시에 드러내고 있기 때문이다. 바로 여기에 하나님이 존재 자체라고 한 과거 사상가들(토마스 아퀴나스, 스피노자, 폴 틸리히 등)의 견해가 하나님의 신비에 대한 순전한 형이상학적 찬사라고 단순히 수용할 수 없는 이유가 있다. 곧 플로티노스(Plotinus)의 표현을 빌리자면 하나님은 "존재를 초월하신 분"(τὸ ἐπέκεινα των ὄντων)이며, 존재 이전에 존재 자체를 가능케 한 "절대 무"(τὸ παντελως μὴ ὂν)이다(*Enneads*, I, 8.3). 무로부터 존재를 창조한 하나님은 존재 이전이며, 존재 너머이고, 존재 이후이다.

---

1 이 글은 본인의 "무로부터의 창조, 무의 하나님: 2세기 바실레이데스의 영향을 중심으로," 「신학논단」 제117집 (2024. 9. 30): 69-100을 편집한 것이다.

창조신학(創造神學)과 부정신학(否定神學)은 동전의 양면과 같다. 무로부터의 창조 교리와 무로서의 하나님 교리는 역사적 기원에 있어 매우 밀접한 관계를 가지기 때문이다. 이런 이유에서 본인은 무로부터의 창조 교리의 세 역사적 단계를 분석한다: 성서, 2세기 영지주의 신학자 바실레이데스 그리고 제4차 라테란 공의회(주후 1215년). 마지막으로 본인은 무로부터의 창조(creatio ex nihilo)와 무의 하나님(the ouk on God) 사이의 상호 연관성에 대한 신학적 성찰을 제시한다. 살아계신 하나님을 사유하는 그리스도교의 삼위일체 신학은 무신학(無神學, meontotheology)과 존재신학(存在神學, ontotheology), 과정신학(科程神學, process theology)의 통전성을 지향하여야 한다.

## I. 성서와 무로부터의 창조

'무(nihil)로부터의 창조' 교리는 오직 '무(nihil)로서의 하나님'이라는 신론의 배경에서만 가능하다. 무로부터 존재가 창조되었다면, 하나님은 존재가 아닌 존재 이전이다. 따라서 이러한 무의 신론이 발전하기 이전에 집필된 창세기 1장 본문에서 '무로부터의 창조 교리를 발견하기 어렵다고 보는 것'이 '무로부터의 창조 교리를 전적으로 거부하는 것'과도 같다고 여기는 태도는 성서해석학(biblical hermeneutics)과 조직신학(systematic theology)의 과제를 오해하는 것이다. 그것은 서로 다른 두 주장을 마치 같은 하나의 주장처럼 취급하는 논리적 비약이다. '창세기 본문이 무로부터의 창조를 전제하는가'라는 논의는 '그리스도교인으로서 자신이 무로부터의 창조를 믿는가'의 질문과는 엄연히 차원이 다르다. 창세기 1장의 본문이 무

(無)로부터의 창조가 아니라 혼돈(混沌)으로부터의 창조라는 생각을 전제한다고 보는 것이, 뒤에서 논의하게 될 것처럼 현금(現今)의 학계의 연구 상황에 대한 균형 잡힌 평가일 것이다. 따라서 본인은 창조에 대한 성서의 진술들, 무로부터의 창조론의 역사적 기원이 되는 2세기 그리스도교 신학자 바실레이데스, 이어지는 공의회의 신조를 통한 공식화 그리고 무로부터의 창조 교리의 신학적 의미를 순차적으로 다루고자 한다.

성서의 창조에 대한 진술들과 무로부터의 창조 교리를 역사적으로 구분해야 한다는 입장의 대표적인 예로 독일 신학자 게르하르트 마이(Gerhard May)의 연구를 들 수 있다. 과거에는 창세기 1장, 외경인 마케베오하 7:28 그리고 지혜서 11:17 등이 무로부터의 창조 교리를 제시한다고 전통적으로 여겨졌다.

> 태초에 하나님이 천지를 창조하시니라. 땅이 혼돈하고 공허하며 흑암이 깊음 위에 있고 하나님의 영은 수면 위에 운행하시니라(창세기 1:1-2).

> 애야 내 부탁을 들어다오. 하늘과 땅을 바라 보아라. 그리고 그 안에 있는 모든 것을 살펴라. 하느님께서 무엇인가를 가지고 이 모든 것을 만들었다고 생각하지 말아라(οὐκ ἐξ ὄντων). 인류가 생겨난 것도 마찬가지다(마카베오 下 7:28).

> 무형의 물질로부터 세계(κόσμος ἐξ ἀμόρφου ὕλης)를 만들어내신 주님의 전능하신 손이 곰과 사나운 사자들의 무리를 그들에게 보내시는 것은 어려운 일이 아니었다(지혜서 11:17).

하지만 그러한 주장은 그리스도교의 무로부터의 창조 교리가 이미 유대교 전통 안에서 존재하였다고 주장하는 일종의 '소급적(遡及的) 해석'이기에 오늘날 더는 설득력이 있다고 볼 수 없다. 그리고 언어적 표현에 있어서 무로부터의 창조를 제시하는 듯 보이는 구약 성서의 본문들이 실제적 의미에서는 오히려 선재(先在)하는 물질로부터의 창조를 묘사하고 있다고 해석될 수 있다고도 마이는 주장한다.

> 헬라화된 유대인들이 하나님의 '무로부터의' 창조를 말할 수 있었다는 것은 사실이지만, 그러한 표현은 존재론적 의미(ontological sense)에서 진술되었던 것은 아니라고 증명될 수 있을 뿐만 아니라, 영원한 물질(eternal material)을 가지고 세계를 만들었다는 견해의 수용을 배제하지도 않는다.[2]

다시 말해 "존재론적" 차원에서 볼 때 이러한 구약 성경의 창조에 대한 본문은 플라톤의 저술에 나타나는 창조론 진술과 질적인 차이를 아직 분명히 가지지 않는다는 평가이다. 예를 들어 플라톤은 예술, 특히 시(詩)가 그러한 무로부터의 창조라고 언어적으로 표현한다: "무(無)로부터(ἐκ τοῦ μὴ ὄντος) 존재(存在) 속으로(εἰς τὸ ὄν) 어떤 것이 생겨날 때, 항상 그것의 원인은 제작(ποίησις)이다"(「향연」 205b-c). 이러한 플라톤의 표현처럼 예술적 제작이 그리스도교의 무로부터의 창조와 형태상 혹은 언어적으로 유사할 수는 있지만, "존재론적 의미"에서는 결코 등치될 수는 없는 것이다. 요컨

---

2 Gerhard May, *Creatio ex nibilo: The Doctrine of 'Creation out of Nothing' in Early Christian Thought*, trans. A. S. Worrall (London and New York: T & T International, 2004), xi.

대 고대 그리스인들과 헬라화된 유대인들이 무로부터 존재의 제작(포이에시스)을 언어적으로 말한 것은 사실이지만, 그리스도교의 신앙인 무로부터의 창조를 존재론적 의미에서 주장하고 있는 것은 아니다.

한국 신학계에서도 이러한 구약 성경의 창조론과 그리스도교의 무로부터의 창조론 사이를 구분하는 입장이 점증적으로 설득력을 얻어가고 있다.[3] 박영식에 따르면 다음과 같다.

> 창세기 1장에 기술된 하나님의 창조가 혼돈의 세력과의 투쟁을 전제로 하는 반면, 교의학적 전통에서는 '무로부터의 창조'를 말해 왔다. 하지만 '무로부터의 창조'는 성서를 통해서는 거의 증빙될 수 없다.[4]

특히 구약 성서를 혼돈으로부터의 창조라고 해석하는 대표적인 한국 신학계의 예로 구약신학자 김회권과 김윤징의 최근 연구를 들 수 있다. 창세기 1:1-2절이 무로부터의 창조를 전제한다고 주석하는 클라우스 베스터만(Claus Westermann), 에드워드 영(Edward J. Young), 게르하르트 폰 라트(Gerhard von Rad), 헤르만 궁켈(Hermann Gunkel)과 같은 과거의 연구들을 비판하며, 김회권과 김윤정은 "6일 창조는 원시 바다 같은 깊은 물에 땅이 침수되어 있는 상황에서 시작한다"라고 한다.[5] 창세기, 시편, 이사야, 욥

---

3 배철현, "Creatio Ex Nihilo?," 「종교학 연구」 21 (2002), 29-48; 김은수, "공교회 신조와 개혁주의 신앙고백서에 나타난 창조교리와 현대적 도전들에 대한 재조명: '무로부터의 창조'(*Creatio ex Nihilo*) 교리를 중심으로," 「장로교회와 신학」 15 (2019), 13-56; 김윤정·김회권, "'無로부터의 창조' 교리에 대한 비판적 연구," 「신학사상」 191집 (2020 겨울), 403-438; 백운철, "무로부터의 창조와 성경: 성서적 창조신학을 위한 성찰," 「신학전망」 211 (2020), 156-210.

4 박영식, 『창조의 신학』 (서울: 동연, 2018), 39.

5 김윤정·김회권, "'無로부터의 창조' 교리에 대한 비판적 연구," 405. .

기 등의 창조 본문들은 하나님이 선재하는 바다 괴물(리워야단, 탄닌)이나 원시 바다(바다, 깊은 물 등)를 제압하여 피조물의 거주 공간인 땅을 드러낸 것으로 묘사하고 있다는 것이다. 그들의 결론에 따르면, "히브리 성서가 보여주는 거의 모든 창조 본문에는 하나님의 목적이나 의도에 반(反)하는 선재 세력(바다 괴물, 원시 바다)이 언급되거나 암시된다는 점에서 '無로부터의 창조' 교리는 구약 성서적 근거를 갖고 있다고 말하기 어렵다."[6] 결국 창세기 1:1-2는 아직 없던 것을 선재(先在)하는 재료로부터 새롭게 만든다는 제작(포이에시스)의 의미에 가깝고, 절대적인 없음 곧 무로부터 우주의 존재를 창조하였다는 사상의 실마리는 없다는 뜻이다.[7] 구약 성서에 창조론이 없다는 주장이 아니라, 구약 성서의 창조론은 혼돈의 바다를 정복하는 하나님을 묘사한다는 점에서 무로부터의 창조론과 다르다고 그들은 지적한다.

개혁주의 전통에서 김은수는 성서 안에서 무로부터의 창조 교리의 직접적인 언어적 표현은 발견할 수 없지만, 그러한 논리적 입장은 거기에 존재한다고 본다. 그는 게르하르트 마이의 연구 결과를 인정하면서 '무로부터의 창조 교리'의 "엄격한 신학적·교리적인 정립은 2세기 말경"에 이루어졌다는 것은 사실이지만, "우리는 이것이 신·구약 성경 전체가 가르치는 정통 교리임을 확증하며 온전히 수납해야 할 것이다"라고 주장한다.[8] 따라서 김은수의 연구도 무로부터의 창조 교리가 "문자적"으로는 성서 안에서 발견되지는 않는다는 사실은 인정하고 있다.[9]

가톨릭 신학자 백운철도 앞선 김회권, 김윤정, 김은수의 연구와 마찬가

---

6 앞의 논문, 403.
7 앞의 논문, 18.
8 김은수, "공교회 신조와 개혁주의 신앙고백서," 50.
9 앞의 논문, 52.

지로 무로부터의 창조 교리가 성서 안에 문자적으로 발견될 수는 없다는 것을 인정한다. 무로부터 창조 교리의 성서 주석과 교리적 해석은 구분해야 한다고 그는 다음과 같이 설득력 있게 진술하고 있다.

> 마이와 그 밖의 많은 동조자들이 주장하였듯이 *creatio ex nihilo*는 적어도 그 표현만큼은 기원후 2세기 영지주의와의 논쟁 과정에서 정식화된 것은 분명한 사실이다. 그러나 성경의 유일신 신앙과 창조 신앙 안에 *ex nihilo*의 내용이 간접적으로 내포되어 있거나, 적어도 모순되지 않음을 창세기 1장에서부터 신약에 이르기까지 충분히 예시하고 논증하였다.[10]

그리스도교 교리는 오직 그리스도교라는 종교의 성립 이후에 존재할 수 있다. 따라서 무로부터의 창조라는 교리도 신약 성서 이후에 온전한 기원을 기질 것이다. 미이의 견해에 따르면, 그 교리직 본질은 신약 싱서 안에 암묵적으로 전제되지만, '어떻게' 우주가 생겨났는가에 대한 분명한 우주 창조론이라는 차원에는 아직 도달하지 않았다.

> 신약 성경의 창조에 대한 진술들이 의도하는 것은 매우 합법적으로 '무로부터의 창조'(*creatio ex nihilo*)라는 생각과 교체되어질 수 있다. 하지만 동시에 창조의 '어떻게'(how)라는 질문은 초기 그리스도교에서 문제로서 등장하지 않았다는 점도 주목되어야 한다. 따라서 신약 성서 어디에도 '무로부터의 창조' 교리가 하나의 우주론으로 명시적으로 발전되지는 않았다.[11]

---

10 백운철, "무로부터의 창조와 성경: 성서적 창조신학을 위한 성찰," 「神學展望」 211(2020), 201.

11 May, *Creatio ex nihilo*, 26.

'무로부터의 창조' 교리에 가장 가까운 신약 성경의 본문은 로마서 4:17에서 발견될 수 있다. 여기서 바울은 부활과 창조의 연속성을 주목한다. 우주를 무로부터 창조하신 하나님이 또한 죽은 자도 부활시킬 능력을 분명 가진다는 것이다.

기록된 바 내가 너를 많은 민족의 조상으로 세웠다 하심과 같으니 그가 믿은 바 하나님은 죽은 자를 살리시며, 없는 것(μὴ ὄντα)을 있는 것(ὄντα)으로 부르시는 이시니라(로마서 4:17).[12]

흥미롭게도 한국의 그리스도교 사상가 다석(多夕) 류영모도 하나님은 "없이 계신 님"이라는 자신의 독특한 무존재신론(無存在神論)의 성서적 근거를 바울의 로마서 4:17이라고 밝힌다: "없는 것을 있는 것 같이 브름 17/4로."[13] 이러한 무, 곧 없는 것으로부터 우주의 창조라는 성서적 사상에 근거해서 류영모는 하나님을 무(μὴ ὄν)로 보고자 하였다.

절대 큰 것을 우리는 못 본다. 아직 더할 수 없이 온전하고 끝없이 큰 것을 무(無)라고 한다. 나는 없는 것을 믿는다. 인생의 구경(究竟)은 없이 계시는 하나님, 아버지를 모시자는 것이다.[14]

---

12 또한, 히브리서 11:3은 이미 존재하던 가시적인 물질로부터의 우주의 창조가 아니라, 하나님의 말씀에 의한 무로부터의 창조라는 것을 제시하고 있다: "믿음으로 모든 세계가 하나님의 말씀으로 지어진 줄을 우리가 아나니, 보이는 것은 나타난 것으로 말미암아 된 것이 아니니라(히브리서 11:3)."

13 류영모, 『다석일지: 다석 류영모 일지』, 제1권 (서울: 弘益齊, 1990), 427. 다석의 무존재신론에 따르면 하나님은 "없에 계신 님"(『다석일지』 1:26; 1:68), "없이 계신 님"(1:41; 1:105), "없있한 님"(1:505; 3:65)이다.

14 박영호, 『다석 류영모의 생애와 사상』 下, (서울: 문화일보, 1996), 321.

요컨대 본인은 창조에 관한 성서의 언어들을 절대적 무와 상대적 무라는 구분을 통해서 탐구할 수 있다고 본다. 플로티노스는 "절대적 무"와 구분되는 상대적 무를 "존재가 아닌 어떤 것"을 의미한다고 보았다. 곧 그는 형태 없이 이미 존재하는 물질을 비존재 혹은 상대적 무라고 보며, 악이 바로 여기에서 기인한다고 주장한다. 그리고 이러한 원초적 물질로서의 상대적 무는 완벽한 없음으로서의 절대적 무와 구분되어야 한다고 하였다.

> 만일 '존재하는 것들'(τὰ ὄντα)과 '존재하는 것들을 초월하는 것'(τὸ ἐπέκεινα τῶν ὄντων)이 모두 선한 것들이라면, 악(惡)은 존재하는 것들 혹은 초월하는 것 사이에 자리할 수는 없다. 그것들은 선하기 때문이다.
> 따라서 만일 악이 전혀 존재한다면, 그것이 오직 일종의 '무'(無, μὴ ὄν)의 형태 혹은 양태로서 존재하지 않는 것들 사이에 자리할 수 있을 뿐이다. 그것은 무와 섞여 있거나 무에 참여하는 것들에 속할 수 있을 뿐이다. 여기서 '무'(μὴ ὄν)는 '절대적 무'(τὸ παντελως μὴ ὄν)를 뜻하는 것이 아니라, 존재가 아닌 어떤 것을 의미한다.[15]

이처럼 상대적인 "무"와 "절대적 무"를 구분한 후, 플로티노스는 조금 뒤에 이러한 상대적인 "무"란 다름 아닌 "물질"이라고 명확하게 제시한다. 형태 없는 원초적 물질은 우리의 통상적인 언어적 어법에서 '존재'라고 종종 말해지지만, 그 참된 의미에서는 존재에 참여하지 않고 오히려 '무'에 속한다는 것이다.

---

15 Plotinus, *Enneads*, I, trans. A. H. Armstrong, (Cambridge: Harvard University Press, 1989), 282-283 (1.8.3).

'물질'(ὕλη)은 '존재하기'(τὸ εἶναι)를 가지지 않으며, 따라서 '선'(善)에도 참여하지 않는다. 물질이 '존재한다'고 말할 때, 우리는 같은 말을 서로 다른 것에 사용하고 있는 것이다. 더 올바른 방식의 어법은 물질이 '존재하지 않는다'(μὴ εἶναι)라고 말하는 것이다.[16]

폴 틸리히도 플로티노스의 사상에 기초하여 자신의 무에 대한 사유를 전개해 나간다.[17] 플로티노스의 상대적 "무"와 "절대적 무"의 구분을 틸리히는 일종의 "변증법적"(상대적) 무라고 할 수 있는 "메 온"(me on)과 "비변증법적"(절대적) 무인 "우크 온"(ouk on)의 대조로 표현한다.

그리스어의 훌륭한 점은 비존재(nonbeing)의 변증법적 개념을 그것의 비(非)변증법적인 개념으로부터 구분할 수 있게 한다는 점이다. 전자는 "메 온"(me on) 그리고 후자는 "우크 온"(ouk on)이라고 불렸다. "우크 온"은 존재와 어떠한 관계도 가지지 않는 "무"(nothing)이다. 반면, "메 온"은 존재와 변증법적 관계를 가지는 "무"이다.[18]

이처럼 우리가 무로부터의 창조 교리가 성경 안에 존재하느냐는 질문을 적절하게 성찰하려고 한다면, 어떤 의미의 "무"(nihil)를 여기서 이야기하는가를 먼저 밝히어야 한다. 선재하는 물질이라는 상대적 무가 아니라, 오직 플로티노스와 틸리히가 말한 절대적 무의 관점에서만 그리스도교의 무

---

16 Ibid., 288-289 (1.8.5).

17 Paul Tillich, *A History of Christian Thought* (New York: Touchstone, 1967), 54.

18 Paul Tillich, *Systematic Theology*, Volume 1 (Chicago: The University of Chicago Press, 1951), 187-188.

로부터의 창조 교리가 올바르게 다루어질 수 있기 때문이다. 이러한 절대적 무에 대한 철학적 존재론의 성찰이 유대교 전통 안에는 존재한다고 보기 어렵다. 따라서 "그리스의 세계 형성(world-formation) 모델에 대한 반명제(antithesis)"로서 등장한 그리스도교의 '무로부터의 창조 교리'가 이미 유대교 전통 안에 존재하였다고 주장하는 것은 소급적 해석으로 설득력이 떨어진다.[19] 무로부터의 창조 교리는 —우주가 단지 만들어진 하나의 제작품이라는 신적 예술론을 넘어서는— 절대적 무존재에서 존재의 창조라는 추상적 혹은 존재론적 사유의 지평을 요구하기 때문이다.

## II. 바실레이데스, 무의 하나님 그리고 무로부터의 창조

'존재의 피조성(被造性, creaturalness)'이 바로 '무로부터의 창조' 사유의 핵심을 이룬다. 천사가 피조된 존재라고 고백했듯, 우주의 존재 전체도 피조된 것으로 초대 교부들은 보았다. 따라서 무로부터의 창조 교리가 성립하고 성숙하기 위한 지성사적 조건은 하나님은 '존재' 자체라는 존재신학(ontotheology)의 한계에 얽매이지 않고 그것을 넘어설 때만 가능해진다. 우리는 이러한 존재신학의 초월적 비판으로서의 부정신학의 태동을 2세기 그리스도교 신학자 바실레이데스(Βασιλείδης, Basilides, 기원후 117~138 활동)에게서 역사상 처음으로 발견한다.[20]

---

19 May, *Creatio ex nihilo*, xii.

20 아돌프 하르낙은 중세 그리스도교 신비주의의 기원을 발견하려면 "아우구스티누스와 위-디오니시오스"보다도 더 고대로 거슬러 올라가서 "발렌티누스와 바실레이데스"까지 되돌아가야 한다고 주장한다. Adolph Harnack, *History of Dogma*, volume 6, translated by Neil

게르하르트 마이의 기념비적인 저서『무로부터의 창조』(Creatio Ex Nihilo) (독일어판 1978년, 영어판 1994년)의 엄밀한 연구는 이러한 교리의 성립에 대한 바실레이데스의 공헌을 분명히 보여주고 있다. 곧 과거의 연구들이 창세기 1장, 마카베오하 7:28, 로마서 4:17, 히브리서 11:3 등을 '무로부터의 창조' 교리의 역사적 기원이라고 주장하였지만, 마이에 따르면 엄밀한 의미에서 선재(先在)하는 물질로부터의 창조가 아니라, 절대적 무로부터의 창조를 주장한 최초의 그리스도교인은 2세기에 활동했던 영지주의 신학자 바실레이데스이다.[21]

고대 그리스 철학자들은 대체로 "무로부터 아무것도 나오지 않는다"라고 믿었다. 곧 아리스토텔레스의『물리학』(1권 4장)에 따르면, 아낙시만드로스, 엠페도클레스, 아낙사고라스 등과 같은 철학자들은 "무(無, μὴ ὄν)로부터 아무것도 나오지 않는다"라는 공통된 의견을 수용하였다.[22] 여기에 파르메니데스도 추가될 수 있을 것이다. 또한, 그리스도교 신학의 창조론에 큰 철학적 영향력을 끼친 책인『티마이오스』에서 플라톤은 우주가 "물", "흙", "공기", "불"과 같은 원초적인 물질을 통해 제작되었다고 보며, 이러한 우주 형성의 과정을 마치 "황금"이라는 근원 물질을 가공하여 금반지 혹은 다른 물건을 만드는 것과도 같다고 보았다(49c-50b).

이러한 플라톤의 생각에 기초해서 알키누스(Alcinous) 등과 같은 1~3세기 중기의 플라톤주의자들도 "하나님"(God), "형상들"(the Forms), "물질"(Matter)이라는 세 가지 요소는 항상 영원하다고 가르쳤다.[23] 조물주가 이미 존재하

Buchanan (Boston: Little Brown and Company, 1899), 106.

21 May, Creatio Ex Nihilo, 179.

22 Aristotle, Physics, Book I, 4 (87a28): "ὡς οὐ γιγνόμενον οὐδενὸς ἐκ του μὴ ὄντος."

23 Alcinous, The Handbook of Platonism, trans. John Dillon (Oxford: Clarendon Press,

던 형태 없고 혼란스러운 물질에 형상을 부여하는 과정을 통해 우주를 제작하셨다고 중기 플라톤주의자들은 본 것이다. 특히 알키누스는 다음과 같이 물질이란 창조 전에 이미 존재하는 우주의 근원적 재료라고 주장한다.

플라톤은 물질(ὕλη)을 [형상의 틀 안에서] "찍혀지는 재료"(ἐκμαγεῖον) (『티마이오스』 50c), "범수용체(凡受容體)"(πανδεχές)(51a), "유모(乳母)"(τιθήνη)(49a, 52d, 88d), "어머니"(μητέρα)(50d, 51a), "공간"(χώρα) (52a-d) 그리고 "비감각(非感覺, ἀναισθησία)에 의해 만져질 수 있고, 가짜 이성(νόθος λογος)"(52b)에 의해 이해될 수 있는 것이라고 하였다. 물질은 모든 변화의 과정들을 수용하며, 마치 유모처럼 그것들을 양육한다. 물질은 모든 형상을 받아들이지만, 그 자체는 형상이나 특성, 형태가 없다. 하지만 자기 자신의 형태나 특성이 없으므로, 물질은 마치 틀 안에서 찍혀진 재료처럼 형태를 가질 수 있는 것이다.[24]

반면, 그리스도교 전통은 이러한 중기 플라톤주의와의 대화 가운데서 바실레이데스, 위-디오니시오스, 마이스터 에크하르트로 이어지는 부정신학(theologia negativa)을 발전시켰다. 특히 그리스도교 신학자로서는 최초로 바실레이데스가 이전의 견해처럼 하나님이 선재하는 "물질"(ὕλη)에서 우주를 만든 것이 아니며, 또한 하나님에게서 우주가 "유출"(προβολήν)된

---

1993), 15-19 (sections 8-10). 이 세 가지는 화이트헤드(A. N. Whitehead)의 하나님(God), 영원적 객체(Eternal Objects), 창조성(Creativity)이라는 세 형이상학적 원리와도 매우 유사해 보인다.

24 Alcinous, *Handbook of Platonism*, 15; Alkinoos, *Didaskalikos: Lehrbuch der Grundsätze Platons*, Trans. Orrin F. Summereil and Thomas Zimmer (Berlin and New York: Walter de Gruyter, 2007), 22.

것도 아니라, 하나님이 오직 "무(無)로부터"(ἐξ οὐκ ὄντων 혹은 *ex nihilo*) 우주를 만드셨다고 분명하게 가르쳤다.[25] 태초에 하나님의 창조에 관한 그의 진술이라고 전해지는 몇몇을 살펴보도록 하자.

> 바실레이데스는 말하길 아무것도 없었던 때가 있었다. 심지어 "무"(無, οὐδὲν)도 존재하지 않았다. 단순히, 확실히 그리고 모든 궤변을 떠나서 아무것도 없었다. 그는 말하길, "내가 동사(verb) '있었다'를 사용한 것은 어떤 것이 이미 존재했었다는 의미가 아니라, 내가 증명하고자 하는 것을 말하기 위해서이다: 곧 아무것도 없었다."[26]

이처럼 우주도, 천사도, 인간도, 아무것도 없는 상황에서 홀로 계신 하나님을 신학은 무엇이라고 표현해야 하는가? 고전적 선택은 존재 자체이다. 곧 존재신학의 전통 안에서 다마스쿠스의 요한(John Damascene)은 "하나님에 대한 모든 이름들 가운데 가장 적합한 것은 시내산에서 모세에게 주어진 대답인 '존재하는 자'(ὁ ὤν)"라고 하였다.[27] 하지만 바실레이데스는 존재라는 이름도 넘어서는 초월적인 하나님의 이름은 "존재하지 않는 하나님" 혹은 "무의 하나님"([ὁ] οὐκ ὢν θεός)이라고 한다.

> 아무것도 없었을 때—물질도, 존재도, 비존재도, 단순한 것도, 복합적인 것도, 지성적인 것도, 감각적인 것도, 인간도, 천사도, 신(神, θεός)도, 이름을

---

25 Hippolytus, *Refutation of All Heresies*, trans. M. David Litwa (Atlanta: SBL Press, 2016), 508-513. May, *Creatio Ex Nihilo*, 73.

26 Ibid., 507.

27 John Damascene, *De Fide orthodoxa*, I, 9

가지거나 감각할 수 있거나 생각할 수 있는 어떠한 현상도 존재하지 않았을 때, 곧 언어로 묘사할 수 있는 어떤 것보다도 훨씬 더 신비로운 무만 있었을 때— 무(無)의 하나님(οὐκ ὢν θεός)께서 개념 없이, 감각 없이, 의지 없이, 결의 없이, 감정 없이, 욕망 없이 우주를 만드시고자 하셨다. … 무(無)의 하나님(οὐκ ὢν θεός)께서 무(無)의 우주(κόσμον οὐκ ὄν)를 무(無)로부터 (ἐξ οὐκ ὄντων) 창조하셨다.[28]

바실레이데스에 따르면, 하나님은 우주를 "무로부터 창조"하셨다. 세계와 존재의 고통을 돌파하는 올바른 그리스도교 신정론(神正論, theodicy)은 물질로부터의 창조나, 발렌티누스가 주장한 것처럼 신적유출설이 아니라, 부정신학(否定神學, apophatic theology) 곧 "무(οὐκ ὢν)의 하나님"이 "무(οὐκ ὢν)의 우주"를 "무(οὐκ ὢν)로부터 창조"하셨다고 보는 것이다. 바실레이데스의 사유에서처럼 오직 무의 하나님만이 무로부터의 창조를 하실 수 있다. 부정신학(否定神學)과 창조신학(創造神學)은 동전의 양면과도 같다. 무로부터의 창조라는 창조신학은 무로서의 하나님이라는 부정신학의 기초에서만 가능하기 때문이다. 하나님이 존재가 아닐 때, 곧 존재 이전의 무(nihil)일 때 우주라는 존재도 "무로부터"(ex nihilo) 곧 무로서의 하나님으로부터 창조될 수 있는 것이다. 반대로 만일 창조주 하나님이 존재 자체라면, 이미 하나님인 존재 자체는 또다시 창조될 수는 없었을 것이다.

이처럼 2세기 초에 바실레이데스에 의해 최초로 제시된 무로부터의 창조신학은 순교자 유스티노스(Justin Martyr), 시리아의 타티아노스(Tatian the Syrian), 안디옥의 테오필로스(Theophilus of Antioch) 등에 의해 나중

28 Hippolytus, *Refutation of All Heresies*, 509-511.

에 계승된다. 그리고 이러한 교리적 발전은 이레네우스(Irenaeus of Lyons, c. 130-c. 202)에 와서 다음과 같이 결정적으로 정식화된다.

> 전능하시고 만물을 자신의 말씀으로 설립하신 하나님께서는 만물을 무(無)로부터 만드셨다. 하나님께서 그것들이 필요했기 때문이라기보다는, 자신의 피조물들을 통해 하나님 자신의 영광을 드러내시기를 원하셨기 때문이다.[29]

## III. 교회 공의회 신조들

흥미로운 점은 무로부터의 창조라는 표현 자체는 제1차 니케아 공의회(325년) 혹은 제1차 콘스탄티노플 공의회(381년)에서 직접적으로 등장하지는 않는다는 사실이다. 니케아 공의회는 창조의 교리를 이렇게 선포한다. "한 분이신 하느님, 전능하신 아버지, 유형무형(有形無形)한 만물의 창조주를 저희는 믿나이다."[30] 니케아에서 열린 최초의 공의회에서 아리우스주의에 대한 이단 정죄가 주요 관심사였으며, 무로부터의 창조 교리가 무엇이며 그것을 부정하는 것이 과연 이단성을 가지는지의 관심은 크게 존재하지 않았다.

뒤이은 콘스탄티노플 공의회는 "유형무형한 만물"을 가리키는 성서적 표현 "하늘과 땅"을 추가하였다. "한 분이신 하느님, 전능하신 아버지, 하늘

---

29 Irenaeus, *Against Heresies*, Book II, Chapter 1.7.
30 하인리히 덴칭거, 『신경, 신앙과 도덕에 관한 규정·선언 편람』 (서울: 한국천주교주교회의, 2014), *125 (41).

과 땅, 유형무형한 만물의 창조주를 저희는 믿나이다."[31] 그리고 이듬해 382년 회의의 결과물 「다마소의 교의 서한」(*Tomus Damasi*)은 창조 신앙에 대한 최초의 이단자 정죄문을 담고 있다. 여기에 따르면 창조 신앙에 반하는 이단이란 창조의 주체가 성부, 성자, 성령의 삼위일체 하나님이라는 것을 부정하는 오류이다.

> 성부께서 만물, 곧 보이는 것과 보이지 않는 것을 성자와 성령을 통해 만드셨다고 말하지 않는 사람은 이단자이다.
>
> Si quis non dixerit, omnia per Filium et Spiritum Sanctum Patrem fecisse, id est visibilia et invisibilia: haereticus est.[32]

요컨대 그리스도교의 창조 교리와 관련하여 최초로, 그리고 본인이 아는 한 유일무이하게 등장하는 "이단자" 조항은 창조주가 삼위일체 하나님이라는 사실을 부정하는 것과 관련되며, 무로부터의 창조의 방식 혹은 과정에 대한 논란은 전혀 등장하지 않는다.

13세기 제4차 라테란 공의회(1215년)에서 무로부터의 창조 교리는 공식화(公式化)된다. 여기서도 무로부터의 창조는 이전의 공의회 고백들과 마찬가지로 삼위일체 하나님의 창조 행위라는 것을 고백하고 있다. 무로부터의 창조 교리의 핵심은 창조주 삼위일체 하나님을 고백하는 것이라는 점을 뚜렷이 보여준다.

---

31 앞의 책, *150 (59-60).
32 앞의 책, *171 (62).

성부께서는 낳으시고 성자께서는 태어나시고 성령께서는 발하시는데, 같은 본질이시며 똑같이 동등하시고 똑같이 전능하시며 똑같이 영원하시고, 만물의 근원이시고, 가시적인 것과 비가시적인 것, 영적인 것과 육적인 것의 창조주이시다. 그분은 당신의 전능하신 권능으로 태초부터 무(無)에서(de nihilo) 동시에 두 피조물, 곧 영적인 피조물과 육적인 피조물, 말하자면 피조물인 천사와 세상을 창조하셨고, 그다음에는 영혼과 육신으로 거의 일치하여 이루어진 인간 피조물을 창조하셨다.[33]

종교개혁이 일어나고 무로부터의 창조 교리는 다름 아닌 삼위일체 하나님을 창조주로 고백하는 것이라는 이해가 개혁주의 신앙고백에서도 계승된다. 벨직 신앙고백서(1561, 1619년 개정)에 따르면, "우리는 성부께서 그의 말씀, 곧 그의 아들을 통하여 하늘, 땅 그리고 모든 피조물들을 하나님이 보시기에 좋도록 무에서 창조하셨음을 믿는다."[34] 하이델베르크 교리문답서(1563)에 따르면, "우리 주 예수 그리스도의 영원한 아버지, 곧 무에서 하늘과 땅과 그 가운데 있는 모든 것을 창조하셨고, 또한 자신의 영원한 작정과 섭리로써 이 모든 것을 보존하고 다스리시는 이 아버지께서 자신의 아들 그리스도를 위하여 나의 하나님이시오, 나의 아버지가 되심을 믿습니다."[35] 또한, 웨스트민스터 신앙고백서(1647)에 따르면, "성부, 성자, 성령 하나님께서는 하나님의 영원한 권능과 지혜, 선하심을 나타내기 위하여 태초의 무

---

33 앞의 책, *800 (302).

34 Philip Schaff ed., *The Creeds of Christendom: the Evangelical Protestant Creeds*, vol. 3 (Grand Rabids, MI: Baker Books, 1993, 6th ed.), 395; 김은수, "공교회 신조와 개혁주의 신앙고백서," 24.

35 Ibid., 315; 김은수, "공교회 신조와 개혁주의 신앙고백서," 24.

에서 세상과 그 안에 있는 모든 것을, 그것이 보이는 것이든 보이지 않는 것이든 6일 동안 창조하시기를 기뻐하셨으며, 모든 것은 하나님 보시기에 심히 좋았다."[36]

우리가 살펴본 것처럼 '무로부터의 창조' 교리의 의도와 핵심은 성부·성자·성령 '삼위일체' 하나님이 바로 무로부터 우주를 창조하셨다는 '사실'(fact) 자체를 고백하는 것이며, 이른바 한꺼번에 혹은 진화론적으로 등 '어떻게'(how) 무로부터 우주를 창조하셨는지 구체적인 방법론에 대해서는 어느 하나의 견해를 유일하고 배타적인 신앙의 규범으로 정하고 있지는 않다.

결론적으로 우리는 무로부터의 창조 교리에서 구속력을 가지는 것과 그렇지 않은 것을 구분해야 한다. 일찍이 4세기부터 교회 공의회들은 우주를 무로부터 창조하신 분이 바로 삼위일체 하나님이라고 신앙하는 것이 교리적 구속력을 가진다고 보았다. 앞의 「다마소의 교의 서한」에서처럼 창조주가 바로 성부·성자·성령 삼위일체 하나님이라는 것을 부인하는 자는 "이단자"(haereticus)라고 여겨졌다. 반면, 이러한 삼위일체 하나님이 '어떻게', '어떤 단계를 통해서', '얼마나 오랫동안' 무로부터 우주를 창조하셨는지에 대한 방법론적(methodological) 성찰은 당대의 그리스도교인들이 스스로 자유롭게 탐구할 수 있도록 지혜롭게 허용하였다. 지적설계론이든, 유신진화론이든, 빅뱅 이론이든 당대에 표준적인 어떤 하나의 우주론적 견해가 교리상으로 항상 옳은 것이라고 성급하게 결정하지는 않았다. 우리는 영원한 것과 시간적인 것을 구분하는 혜안을 가져야 한다.[37]

---

36 Ibid., 611; 김은수, "공교회 신조와 개혁주의 신앙고백서," 25.
37 작금의 한국 신학계에서 유신진화론을 포함해서 창조의 방식에 대한 여러 견해들을 '이단'이라고 종교 재판을 진행하는 것은 심히 반신앙적이고 반정통적인 태도라고 본인은 생각한다.

하나님의 영혼을 창조하는 과정에 대한 여러 견해들 중에서 "어떤 하나를 성급하게 주장"해서는 안 된다고 아우구스티누스는 경고한다.[38] 마찬가지로 영혼의 창조만큼이나 우주의 창조도 전적으로 하나님의 '주권적 신비'(主權的 神祕)이다. 따라서 하나님의 주권적 신비를 감히 인간의 언어와 방법으로 이해한다는 것은 본질적인 한계를 지닐 수밖에 없다. 우리는 무로부터의 창조 그 자체가 무로부터 우주의 존재를 창조하신 삼위일체 하나님의 주권적 권능에 대한 신앙의 고백이라는 점을 분명히 해야 할 것이다. 무로부터 창조하신 분이 바로 삼위일체 하나님이시라는 것이 바로 그리스도교의 창조론이다. 여기에 가톨릭과 개신교 교단들이 각각 서로 다른 창조론을 가질 수는 없는 것이다.

## IV. 무로부터의 창조, 물질로부터의 창조, 하나님으로부터의 창조

우리는 무로부터의 창조 교리의 신학적 의미를 부정적으로 그리고 긍정적으로 분석할 수 있다. 먼저 부정적으로 '무(無)로부터의 창조'(*creatio ex nihilo*)는 '물질(物質)로부터의 창조'(*creatio ex materia*)를 거부한다. 한때 인류는 물, 불, 흙, 공기, 원자 등 영원히 존재하는 물질이 있으며, 그러한 원초적 재료로부터 우주가 만들어졌다고 생각한 적도 있었다. 하지만 오늘날 현대의 표준 우주론은 심지어 수소 등과 같은 가장 보편적이고 원초적인 물질조차도 태초의 순간에 만들어진 것이라고 본다. 빅뱅의 순간, 우리가 이

---

38 Augustine, *De Libero Arbitrio*, 3.21.59.

해하는 모든 물리적 법칙을 초월하는 시원적(始原的) 특이점(singularity)에서 우주가 탄생했으며, 그렇게 탄생한 우리 우주는 까마득하게 먼 미래의 어떤 시점에 가서는 다시 종말을 맞이하게 될 것이다. 이처럼 현대 과학은 그리스도교의 무로부터의 창조 신앙을 표현할 수 있는 선교적(宣敎的) 가능성을 유용하게 제공하고 있다.

긍정적으로 '무로부터의 창조'(creatio ex nihilo)는 곧 '하나님으로부터의 창조'(creatio ex Deo)를 의미한다. 존재하는 어떤 것도 영원하지 않다. 무로부터 창조된 존재의 시간성 때문이다. 만물은 무로부터 창조된 것이고, 다시 무로 되돌아갈 것이다. 이런 의미에서 나와 당신, 인간과 별과 우주 전체도 영원하지 않다. 이 모든 존재하는 것은 존재의 영원한 고향, 하나님에게로 되돌아가는 여정에 있는 것이다. 화가 빈센트 반 고흐가 목회자가 되고자 했던 젊은 시절 그의 첫 번째 설교가 순례자의 길이었던 것은 어쩌면 우연이 아닐지도 모른다. '테오에게 보낸 편지'(1888년 6월)에서 고흐는 이렇게 말한다.

타라스콩이나 루앙에 가려면 기차를 타야 하는 것처럼, 별까지 가기 위해서는 죽음을 맞이해야 한다. 죽으면 기차를 탈 수 없듯, 살아 있는 동안에는 별에 갈 수 없다.[39]

우리 주변의 이 모든 아름다운 찰나의 피조물은 서둘러 자신의 창조주

---

39 빈센트 반 고흐/신성림 옮김, 『반 고흐, 영혼의 편지』 (서울: 예담, 1999), 178. Vincent Van Gogh, *The Complete Letters of Vincent Van with reproductions of all the drawings in the correspondence*, vol. 2 (2nd edition; London: Thames & Hudson, 1978), 605.

하나님에게로 되돌아가는 과정에 있다는 것을 고흐는 영혼의 붓으로 표현하였다. 무로부터의 창조 교리는 만물의 시작과 끝, 영원한 운명은 다른 어떤 존재도 아니라 오직 하나님뿐이라는 것을 고백한다. 무로부터 존재가 창조되었다는 것은 존재가 하나님으로부터 창조되었다는 뜻이다. 존재는 하나님에게서 왔기에 존재는 하나님에게로 되돌아갈 것이다. 거기에 단순히 물질로 환원될 수 없는 우리 존재의 신앙적 고귀함이 또한 존재하는 것이다. 존재하지 않던 우주는 존재하는 우주가 되었고, 존재하는 우주는 존재하던 우주가 될 것이다. 존재가 되돌아갈 고향은 무이신 하나님뿐이다.

## V. 나오는 말: 무-존재-과정의 삼위일체 하나님

존재는 신학의 최종 언어가 아니다. 무로부터의 창조(*creatio ex nihilo*) 교리가 가르치는 그리스도교 신앙의 궁극적 의미는 바로 '존재의 피조성(被造性)'이다. 곧 존재 자체는 피조된 현상이다. 존재는 하나님의 창조 결과이며, 영원의 질서에 속하지 않는 시간성의 실체이다. 그렇기에 영원히 파괴되지 않고 무상(無常)하지도 않은 시간성은 존재하지 않으며, 오직 여상(如常)한 것은 존재 너머의 초월적 무(無, *nihil*)라는 생각을 드러내는 것이 바로 그리스도교의 무로부터의 창조 교리이다. 이런 이유에서 무로부터의 창조 교리에서 "이러한 무(nothing)는 누가 창조하였는가?"라는 아우구스티누스와 하르낙의 질문은 다음과 같이 대답될 수 있다고 본인은 본다: '무로부터의 창조'의 무(*nihil*)는 누가 창조한 것이 아니라, 하나님의 한 위격이다.[40]

하나님은 '존재'(*esse*)이며, 존재의 앞과 뒤, 안과 너머를 둘러싼 '무'(*ni-*

*bil*)이고, 둘 사이의 '과정'(*processio*)이다. 하나님은 무와 존재, 과정이라는 "전체"(*das Ganze*)의 진리이다. 바로 여기에 존재 너머의 하나님 곧 "무로서의 하나님"(οὐκ ὢν Θεός)을 신학이 사유해야 하는 당위가 있는 것이다.[41] 무가 존재를 낳는 과정의 영원한 전체가 삼위일체 하나님이다. 그리스도교의 '살아계신 하나님'이란 바로 그러한 "전체의 생명"(das Leben des Ganzen)이다.[42] 살아계신 삼위일체 하나님을 사유하는 그리스도교 신학이 무신학(無神學, meontotheology)과 존재신학(存在神學, ontotheology), 과정신학(科程神學, process theology)의 통전적 신학이 되어야 하는 이유가 여기에 있는 것이다. 요컨대 '무-존재-과정-신학'(nihil-onto-process-theology)이 무로부터의 창조 교리의 근거인 것이다.

무로부터의 창조 교리는 존재의 피조성을 역사적 언어로 증언하려는 시도이다. 만약 어떤 교리가 절대 바뀔 수 없다면, 개신교 종교개혁도 처음부터 가톨릭으로부터 독립하여 존재할 수 없었을 것이다. 또한, 과거에 교황이 승인했던 마녀사냥 핸드북인 『마녀들의 망치』(1486년)가 여성 그리스도교인을 구조적으로 결함이 있는 "불완전한 동물"(*animal imperfectum*)이라고 교리상으로 가르쳤지만, 현대의 어떤 교회도 이러한 복음적이지 못한 교리를 수용하지는 않을 것과도 마찬가지다.[43] 독일의 신학자 슐라이어마

---

40 Adolph Harnack, *History of Dogma*, volume 5, translated by Neil Buchanan (Boston: Little Brown and Company, 1899), 120-122 footnote 4.

41 G. W. F. Hegel, *Phenomenology of Spirit*, Trans. A. V. Miller (Oxford: Oxford UP, 1977), 11. Hippolytus, *Refutation of All Heresies*, 509-511. 최근 박혁순, 『하나님과 무(無), 그 천(千)의 얼굴들: 대안적 신론을 위한 예비적 연구』 (서울: 동연, 2024)는 이런 유용한 출발점을 제공한다.

42 Hegel, *Phenomenology of Spirit*, 2.

43 Christopher S. Mackay, *The Hammer of Witches: A Complete Translation of the Malleus Maleficarum* (Cambridge: Cambridge University Press, 2017), 165.

허가 말했듯, 17세기 교회를 위한 교리 교과서가 19세기 교회를 위한 교리 교과서가 될 수는 없는 것이다. 그에 따르면, "그리스도교 교리란 그리스도 교인의 종교적 감정을 언어를 통해 설명한 것"이다.[44] 또한, 언어는 항상 시대의 정신을 자신 안에 담게 되는 것이다. 교리사의 대가 아돌프 하르낙은 이러한 입장을 다음과 같이 명확하게 하고 있다.

> 교리(Dogmas)는 생겨나고 발전하며, 새로운 목적에 봉사한다. 이 모든 것은 신학(Theology)을 통해 발생하는 것이다. 하지만 신학은 셀 수 없이 다양한 요인들, 특히 시대 정신에 의존한다. 신학은 그 대상을 이해할 수 있도록 만들고자 하는 것이 본질이기 때문이다. 이처럼 교리는 신학의 산물이며, 그 반대가 아니다. 물론 이때 신학은 당대의 신앙과 상응해야만 한다.[45]

하물며 오늘날 21세기를 맞이한 우리의 미래 그리스도교는 새로운 신학적 탐구와 상상력으로 창조주 하나님의 섭리를 당대에 알아가는 법을 배워야 한다. 우주라는 하나님의 비(非)언어적 말씀을 성찰하는 것이 바로 신학자와 신앙인의 사명이라는 것을 마르틴 루터는 자신의 창세기 주석에서 이렇게 말하고 있다.

> "빛이 있으라"는 단지 모세의 말이 아니라, 하나님의 말씀이라는 점을 성찰하

---

44 Friedrich Schleiermacher, *The Christian Faith*, ed. H. R. Macintosh and J. S. Steward (Edingburgh: T. & T. Clark, 1989), 76. "§. 15. *Christliche Glaubenssäze sind Auffassungen der christlich frommen Gemüthszustände in der Rede dargestellt.*"
45 Adolph Harnack, *History of Dogma*, volume 1, translated by Neil Buchanan (Boston: Roberts Brothers, 1895), 9.

도록 사유하는 자는 훈계받는다. 하나님의 말씀이 바로 실재이고, 사실이고, 사물이다. 왜냐하면 하나님은 "없는 것을 있는 것으로 부르시는 이시다"(로마서 4:17). 하나님은 '문법적인 언어들'(*grammatical words*)이 아니라 '실체적인 존재들'(*substantial things*)을 말씀하신다. 우리의 경우 소리를 내는 목소리가 하나님의 경우에는 실체적인 사물이며 실재이다! 곧 태양, 달, 하늘, 지구, 베드로, 바울, 당신 그리고 나도 모두 각각 '하나님의 말씀들'(*words of God*)이다! 그렇다. 우리는 하나님의 말씀을 이루는 한 음절이고, 한 글자이다. … '피조된 말씀'(the *word created*)은 '피조되지 않은 말씀'(the WORD UNCREATED)을 통해 만들어진 한 사물, 한 사실, 한 작품이다. 우주 전체가 선포되고 말해진 하나님의 말씀이 아니고 무엇이겠는가?[46]

창조 교리는 우주 전체를 하나님의 "피조된 말씀"으로 성찰하는 시도이다. 화이트헤드(A. N. Whitehead)가 말했듯, 피조된 우주 안에 하나님의 말씀과 "하나님의 합리성"이 존재한다는 그리스도교적 신앙이 근대 자연과학을 발전할 수 있게 한 동력이었다.[47] 자연과학과 신학이 대화해야 하는 이유가 여기에 있다.

무로부터의 창조 교리는 우리를 포함한 모든 존재의 시작점과 종착점이 어디에 있는가를 분명히 보여주기 때문이다. 하지만 또한 루터가 말했듯 우리는 모든 교리가 인간이 사용하는 "문법적인 언어들"의 한계로 인해 하나님의 궁극적 신비를 온전히 전달할 수는 없다는 것도 겸허하게 받아들여야

---

46 Martin Luther, *The Creation: A Commentary on the First Five Chapters of the Book of Genesis*, trans. by Henry Cole (Edinburgh: T. & T. Clark, 1858), 44 (Genesis, ch. 1 v. 5).

47 Alfred North Whitehead, *Science and the Modern World* (New York: Macmillan, 1925), 17-18.

한다. 신학적으로 겸손하지 못한 목회자나 신학자는 하나님의 신비 앞에서도 겸손해지는 법을 배우지 못할까 두렵다. 따라서 이 글을 마치며『삼위일체론』을 집필하던 당시 아우구스티누스에 대한 유명한 일화를 무로부터의 창조 교리의 이야기로 다시 각색하여 이렇게 표현해 보고자 한다.

성자 아우구스티누스에 관한 유명한 일화가 있다.

그는 하나님의 '무로부터의 창조'의 신비에 대해 집필을 하다 난관에 봉착해 자신의 고향 북아프리카의 지중해 바닷가를 천천히 거닐고 있었다. 그는 자신의 생각이 바닥났다고 슬퍼했다. 이런저런 생각을 하면서 모래사장을 걸어서 돌아다니는 중에 한 소년을 발견했다. 소년은 그 작은 손에 들어가는 양만큼 바닷물을 퍼서 미리 만들어둔 모래 구덩이에 부어 넣고 있었다. 아우구스티누스는 의아해하면서 그 아이가 같은 동작을 계속해서 반복하는 것을 지켜보았다. 조금 지나서 호기심을 못 이긴 그는 소년에게 다음과 같이 물었다. "얘야, 지금 무얼 하고 있니?" 소년의 대답은 그를 더욱 당혹스럽게 만들었다. "지금 여기 모래 구덩이로 바다를 옮기고 있어요." 아우구스티누스는 황당해하며 그 소년의 어리석은 행동을 그만두게 하려고 말했다. "어떻게 이 많은 양의 바닷물을 이 작은 구멍에다 옮겨 담을 수 있겠니?" 그러자 소년은 아우구스티누스에게 이렇게 대꾸했다. "아우구스티누스 선생님은 어떻게 하나님의 무궁한 신비를 단지 인간의 말로 기록된 작은 책에 다 담을 수 있을 것이라 기대하세요?" 그는 충격에 휩싸였다. 정신을 되찾자 이미 천사는 사라진 후였다.[48]

48 알리스터 E. 맥그래스/윤철호 옮김,『천국의 소망』(서울: 크리스천 헤럴드, 2005), 14-15. 번역이 일부 수정되었고 각색되었다.

우리는 무한한 창조의 바닷가에서 언어의 모래알 하나를 만지작거리고 있을 뿐이다.

# 참고문헌

김요한. "AD. 8~9세기 무슬림 신학에 나타난 creatio ex nihilo의 의미에 관한 연구." 「범한철학」 95집, 2019 겨울.

김윤정·김회권. "'無로부터의 창조' 교리에 대한 비판적 연구." 「신학사상」 191집, 2020 겨울, 403-438.

김은수. "공교회 신조와 개혁주의 신앙고백서에 나타난 창조교리와 현대적 도전들에 대한 재조명: '무로부터의 창조'(Creatio ex Nihilo) 교리를 중심으로." 「장로 교회와 신학」 15, 2019, 13-56.

류영모. 『다석일지: 다석 류영모 일지』, 제1권. (서울: 弘益齊, 1990).

박영식. 『창조의 신학』. (서울: 동연, 2018).

박영호. 『다석 류영모의 생애와 사상』, 下. (서울: 문화일보, 1996).

박혁순. 『하나님과 무(無), 그 천(千)의 얼굴들: 대안적 신론을 위한 예비적 연구』. (서울: 동연, 2024).

배철현. "Creatio Ex Nihilo?" 「종교학 연구」 21, 2002, 29-48.

백운철. "무로부터의 창조와 성경: 성서적 창조신학을 위한 성찰." 「신학전망」 211, 2020, 156-210.

알리스터 E. 맥그래스/윤철호 옮김, 『천국의 소망』. (서울: 크리스천 헤럴드, 2005).

하인리히 덴칭거. 『신경, 신앙과 도덕에 관한 규정·선언 편람』. (서울: 한국천주 교주교회의, 2014).

Alcinous. *The Handbook of Platonism*. Trans. John Dillon. Oxford: Clarendon Press, 1993.

Alkinoos. *Didaskalikos: Lehrbuch der Grundsätze Piatons*. Trans. Orrin F. Summereil and Thomas Zimmer. Berlin and New York: Walter de Gruyter, 2007.

Harnack, Adolph. *History of Dogma*, volume 1. Translated by Neil Buchanan. Boston: Roberts Brothers, 1895.

_____. *History of Dogma*, volume 5. Translated by Neil Buchanan. Boston: Little Brown and Company, 1899.

_____. *History of Dogma*, volume 6. Translated by Neil Buchanan. Boston: Little Brown and Company, 1899.

Hegel, G. W. F. *Phenomenology of Spirit*. Trans. A. V. Miller. Oxford: Oxford UP, 1977.

Hippolytus. *Refutation of All Heresies*. Trans. M. David Litwa. Atlanta: SBL Press, 2016.

Luther, Martin. *The Creation: A Commentary on the First Five Chapters of the Book of Genesis*. Translated by Henry Cole. Edinburgh: T. & T. Clark, 1858.

Mackay, Christopher S. *The Hammer of Witches: A Complete Translation of the Malleus Maleficarum*. Cambridge: Cambridge University Press, 2017.

May, Gerhard. *Creatio ex nihilo: The Doctrine of 'Creation out of Nothing' in Early Christian Thought*. Trans. A. S. Worrall. London and New York: T & T International, 2004.

Plotinus. *Enneads*, I. Trans. A. H. Armstrong. Cambridge: Harvard University Press, 1989.

Schaff, Philip. Ed. *The Creeds of Christendom: the Evangelical Protestant Creeds*, vol. 3. Grand Rabids, MI: Baker Books, 1993, 6th ed.

Schleiermacher, Friedrich. *The Christian Faith*. ed. H. R. Macintosh and J. S. Steward. Edingburgh: T. & T. Clark, 1989.

Tillich, Paul. *Systematic Theology*, Volume 1. Chicago: The University of Chicago Press, 1951.

_____. *A History of Christian Thought*. New York: Touchstone, 1967.

Whitehead, Alfred North. *Science and the Modern World*. New York: Macmillan, 1925.

# 마르틴 루터의 창조 이해*

이용주
(숭실대학교 교수/조직신학)

모두가 알고 있는 것처럼 마르틴 루터는 종교개혁을 시작한 인물이다. 루터가 의도했던 바는 아니었지만, 결과적으로 가톨릭교회로부터 이탈하게 됨으로써 개신교회가 형성되었고, 이후 루터의 사상은 개신교회의 신앙과 삶의 토대가 되었다. 이 글은 개신교 교회에 속한 그리스도인들이 지녀야 할 창조 신앙의 본질적인 내용들이 무엇인지를 루터의 창조 이해를 통해 간략히 살펴보고자 한다.

한국교회의 대중들 사이에서 창조주의(creationism 혹은 creation science)나 지적설계론 같은 주장들은 오래전부터 유포되어 왔고, 그 영향력도 상당하다. 이를 유포하거나 받아들이는 그리스도인들이 가지고 있는 순수한 신앙의 동기와 열정 자체는 존중받아야 한다. 하지만 위와 같은 주장

---

* 이 글은 이용주, "마르틴 루터의 창조 이해," 「뉴스앤조이」 연재 <나는 창조의 하나님을 믿습니다> 2004.06.06. https://www.newsnjoy.or.kr/news/articleView.html?idxno=306295에 실린 것이다. 게재를 허락해 준 뉴스앤조이에 감사드린다.

들은 사실 창조를 증언하는 성서의 말씀들, 이에 대한 신학적 논의를 통해 형성된 교회의 신조에 대한 이해가 결여된 채 이루어지는 경우가 많다.

그러다 보니 성서 문자주의나 반과학주의, 혹은 반이성주의를 창조 신 앙과 혼동하는 일이 자주 발생하는 것도 사실이다.

이 글에서는 창조 신앙에 대한 루터의 가르침을 간략히 정리함으로써 "무로부터의 창조"가 단순히 성서의 창조기사들에 대한 무비판적인 수용 과 동일시되어서는 안 되며, 오히려 하나님의 '지속적인 창조'와 '창조의 완성'에 대한 인격적인 신뢰야말로 개신교 창조 신앙의 본질적인 내용이라는 것을 제시하고자 한다. 그 과정에서 개신교의 본래적인 창조 신앙 안에 이미 오늘날 빅뱅과 진화로 대변되는 과학적 발견과 대화할 수 있는 요소들이 충분히 자리하고 있다는 것이 드러나게 될 것이다.

## I. 하나님에 대한 인격적 신뢰로서의 창조 신앙

루터는 『대요리문답』에서 "나는 전능하신 아버지 하나님, 천지의 창조 주를 믿습니다"라는 사도신경의 첫 번째 조항의 의미를 다음과 같이 풀어서 설명한다.

이것은 "나는 하나님의 피조물"이라는 것을 믿는 것을 의미합니다. 즉, 그분 이 나에게 영육과 생명, 크고 작은 육체의 기관, 모든 감각, 이성과 오성 그리 고 그 외의 모든 것을 주셨고, 지금도 여전히 이 모든 것 곧 먹을 것과 마실 것, 옷과 식량, 아내와 자녀, 종과 집, 들녘 등을 지탱하고 계시는 분을 믿는다 는 뜻입니다.[1]

지금 루터는 창조자 하나님에 대한 신앙이 의미하는 바가 무엇인지를 해명하고 있다. 하지만 여기에서 루터는 우리가 일반적으로 기대하는 것과는 달리 하나님이 처음 세상을 창조하실 때의 방식이나 경과, 지구의 나이 등에 대해 설명하는 데에는 아무런 관심을 보이지 않는다. 반면, 루터는 창조자 하나님에 대한 신앙을 "내가 하나님의 피조물"이라는 사실을 "믿는다"는 것과 연결시키고 있다. 그 신앙의 핵심은 하나의 생명체이자 인간인 '나'와 내가 삶을 영위하는 데 구성적인 '모든 것들'이 하나님에 의해 '주어지고', '유지되고' 있다는 사실을 믿는 것이다.

달리 말하자면, 창조자 하나님에 대한 신앙에 있어서 결정적으로 중요한 것은 하나님이 '과거에' 어떤 방식으로 세계를 창조하셨는지에 관한 것이 아니라, 하나님이 '나'를 창조하셨을 뿐만 아니라 '지금 여기에서' 구체적으로 돌보고 인도하신다는 사실을 믿는 데 있다. 창조 신앙의 핵심은 세상의 기원에 관한 성서의 기록을 글자 그대로 수용하는가에 관한 것이라기보다는, '지금', '나'의 모든 삶이 전적으로 '나'의 창조자이신 하나님에게 의존하고 있다는 '인격적'인 신뢰에 관한 것이다. 그렇기 때문에 루터는 『소요리문답』에서 다음과 같이 말한다.

나는 하나님이 다른 모든 피조물들과 더불어 나를 창조하신 것을 믿는다.[2]

---

1 마르틴 루터/최주훈 옮김, 『대교리문답』 (서울: 복있는사람, 2017), 204f.

2 *Die Bekenntnisschriften der evangelisch-lutherischen Kirche* (Göttingen: Vandenhoeck & Ruprecht), 510.

## II. 무로부터의 창조(*creatio ex nihilo*)의 현재적 의미

창조자 하나님에 대한 '나'의 인격적 신뢰가 결합되어 있지 않은 창조 신앙은 무의미하다. 중세인이었던 루터가 아담과 하와의 역사성을 의심하지 않았던 것은 사실이겠지만, 그럼에도 불구하고 세계의 기원이나 아담의 역사성에 대한 믿음 그 자체는 창조 신앙에 있어서 부차적인 의미를 지닐 뿐이다. 그보다는 루터에게 ―그리고 개신교 창조 신앙에 있어서― 본질적으로 중요한 것은 창조자 하나님이 '나'의 창조자이자, 보호자, 인도자라는 사실에 대한 인격적 신뢰이다. 그래서 루터는 창조에 관한 교회의 전통적 가르침인 '무로부터의 창조'(*creatio ex nihilo*)를 "창조자이신 하나님이 지금도 여전히 그의 피조물들을 보존하고 계시다는 것"을 의미하는 것으로 확대하여 해석한다.

무로부터의 창조는 교회의 창조 신앙에서 가장 중요한 요소 중 하나이지만, 사실 성서에 명확히 근거를 두고 있는 것은 아니다. 본래 이 교의는 선행하는 질료나 조건 등에 의존하지 않고, 오직 하나님의 자유와 주권, 전능하심에 의해 모든 피조물이 존재하게 되었음을 말하려는 의도에서 사용되기 시작하였다. 본래 무로부터의 창조는 하나님의 '태초의 창조'(*creatio originalis*)를 가리키는 것이었지만, 루터는 하나님의 창조 활동이 과거에 발생하고 종료된 일회적인 것으로 이해되어서는 안 되며, 지금도 여전히 하나님이 자신의 피조물을 돌보고 계시다는 것을 의미하는 것으로 이 개념을 확장하여 사용한다. "마치 우리의 친절한 아버지가 자녀를 모든 악한 것으로부터 지켜 보호하는"[3] 것처럼, 창조자는 지금도 피조물을 '유지하고', '보존하

---

3 마르틴 루터/최주훈 옮김, 『대교리문답』 (2017), 205.

고', '인도하신다.' 따라서 "하나님에게 창조하는 활동과 보존하는 활동은 동일한 하나이다."4

## III. 하나님의 창조 활동은 계속된다(*creatio continua*)

창조와 보존은 서로 구분되는 것이 아니다. 그것들은 모두 창조자로서 일하시는 하나님의 동일한 활동이다. 그렇기 때문에 루터에게 하나님의 창조 활동은 지금도 여전히 계속되는 일이다. 인간인 건축가는 집을 건축하는 일이 완성되고 나면 더 이상 그 집을 짓는 일을 계속하지 않는다. 반면, 창조자 하나님의 활동은 결코 중단되지 않는다. 왜냐하면 창조자 하나님의 작용이 중단된다면 피조물은 즉시 비존재로 돌아가고 말 것이기 때문이다. 그러므로 창조자는 인간 건축가와는 달리 자신이 만든 집을 떠나 버리지 않는다. 그분은 자신이 만든 집 안에 지속적으로 현존하는 가운데 일하신다. 그렇기 때문에 창조자 하나님은 자신의 '집의 주인'으로, 자신이 만든 피조 세계의 '영주'로서 남아 계신다.

하나님의 계속적인 창조를 강조하기 위해 루터는 교회의 앞선 선각자들에 의해 주창되던 태초의 창조에 대한 이해를 비판하는 것도 주저하지 않는다. 아우구스티누스 같은 '위대한 인물들'은 해, 달, 별, 피조물로 가득한 땅 등 "우리가 보는 모든 것이 눈깜짝할 사이에 이루어졌다"라고 말하였다.

이에 대해 루터는 "우리는 이런 식으로 생각해서는 안 된다"5라고 단호

---

4 창세기 22:13절 주석: "*apud deum idem est creare et conservare.*" (WA 43,233, 24f.).
5 루터의 창세기 주석: Johannes Schwanke, "Martin Luther's Theology of Creation," *International Journal of Systematic Theology* vol. 18/4 (2016), 405에서 재인용.

하게 말한다. 그보다는 태초의 창조를 진술하는 창세기 본문은 '기원'에 관한 것이라기보다는, 여전히 계속되고 있는 하나님의 창조 활동의 '원칙'에 관한 것으로 해석되어야 한다고 루터는 제안한다. 창조는 여전히 계속되는 일이다. 하나님이 '아담'을 창조하셨다는 것을 믿는 것이 아니라, 아담을 창조하심으로써 동시에 '나'를 창조하신 분이라는 것을 믿는 일이야말로 창조 신앙의 본질적인 부분이다. 하나님의 창조 활동은 지금도 계속된다. 그렇기 때문에 지금 우리가 살아가고 있는 현재의 모든 사건들은 언제나 태초의 일과도 같다. 하나님의 "창조 활동은 언제나 새로운 것을 산출하는"(creare est semper novum facere) 것이기 때문이다.

하나님의 창조가 계속되고 있기 때문에 피조물의 세계는 태초에 수립된 원리나 법칙, 질서나 구조의 무한한 반복이 이어지는 지루한 세계가 아니다. 오히려 그 안에서는 새로운 질서, 새로운 사건, 태초의 새로움과 같은 일들이 발생한다. 놀랍게도 루터는 우주와 생명이 진화에 대한 현대 과학의 발견과 유사한 내용을 과감하게 말한다. 창조자는 단지 피조물을 보존하기만 하는 것이 아니고, 오히려 "피조물을 변화시키고 새롭게 하신다." 그러므로 하나님이 "새로운 질서를 수립하시는 것을 중단하셨으리라"는 생각은 사실이 아니다.[6] 하나님은 창조자이시다. 과거에 그랬기 때문이 아니라, 지금도 여전히 피조물 안에서 새로운 것들을 출현시키고 계시기 때문이다.

---

6 M. Luther, *Resolutiones* (1518), WA 1,563,6; Christian Link, Schöpfung. Handbuch Systematischer Theologie, Bd. 7/1, ed. by C.H. Ratschow (Gütersloh: Gütersloher Verlagshaus, 1991), 37에서 재인용.

## IV. 하나님은 피조물의 완성을 위해 일하고 계신다

앞에서도 언급한 것처럼 루터는 창조자 하나님의 활동이 지금도 계속되고 있다는 사실을 강조한다. 하나님의 창조 활동이 계속되고 있다는 것은 동시에 피조 세계가 '완성된' 것이 아니라는 사실을 의미한다. 마치 그림을 그릴 때 그리는 일을 그만두지 않는 한 그림이 완성되지 않은 것과 마찬가지로, 하나님이 여전히 피조 세계에 대해 일하고 계시다는 사실은 하나님의 창조가 아직 '완결되지 않았다'라는 사실을 의미한다. 창조가 '완성적'이라는 주장은 루터에게는 매우 이질적인 생각일 뿐이다.

창조가 아직 완성되지 않았다는 것은 자연스럽게 피조 세계의 갱신이라는 종말의 미래에 대한 희망으로 이어진다. 사실 이것은 피조물이 신음하는 가운데 인간과 세상의 구원을 기다리고 있다는 사도 바울의 말씀으로부터 우리 모두가 익히 알고 있는 내용이기도 하다. 하지만 루터에게 이것은 단지 미래에 실현될 희망의 차원으로만 남아 있는 것은 아니다. 피조 세계를 완성하심으로써 구원하실 하나님의 활동은 미래의 어느 시점에 가서야 비로소 발생하게 될 일이 아니다. 그 하나님은 지금 이미 자신의 피조 세계 가운데에서 창조의 완성을 향해 일하고 계신다. 이러한 신앙의 빛 안에서 보면, 아직 완성되지 못한 현재의 피조 세계는 ―그 안에 놓여 있는 슬픔과 고통, 죽음에도 불구하고― 그 존재 자체가 이미 완성될 창조의 미래를 가리키는 '표지'(Signum)이다.7 창조자 하나님을 믿는다는 것은 피조 세계의 불완전한 모습 가운데에서도 그것에 대한 존중과 긍정을, 이 세계에 대한 희망

---

7 Christian Link, *Schöpfung* (1991), 59f.

을 망각하지 않는다는 것을 의미한다.

## V. 창조 신앙의 본질을 기억하자

루터에게 창조 신앙은 하나님이 '성경에 기록되어 있는 그대로' 과거의 어느 특정 시점에 완성된 형태로 세계를 만드셨다는 신념과 동일시되지 않는다. "무로부터의 창조"라는 교리를 기계적으로 반복하거나 혹은 "새로운 생명종은 출현하지 않는다"라는 신념을 고수하는 것이 창조 신앙인 것도 아니다. 그보다도 루터에게는 '나와 모든 피조물'이 하나님의 전능하신 능력에 의해 존재하게 되었고, 지금도 여전히 그분의 창조하시는 활동에 의존하고 있다는 것에 대한 인격적 신뢰야말로 창조 신앙의 본질적인 내용이다.

창조자 하나님이 지금도 만물을 보존하시며, 새로운 질서와 사건을 통해 피조 세계의 완성을 향해 일하고 계심을 고백하지 않는다면, 그분을 창조자로 신앙한다는 것은 일종의 형용 모순이다. 루터는 그가 "오직 말씀으로"라는 개신교 성서 이해의 창시자임에도 불구하고, 성서에 대한 문자적 이해나 창조에 대한 기존의 이해를 기계적으로 반복하지 않는다. 그는 위대한 교부 아우구스티누스의 성서 이해조차 비판하면서 자기만의 창의적인 해석을 새롭게 제안해 내고 있다.

뿐만 아니라 루터는 자신이 근본적으로는 중세인이었기에 코페르니쿠스 같은 사람의 우주에 대한 당대의 해명을 제대로 이해하기에는 한계가 있었던 것이 사실이다. 하지만 그럼에도 불구하고 신학자들이 이성을 통해 해명되는 자연에 대한 설명을 무시해서는 안 된다고 경고하기까지 하였다.

루터의 창조 이해가 지니는 포괄성과 창의성에 비교해 보면, 소위 '복음주의'를 내세우면서 빅뱅과 진화라는 명백한 과학적 사실까지 부인하고, 성서의 창조기사를 문자적으로 수용해야 한다는 주장들이 얼마나 편협하고 경직된 것이며, 심지어 교회의 전통에 위배되는 것인지가 단번에 드러난다.

문자주의와 반이성주의는 창조자 하나님을 고백하는 데에도, 교회의 신앙을 성숙하게 만드는 데에도, 세상에 복음을 증언하는 데에도 아무런 도움이 되지 않는다. 이성과 과학만 아니라, 심지어는 교회의 정통 가르침과 신학 그리고 이를 계승하는 신학자의 학문적 노력까지 '비복음주의적'이라고 매도해 버리는 일은, 창조자 하나님에 대한 교회의 신앙을 지키는 것이 아니라 오히려 질식시켜 버리는 것에 불과하다. 종교사회학적으로는 그런 운동을 '근본주의'라고 부른다. 그보다는 개신교회가 가르쳐 온 창조 신앙의 본질적인 의미를 루터를 통해 다시 되새겨 보는 것이 나을 것이다.

# 칼뱅의 창조론과 진화론*

이오갑

(강서대학교 명예교수/조직신학)

## I. 들어가는 말

찰스 다윈의 '종의 기원' 출간 이후 진화론은 기독교와 과학계 사이에 뜨거운 논쟁과 갈등을 불러일으켰다. '창조론 대 진화론'이라 할 그 '대결'은 '종의 기원' 이듬해 이미 '옥스퍼드 논쟁'에서 불이 붙었고, 같은 해 독일 퀼른 가톨릭 주교회의에서 진화론을 '공식적으로' 정죄하면서 유럽 대륙으로 확산되었다. 아메리카로 건너가서는 근본주의 진영이 선두에 서서 공립학교에서까지 진화론 교육을 금지하고 창조론을 가르치려는 운동을 벌였다.[1]

'대결'의 절정이기도 하고 상징이기도 한 사건이 1920년대 테네시주에서 열린 존 스콥스 재판이다. 흔히 '원숭이 재판'으로 알려진 그것은 전 미국 사회의 이슈가 되어 과학계와 시민들이 경각심을 가지고 기독교계의 과도

---

\* 이 글은 「신학논단」 117집 (3024. 9.): 101-135에 수록한 것임을 밝힙니다.

1 J. Arnould, *Dieu, le singe et le Big Bang, Quelques défis lancés aux chrétiens par la science* (Paris: Cerf, 2000), 7, 17.

한 도발에 적극 대응하는 계기가 되었다. 그 결과 여론과 대세에 밀린 교계는 다른 방식으로 '대결'을 계속했다. 대표적으로 1960년대 시작된 '창조과학회'가 그것이다. 그 '학회'는 창조에 관한 그리고 노아의 홍수에 관한 성경의 진술들을 과학적으로 입증하려고 시도했다. '성경 문자 그대로의 창조론이 옳다'라는 이들의 주장은 필연적으로 과학 이론들을 배척하면서 갈등을 빚고 '유사 과학'이라는 평가를 받았다.

진화론에 대한 기독교의 대응이 '대결'로만 이뤄진 것은 아니다. 신학과 과학, 창조와 진화 사이에 일종의 대화나 조정을 모색하려는 시도가 있었다. 그들은 과학의 결과들을 사실로 인정하고 수용하면서 기독교 신앙과 조화 또는 일치를 이뤄가려고 한다. 대표적인 것이 유신론적 진화론(theistic evolution)이라고 할 수 있고, 테이아르 드 샤르뎅 같은 학자가 그런 예이다. 유신론적 진화론은 창조주가 생명체들에게 자체의 힘으로 진화해 나가게 했다는 것으로서 진화 과정을 창조에 속하는 것으로 이해한다. 따라서 창조와 진화, 둘 사이의 갈등을 피하려고 한다. 그것은 엄밀히 말하면 과학적인 '진화론'이 아니고 신학의 '창조론'에 속하고, 따라서 '진화론적 창조론'이라고 해야 할 것이다.

진화론적 창조론은 진화론이 나오기 훨씬 이전부터 신학에서도 발견되는 내용이라고 할 수 있다. 물론 생물학이 아니라 신학이고, 그것도 다윈 이전의 신학자들이기 때문에 진화론의 개념이나 내용, 용어들을 모르는 상태에서 이뤄진 것들이다. 그래서 그것을 진화론적 창조'론'이라는 표현이 함축하는, 어느 정도 체계를 갖춘, 충실한 내용의 교리라 하기에는 불충분하다. 오히려 진화론에 가까운, 혹은 거기에 열려 있는 진술들이 다소 발견되는 창조론이라고 해야 할 것이다.

그런 신학 중 장 칼뱅의 창조론을 들 수 있다. 주지하듯이, 칼뱅은 루터와

츠빙글리 등을 이은 2세대 종교개혁자지만, 조직신학의 고전인『기독교 강요』로써 루터와 나란히 개신교 신학의 창시자에 속하고, 스위스와 프랑스, 영국 제도, 네덜란드, 독일 팔츠 등 유럽을 넘어 아메리카 그리고 아프리카와 오세아니아, 아시아로까지 이어진 개혁교회의 국제적 네트워크를 가지고 현재까지도 많은 영향을 미치고 있다. 그런 점에서 그의 신학을 통해 '창조론과 진화론' 주제를 검토하는 것은 의미가 있고, 갈등 문제를 풀어가는 데도 도움이 될 것이다.

방금 칼뱅의 신학이 '진화론적 창조론'이라고 했지만, 여기에 대해서 논란이 많은 것도 사실이다. 학계에서 일어났던 논쟁은 본론에서 다루겠지만, 칼뱅의 창조론은 그런 논쟁이 일어날 정도로 진화에 열려있거나, 진화론을 지지할 만한 내용을 함축하고 있다. 여기에 대해 알리스터 맥그래스는 19세기 이후 서구 문화에서 종교와 과학의 "목숨 건 전투"에서 기독교권이 칼뱅의 신학을 알고 그의 영향을 좀 더 많이 받았더라면, "종교와 과학의 갈등을 피할 수 있었을 것"이며, 스콥스 재판과 같은 "진화론 논쟁은 전혀 다른 과정을 밟았을 것"이라고 평했다.[2]

그렇다면 이제 칼뱅의 창조론이 정말 그런지를 살펴봐야 할 과제가 남는다. 즉, 칼뱅의 창조론이 진화론적인지, 그의 신학 중 어떤 내용들이 그런지 그리고 그것을 어떻게 해석하고 판단해야 하는지 등을 봐야 한다는 것이다. 그를 위해 여기서는 먼저 칼뱅과 진화론에 관한 '논쟁'을 소개하고, 논란이 되었던 내용들을 칼뱅의 사상과 문맥에서 살펴본다. 그리고 추가로 참고해야 할 내용들을 검토한 후 결론적으로 칼뱅의 창조론이 진화론과 관계해서

---

2 알리스터 맥그래스/이은진 옮김,『장 칼뱅의 생애와 사상_서구 문화 형성에 칼뱅이 미친 영향』(파주: 비아토르, 2019), 433.

어떻게 평가될 수 있을지를 제시한다.

## II. 칼뱅과 진화론 논쟁[3]

사실 칼뱅과 진화론 '논쟁'은 흔히 생각하는 논쟁과는 다르다고 할 수 있다. 100년 가까운 긴 세월 동안, 단지 몇 학자가 그것도 한 세대씩의 차이를 두고 간헐적으로 나왔기 때문이다. 하지만 종교와 과학 사이를 대표한다고 할 칼뱅과 진화론 문제가 가지는 무게 때문에 주목하고 되짚어 볼 만한 충분한 가치가 있다. 논쟁이 시작된 시점은 서구 사회에서 진화론에 대한 반대가 극렬했던 시기였다. 그러한 반대는 특히 근본주의가 강했던 미국에서 더욱 심했는데, 칼뱅의 창조론이 진화론적이라고 처음 주장했던 학자는 아이러니하게도 근본주의 아성인 구(舊)프린스턴신학교의 벤저민 워필드였다.[4] 이후, 구(舊)프린스턴을 잇는 웨스트민스터신학교의 존 머레이가 워필드를 비판하고 나섰다. 그 다음에 프랑스 파리신학대학의 리샤르 스토페르가 칼뱅의 설교들을 중심으로 연구한 뒤 머레이의 견해를 지지했고, 지리학자로서 칼뱅을 연구한 데이비스 영도 머레이를 지지하며 칼뱅과 진화론이 무관하다고 보았다.

---

3 이 논쟁에 관해 이오갑, 『칼뱅의 신과 세계』(서울: 대한기독교서회, 2010), 214-218에서 일부 다루어 중복되는 부분이 있다. 이번에 원문들을 재검토하고, 논쟁에 가담한 새로운 학자도 보강하여 더욱 상세하게 다룬다. 또한, 당시의 해석과 결론도 수정하고 보완한다. 여기서는 그런 사항들을 일일이 열거하거나 대조하지 않는다.

4 B. B. Warfield, "Calvin's Doctrine of the Creation," *The Princeton Theological Review*, 1915. 이 논문은 *Calvin and Calvinism* (New York: Oxford University Press, 1931)에 수록되었으며, 여기서는 이 책을 사용한다.

## 1. 벤저민 워필드

워필드는 근본주의 노선에 충실한 조직신학자였으나, 1915년 발표한 "칼뱅의 창조 교리"에서 칼뱅이 진화론을 가르쳤을뿐더러, 그의 창조론은 "인간의 영혼을 제외한 모든 것에서 진화론적 교리라는 사실을 간과해서는 안 된다"라고 단언했다.[5] 그의 논지는 이렇다.

워필드는 칼뱅이 창세기 1:1의 하늘과 땅을 창조한 '최초의 창조'와 이 창조된 물질을 이후 6일간 예정된 형태로 성형하는 '후속 행위'를 구분했다고 한다. 그래서 '창조'는 엄밀한 의미에서 하나님의 처음 행위에 국한되고, 이어지는 6일간의 행위는 세상을 온전케 하는 일종의 통치 과정으로서 "점진적인 형상을 이루어가는 형성"이었다. 또한, 워필드는 칼뱅이 최초 창조로부터 생겨난 '하늘과 땅'이 "혼돈의 덩어리"(indigested mass)였지만, "세상의 재료"로서 그 안에 "온 세상의 씨앗"이 있었다는 데 주목했다. 그래서 이후의 과정은 그 원인 물질로부터의 창조, 정확히는 생성(production)으로 볼 수 있었다. "세상은 지금 보이는 것과 같이 처음부터 완전하지 않았으므로, 세상은 하나님의 점진적인 행위에 의해 그것(세상의 재료)으로부터 생겨났다."[6]

워필드는 칼뱅이 최초의 창조와 후속적인 창조를 구분했으나, 그것이 이후 17세기 개신교 신학자들이 했던 "첫 번째 창조"와 "두 번째 창조", 또는 "즉각적 창조"(Immediate Creation)와 "중재적 창조"(Mediate Creation)의 구분은 아니라고 보았다.[7] 특히 칼뱅은 그들이 말하는 '중재적 창조'를

---

5 Ibid., 304-305.
6 Ibid., 299-300.

거부했다고 한다. 그는 그 이유를 칼뱅의 창세기 1장 21절 "물을 통한 물고기들과 공중의 새들"의 '창조'에 관한 해석에서 찾았다. "우리는 전에 세상이 창조(bara)되었기 때문에 무로부터 만들어졌다고 주장했지만, 이제 모세는 다른 물질로부터 형성된 것이 창조되었다고 말한다. 물이 물고기의 생산에 전혀 적합하지도(idoneae), 적당하지도(aptae) 않기 때문에 물고기가 참으로 그리고 적절하게 창조되었다고 주장하는 사람들은 단지 속임수에 의지할 뿐이다. 왜냐하면 그것들을 만든 재료가 이전에 존재했다는 사실이 여전히 남아 있기 때문이다. —이것은 '창조'라는 단어의 속성이 인정할 수 없는 것이다.— 그러므로 나는 창조를 다섯째 날의 일로 제한하지 않고, 오히려 그것이 전 세계의 원천이었던 형태가 없고 혼란스러운 덩어리를 가리킨다고 말한다."[8] 요컨대 이전에 존재했던 재료가 있는데도 '창조'라고 부르는 것은 합당치 않다. 생산에 적합지 않았다는 이유만으로 창조라고 말하는 사람들은 "속임수"이다. 그것보다는 모세가 말했던 '창조'를 다섯째 날이 아니라 —그래서 중재적 창조가 아니다!— 최초의 근원 물질의 창조로 소급해서 봐야 한다는 것이다. 칼뱅은 그런 식으로 '중재적 창조'를 거부했고, 그 동기는 "'창조하다'라는 위대한 단어에 '무에서 창조하다'라는 정확한 의미를 보존하려는" 데 있었다는 것이다. 그래서 칼뱅은 '창조'를 "기존의 물질이 사용되는 어떠한 생성에도 적용되는 것을 인정하지 않으리라"라고 했다.[9]

---

7 Ibid., 300-301. 워필드는 그런 구분의 예를 요하네스 볼라비우스 등에게서 가져왔다. "이러한 구별은 6일 동안 하나님의 일련의 참된 창조 행위를 상정하고, 따라서 창조를… 세상과 그 안에 있는 모든 것을 부분적으로는 '무로부터'(ex nihilo), 부분적으로는 '자연적으로 부적합한 물질로부터'(ex materia naturaliter inhabili) 만드신 행위로 정의한다. Joannes Wollebius, *Compendium Christianae Theologiae*, Lib. I (Amsterdam, 1638), 35.

8 Ibid., 301-302.

그러면서 위필드는 이것이 "창세기 1:1에 기록된 세상의 것들이 창조된 후에는 '하나님의 능력에 의해 더 이상 특별히 새로운 어떤 것도 창조되지 않았다'라는 의미는 아니라며, 그것을 섭리의 영역으로 넘겼다. "그(최초의 무로부터 창조) 이후부터 신성한 사역은 순전히 섭리의 사역이었다고 말할 수 있다. 왜냐하면 섭리사역의 가장 큰 차이점은 그것이 제2 원인의 산물이기 때문이다."10 위필드는 그 제2 원인인 그 "혼돈의 덩어리"에다, "약속과 효능"을 지니고 있으며, 이후에 생겨난 모든 것은 "하나님의 힘"이 개입하기는 하지만, 그 "근원적 재료의 변화로써" 이뤄진다는 칼뱅의 이론을 주목하면서, 바로 그것이 "진화론일 뿐만 아니라 순수한 진화론"이라고 단언했다. "우리가 그것을 올바르게 이해했다면, 칼뱅의 창조 교리는 인간의 영혼을 제외한 모든 것에서 진화론적 교리라는 사실을 간과해서는 안 된다. 아직 존재하지 않는 모든 것의 '약속과 효능'을 담고 있는 '혼돈의 덩어리'는 하나님의 단순한 명령에 의해 생겨났다. 그러나… 그 이후 생겨난 모든 것은 고유한 힘들의 상호작용으로써, 그 세계의 근원적 재료의 변화로써 발생했다. … 그러나 그 변화들은 그 이유들을 과정적으로는 '제2 원인'에서 찾는다. 그러므로 이것은 진화론일 뿐만 아니라 순수한 진화론이다."11

물론 위필드는 칼뱅이 진화론자거나, 진화론에 대한 어떤 개념을 가지고 있었다고 보지는 않았다. 그렇다고 해도 그가 창조와 섭리의 관점에서 설명한 세계의 형성이 진화론적이 아닌 것은 아니다. "(칼뱅은) '하늘과 땅'이라고 불리는 원시적인 '혼돈의 덩어리'가 모든 형태의 생명의 기원을 포

---

9 Ibid., 302.

10 Ibid.

11 Ibid., 304-305.

함하여 우리가 보고 있는 질서 있는 세계의 형태로 변화한 일련의 모든 변형을 돌렸다. 의심할 바 없이… 식물과 동물 모두 제2 원인에 가깝다. 그리고 이것은 매우 순수한 진화 계획이라고 우리는 말한다. 물론 그는 진화 과정의 요소들에 대해 논하지도 않고… 진화에 관한 어떤 이론도 갖고 있지 않았다. 그러나 그는 진화의 교리를 가르친다.”12

## 2. 존 머레이

머레이는 1954년 발표한 “칼뱅의 창조교리”에서 워필드의 진화론적 해석을 비판했다.13 그는 칼뱅이 진화론과 관련 없다고 보았는데, 그것을 논증하기 위해 두 가지로 접근한다. 하나는, 워필드가 본 대로 ‘최초의 창조’와 ‘2차적 창조’ 사이의 칼뱅의 구분이 이후 17세기 개신교 신학자들의 구분과 달랐느냐 하는 점이고, 다른 하나는 칼뱅이 말한 최초로 창조된 하늘과 땅이라는 ‘원인 물질’이 그리고 거기로부터 만들어진 ‘물질들’이 이후의 창조를 위한 고유한 ‘생명력’을 가지고 있느냐는 점이다.

첫째, 칼뱅이 후속적 창조 또는 ‘중재적 창조’를 정말 하나님의 창조에 포함시키지 않고, 창조 이후의 섭리의 범주에서 보았는지 여부이다. 결론적으로, 머레이는 칼뱅이 이후 17세기 신학자들이 했던 것처럼 최초의 즉각적인 창조와 중재적인 창조를 구분했고, 그 두 종류 모두 ‘창조’로 간주함으로써 진화론적인 해석이 가능하지 않다고 주장했다. 그는 그러한 이유를 주로 ‘풀과 나무’의 창조에 대한 칼뱅의 해석에서 찾았다. 먼저 그 주석에서 칼뱅

---

12 Ibid., 305.

13 J. Murray, “Calvin's doctrine of creation,” *Westminster Theological Journal*, 1954.

은 "땅이 자연적으로 아무것도 생산하기에 적합하지 않았다"(*neque... naturaliter ad gignendum quicquam apta erat*)라고 했는데, 그 말 자체가 '중재적 창조'와 관련한 "다른 신학자들이 사용하는 언어와 흡사하다." 그들은 "'중재적 창조'에서 하나님의 창조 행위의 재료가 '자연적으로는 부적합한 재료'(*materia naturaliter inhabilis*)"라고 했는데, 그것이 바로 칼뱅의 표현이다.[14] 또한, "풀과 나무가 태양과 달보다 먼저 창조된 것"은 "우연"이 아니라는 표현도 "본성"이 생물학적 관련이 없는 "다른 근원"을 가지는 하나님의 창조 행위를 나타내기 위함이라는 것이다. 그 외에도 머레이는 칼뱅이 즉각적인 창조 외에도 "'창조하다'라는 단어를 자유롭게… 빛, 풀, 나무, 태양"에도 "주저 없이" 사용했다는 데서도[15] 중재적인 창조를 받아들인 증거로 보았다. 그래서 머레이는 바로 그것이 "즉각적 창조"와 "중재적 창조"를 구분했던 "다른 개신교 신학자들"의 생각과 같이, 중재적 창조도 이전 물질의 생명력에 의한 생성이나 진화가 아닌 "일종의 창조적 행위"였다고 주상했다.[16]

둘째, 최초의 원인 물질이 고유한 생명력을 가지고 있느냐에 대해서도, 머레이는 창 1:11절 주석에서 "셋째 날의 조치 이전에 땅은 헐벗고 황폐하였다"(*nuda et sterilis*)라는 표현을 주목했다. 여기서 그 표현은 "지구가 순수한 진화 과정에 의해 발전된 특정한 고유한 힘을 부여받았다는 개념과 전혀 일치하지 않는다"라는 것이다. 그 설명은 "'세계의 기원 물질을, 제2 원인을 매개로 질서 있는 세계를 구성하는 다양한 형태들로 바꾸는 것'과는 아주

---

14 Ibid., 38.
15 Ibid., 37.
16 Ibid., 38, 41.

다르다."[17] 더구나 칼뱅은 거기에 더해 "하나님이 새로운 미덕이나 능력을 더하셔야 하며, 땅에는 발아 원리가 없으며, 풀과 나무는 창조되었을 뿐만 아니라 번식의 능력이나 미덕(번식의 미덕)도 부여받았다"라고 덧붙였다. 그러므로 이런 설명은 "'순수한 진화' 과정에 의해 발전된 특정한 고유한 힘… 개념과 전혀 일치하지 않는다"라는 것이다.[18]

물론 머레이는 즉각적인 창조에 의한 "형태 없는 '혼돈의 덩어리'"를 칼뱅이 "온 세상의 씨앗 또는 원천으로 여겼다"라는 걸 인정했다. 그러나 칼뱅은 "이 혼돈의 덩어리가 그 자체 내에 '씨앗, 싹, 효능' 같은 발달이나 진화를 위한 내재적 힘을 가지는 것으로 간주하지 않았다"라고 했다.[19] 그런 논증을 바탕으로 머레이는 결론을 내린다. 칼뱅이 최초의 기원 물질인 하늘과 땅이 모든 생명체들을 포함하는 "질서 있는 세계로 이행되는" 과정을 말했어도 그것이 "하늘과 땅이 장식되고, 형성되고 완전해지는 —진화의— 과정을 묘사한" 것과는 거리가 멀다. 따라서 워필드가 생각한 것처럼 그 과정을 "'매우 순수한 진화 계획'으로 특성화할 수 없다."[20]

### 3. 리샤르 스토페르

워필드와 머레이의 논쟁을 살펴본 뒤, 리샤르 스토페르는 우선 주요 쟁점이었던 칼뱅의 "온 세상의 씨앗"(*totius mundi semen*) 한 가지만 가지고는 판단하기 어렵다고 전제하면서도, 칼뱅 사상 전체를 볼 때 머레이의 판

---

17 Ibid., 37.
18 Ibid., 37-38.
19 Ibid., 39-40.
20 Ibid., 42.

단이 정당하다고 했다.[21]

스토페르는 칼뱅의 창세기 설교를 비롯한 여러 설교들을 검토한 후 이렇게 결정했다. "워필드가 생각했던 것과 다르게, 종교개혁자에게서 그 물질(최초의 원인)과 파생물들(이후 생성된)은 어떠한 창조적 잠재 능력도 보유하고 있지 않다. 그래서 언제나 하나님이 직접적으로(또는 인격적으로person-nellement) 그리고 주권적으로 간여해서 이미 창조된 것들로부터 어떤 새로운 재료(élément)를 만들어내는 것이다. 가령 빛이 어둠으로부터 나왔다면, 오로지 창조주의 —개입에 의한— 탁월하고도 이해할 수 없는 권능의 결과일 뿐이다."[22]

그래서 칼뱅에게는 하나님이 이미 "무로부터 창조한 '물질'(substance)"로부터 새로운 물질들을 만드신 것은, 하나님의 새로운 개입에 의한 창조이므로 이전 '물질'의 창조와 똑같은 하나의 기적이다. 스토페르는 창세기 설교를 인용한다. "하나님은 물로부터 물고기들과 공중의 새들까지 생겨나게 했을 때, 물이 그것들의 기원을 제공했어도 다시 한 번 기적 작품들을 만들어냈습니다." 그 이유에서 이렇게 말합니다: "물은 생물로 번성케 하라. 여기서 물은 어떤 외형도 가지고 있지 않았으며, 또 물이 움직이는 피조물들로 변환되었다고 할 수도 없습니다."[23] 스토페르는 칼뱅이 첫날 이후 생겨난 여러 피조물들이 결국 하나님의 말씀으로만 직접적으로, 결국에는 무로부터 창조였다고 볼 수밖에 없는 설교문들을 계속 찾아냈다. 그중 하나만

21 R. Stauffer, "L'exégese de Genèse 1/1-3 chez Luther et Calvin," *Interprètes de la Bible* (Paris: Beauchesne, 1980), 77-78.

22 R. Stauffer, *Dieu, la création et la Providence dans la prédication de Calvin* (Beme: Peter Lang 1978), 183.

23 J. Calvin, 5e sermon sur la Genèse, fo 24-24 vo; R. Stauffer, "L'exégese de Genèse 1/1-3 chez Luther et Calvin," 79에서 재인용.

보자. "오늘날 우리는 하나님의 작품들을 묵상함으로써 모든 것들이 무로 부터 나왔다는 것을 배웁시다. 그리고 오직 하나님의 말씀이 아니라면 모든 사물들(choses)에 출처(origine)를 제공한 것이 없다는 것을, 그리고 오늘날 까지도 여전히 모든 것들이 유지되는 것도 바로 그 방법으로써임을 배웁시 다."24

그래서 결론은 이렇다. "칼뱅에게는 첫째 날부터 여섯째 날까지, 무로부 터 창조로부터 유로부터 창조까지, 직접적 창조부터 간접적 창조까지 창조 주의 사역은 언제나 하나의 기적이며, 그것으로써 그의 위대하심과 능력을 증명하신다."25

## 4. 데이비스 영

영은 특이하게도 지질학 교수로서 미국 캘빈대학(Calvin College)에서 가르치며, 자신의 고백에 따르면 열정적인 칼뱅주의 가정에서 자란 연고로 성경과 신학, 지질학의 관계에 관심을 가지고 연구해왔다고 한다. 그는 비 교적 최근 발간한 저술에서 칼뱅이 천체와 지구, 생명계에 관해 어떤 생각 을 가지고 어떤 진술들을 했는지 상세히 조사하면서, 칼뱅과 자연 세계, 자 연과학과의 관계를 보여주었다.26 그의 책은 칼뱅 당시의 천문학과 지질학, 생물학 등 과학의 수준을 구체적으로 잘 보여준다는 장점을 가지고 있다.

---

24 J. Calvin, 8e sermon sur la Genèse, fo. 41-41 vo; Ibid.에서 재인용. 그리고 5e sermon sur la Genèse, fo. 24-24 vo., 199e sermon sur le Deuteronome, Co 29, 211.

25 R. Stauffer, *Dieu, la création et la Providence dans la prédication de Calvin*, 183.

26 Davis A. Young, *John Calvin and Natural World* (Lanham: University Press of America, 2007).

우리 주제인 진화론·생물학과 관련된 부분을 주로 보면, "현재 우리가 유기적 영역과 무기적 영역을 구분하는 것이 중세 시대에는 그렇게 명확하지 않았다. 암석들, 퇴적암이나 종유석, 수정 같은 것들은 식물처럼 성장했기 때문에… 그리고 담석이나 결석, 진주 같은 것들은 생명체 내에서 자라는 암석 같기에 혼동을 일으켰다. 화석도 유기체의 잔해로 보지 않았는데, 그것을 동물로 본다면 "많은 종의 생물들이 멸종되었으리라는 무서운 전망" 때문이다. "멸종은 하나님의 조화로운 창조 개념과 양립할 수 없어서… 불가능하다고 생각했다." 더구나, 해발 수천 피트에 달하는 고산지대에서 발견되는 해양 생명체 화석을, 땅의 융기를 알지 못했던 당시에 인정한다는 것도 어려웠다. 칼뱅 사후 150년 후에도 "가장 위대한 과학자 중 일부는 화석의 유기체 기원을 계속해서 부인"할 정도였다.[27]

그런 건 칼뱅이 가졌던 생물학 지식을 짐작하게 해준다. 물론 칼뱅은 고등교육을 빈은 엘리드로서 아리스도델레스와 대(人)플리니우스 그리고 클라디우스 갈레누스 등의 고전 생물학, 의학 관련 서적들을 알았고 인용하기도 했다.[28] 하지만 중세시대에는 그런 학문들이 더 이상 발전하지 못했고 "공상적인 것들이 많이 섞이게 되었다." "신화 속의 생물들"이 사실로 간주되고, "동물 행동에 대한 매우 부정확한 보고"가 난무했다. 중세기 내내 대중의 의식을 파고든 것은 "잘못된 정보"가 뒤섞인 "동물 행동에 관한 사실, 우화, 도덕적 교훈을 편집한 우화집"이었다. 칼뱅의 생물학 지식도 많은 경우 그런 우화집에 의존해서 그의 말에는 사실과 다르고 근거 없는 것들도 있었다. 가령, 타조를 짐승으로 간주해서 "새 짐승"이라고 했다든지, 쓰러

---

27 Ibid., 88-89.
28 Ibid., 101-102.

진 코끼리는 일어서지 못해 죽는다든지 그리고 상상 속 동물인 유니콘, 목신(fauns), 사티로스(satyrs) 같은 것들이 실재한다든지 등이다.[29]

그렇게 당시의 생물학과 칼뱅의 수준을 보여준 후, 영은 "칼뱅이 진화론자였는가"(Was Calvin an Evolutionist)를 물었다. 대답을 위해 그는 논쟁의 시발점이라 할 워필드의 주장을 자세히 요약하고, 머레이의 비판도 소개했다. 그런 뒤에 영은 자신의 견해를 충분히 논하지는 않고 입장을 정리했다. 즉, "칼뱅이 창조를 무에서 본질을 만드는 것으로 정의했지만, 그는 또한 창조라는 단어를 매우 자유롭게 사용했다"면서 머레이의 손을 들어 주었다. "혼돈의 덩어리"가 가진 잠재력에 대해서도 칼뱅은 "이후의 다양한 형태의 생명체가 생산되는 발달이나 진화에 따른 살아있는 세균과 잠재력, 또는 본질적인 힘을 그 자체 내에 포함하고 있는 것으로 간주하지 않았다"라는 머레이에 동의했다. 그러면서 결론을 내린다. "나의 판단으로는 머레이가 워필드보다 칼뱅의 창조 개념 취급을 더 정확하게 묘사한 것 같다. 옳건 그르건 워필드가 섭리적으로 지시된 생물학적 진화의 한 형태를 선호했다는 사실은 남아있지만, 칼뱅을 일종의 원시 진화론자로 보는 것이 타당하지 않다. … 칼뱅은 자연사와 관련하여 아방가르드가 될 위험이 전혀 없었다."[30]

## 5. 논쟁에 대한 평가

워필드는 신학적으로 성경의 무오성을 옹호하면서도 진화론자였다는 점에서 "미국 지성사에서 가장 잘 감춰진 비밀 중 한 명"이며, "진화론과 성

---

29 Ibid., 110-120.

30 Ibid., 132-133.

경적 칼뱅주의를 조화시키는 것이… 그가 프린스턴에 있는 동안 언제나 목표였다"라는 평가를 받는다.[31] 워필드가 켄터키에서 아버지와 함께 소를 키우며 자라면서 '진화'를 수용하게 되었다고 하지만, 기독교와 진화론 사이의 '대결'이 가장 치열했던 당시 기독교 보수, 근본주의를 대표한다 할 조직신학자가 진화론에 열려있다는 것 자체가 '있을 수 없는 일'이었을 것이다. 하지만 프레드 자스펠은 워필드가 진화론자였음은 부인했고, 단지 그 가능성에 대해 열린 자세를 가지고 있었으며, "성경도 진화론이 사실로 입증된다면 그것을 수용할 수 있다"라는 정도로 규정했다.[32] 진화론에 우호적인 그의 태도는 칼뱅 창조론 해석에 반영되어서, 칼뱅의 교리가 심지어는 "순수한 진화론"이기까지 하다는 주장에 이르렀다.

내가 볼 때 워필드의 강점은 두 가지이다. 하나는, 칼뱅의 창조론에서 그리고 섭리론에서 진화의 가능성을 보여주는 여러 진술들을 찾아내며, 그의 사상이 진화론과도 통할 수 있다는 것을 보여주었다. 다른 하나는, 당시 치열했던 기독교와 진화론 논쟁에서 '대결'을 완화하고 중재를 모색하려고 했다는 점이다. 당시 프린스턴에서 조직신학자의 그런 시도는 높이 평가할 만한 하다. 그것이 잘 이어졌다면 문자주의에 갇힌 보수 근본주의도 현대 과학과 문화에 문을 열고 대화하며 함께 발전할 수 있었을 것이다. 하지만 워필드의 칼뱅 해석이 지나쳤다는 점은 지적할 수 있다. 그의 해석은 충분치 않고 논란의 여지가 있는 진술들을 근거로 칼뱅의 교리가 "순수하게 진

---

31 David N. Livingstone and Mark A. Noll, "B. B. Warfield(1831~1921): A Biblical Inerrantist as Evolutionist," *Journal of Presbyterian History* 80 (2002); Fred G. Zaspel, "B. B. Warfield on Creation and Evolution", *Themelios*, vol. 35, Issue 2 (2010) 199에서 재인용.

32 Fred G. Zaspel, Ibid.

화론"이라든지, "진화 교리를 가르쳤다"라는 결론으로 이끌어 갔다.

머레이는 그런 워필드에 대해서 근거를 가지고 비판했다고 할 수 있다. 칼뱅이 6일간의 후속적인 피조물들에도 '창조'라는 말을 사용한 것도 사실이고, 창세기 주석의 "땅이 자연적으로 아무것도 생산하기에 적합하지 않았다"라는 말도 땅이 원래부터 생산력을 가졌다는 의미는 아니었다. 그런 점에서 자연계가 자체의 고유한 힘으로써 스스로 진화한다는 이론과는 다르다고 할 수 있다. 하지만 머레이는, 그리고 이후의 스토페르와 영도 워필드가 해석한 섭리까지 포함한 풍부한 내용을 두, 세 가지 주제로 축소해서 논했고, 결과적으로 칼뱅과 진화론 관계를 너무 좁게 보았다고 할 수 있다. 영이 잘 보았듯이 칼뱅은 과학적으로는 중세적 인물이었고, 가장 최초의 진화론 사상가라 할 라마르크보다는 250년, 다윈보다는 300년이나 앞서 살았던 인물이었다. 시대차만이 아니고, 생물학 지식도 중세의 통념을 크게 벗어나지 못했던 칼뱅은 진화론이 함축하는 내용이나 개념에 대해서도 전혀 알지 못했다. 그런 칼뱅의 진술들을 진화론과 비교하면서, 그의 이론이 진화론과 무관하다는 결론은 시대착오적(anachronic)이라고 할 수 있다.


## III. 칼뱅의 창조론과 진화론의 관계

영은 워필드를 비판하는 장의 주제를 "칼뱅은 진화론자였는가"로 붙였는데, 그런 접근은 "루소가 상대성 이론을 주장했는가"와 유사하다. 칼뱅이 '진화론자'일 수는 없고, 그의 사상에는 진화론의 자연선택이나 변이, 유전형질… 그런 기술적 용어나 개념도 나오지 않는다. 무엇보다 칼뱅이 '하려는 게' 생물학과는 전혀 달랐다. 그래서 칼뱅이 '진화론자였는가' 보다는 진화론에 대해 어떤 태도를 가졌을지, 그것을 수용했을지, 했다면 어떤 식으로, 아니라면 또 왜 아닌지를 물어야 한다. 그런 접근으로써 '칼뱅과 진화론' 관계를 보다 실체적으로 보려면 논쟁에서 쟁점이었던 몇 가지 문제들에 대한 칼뱅 자신의 주장과 의도를 살펴야 하고, 추가로 자연법칙과 과학에 대한 그의 태도, 창조론 해석 원리, '지속적 창조' 문제 등을 검토해야 한다. 그런 점들을 충분히 본 뒤에야 칼뱅과 진화론의 관계에 대한 결론이 가능할 것이다.

## 1. 후속적 '창조' 또는 생성에 관하여

머레이가 본 대로 칼뱅은 최초의 하늘과 땅의 창조 이후에도 '창조'라는 용어를 많이 썼다. 그렇기는 해도 칼뱅은 그 용어가 하나님의 후속 행위에 사용되기에는 석넝하지 않다고 여겼나. "'창조하다'라는 용어에 질문을 제기할 수 있다. 왜냐하면 우리가 앞에서 세상이 창조되었기 때문에 무로부터 만들어졌다고 논증했기 때문이다. 그런데 이제 모세는 다른 물질(재료, matière)로부터 형성된(formées) 존재들(choses)을 창조했다고 말한다. … —물고기를 만든— 물질은 전에도 존재했었다는 것은 항상 남아있다. 이것은 '창조하다'라는 용어의 속성이 용인하지 않는다."[33] 하지만 앞에서도 보았듯이 칼뱅은 모세가 여기서 쓴 '창조'를 "다섯째 날의 역사"가 아니라, "세상 만물 창조의 근본이 되는 무형적이며 혼돈된 덩어리"로 소급한 것으로 간주하면서, 그런 의미에서 창조라는 말을 사용한 건 사실이다.

---

33 J. Calvin, Commentaire sur la Genèse 1:21, *Commentaires sur L'Ancien Testament*, t. I, (Genève: Labor et Fides, 1961), 33. (이하, 주석 명과 장, 절만 기재함.)

내가 볼 때 이 쟁점에서 중요한 것은 창조라는 말보다는 창조라는 말이 적용된 하나님의 행위가 어떤 것이었는지이다. 칼뱅은 창세기 1:1 주석에서 "세상은 처음부터 오늘날 우리가 보듯이 그렇게 매끄럽고(poli) 정돈된 (agencé) 것이 아니었으며, 오히려 하늘과 땅은 혼란스럽게 뭉쳐서 창조되었다"라고 썼다. 그 "혼돈의 덩어리"(masse confuse)는 "하늘과 땅"으로 불렸으며, 이후에는 "물"로 명명되었다. "그 이유는 그 물질(matière)이 온 세상의 씨앗(semence)과 같았기 때문이다."

더구나 칼뱅은 "하늘과 땅" 창조 이후의 과정을 섭리로써 설명하기도 했다. 가령 창세기 설교를 보면 이렇다. "'물고기들은 물로써 그리고 새들은 하늘과 공중에 번성하라!' 여기서… 하나님은 자신의 의지를 선언하심으로써 그가 원하는 모든 것을 성취하기 위하여 준비되어 있다는 것을…, 최소한 그의 말씀은 만물에 능력을 주고, 보존할 뿐만 아니라 또한 회복시키기 위함이라는 것을 보여주십니다. 최초의 창조 이상으로 하나님은 짐승들을 그 종류대로 보존하셨고 지금도 보존하고 계십니다. 우리는 물이 하나님의 능력을 느끼고 그것에 복종하며, 또한 예속되어 있음을 봅니다. 짐승들도 또한 그 말씀을 받아서 우리 주님이 명령하신 것을 이행합니다. 물이 명령을 받은 대로 하나님께 복종할 지성은 가지고 있지 않지만, 그럼에도 불구하고 하나님의 말씀은 이행되어서 그분이 말씀을 하자마자 물은 선언된 대로 땅에 기는 것들과 물고기와 새들과 날짐승들을 만들어냈습니다(produit)."[34] 즉, 칼뱅은 물고기와 새, 짐승들의 창조를 하나님이 "만물"에게 "능력"을 주고 "보존"하며 "회복"시키는, 또 "그가 원하는 것을 성취하는" 과정으로 보았다.

---

34 J. Calvin, 5e sermon sur la Genèse 1:20-25, *Supplementa Calviniana, Sermon inédit*, *XI/1* (Neukirchen-Vluyn: Neukirchener Verlag, 2000), 48-49. (이하, 설교명과 장, 절, *Supplementa*만 기재)

이 말은 칼뱅의 창조론이 단 한 번의, 무로부터의 유일회적인 창조만이 아니라, "최초의 창조 이상으로" 그 이후의 생물, 무생물들은 과정적인 생성(production)으로 볼 수 있다는 의미이다. 그런 점들을 고려할 때 워필드가 본 대로 첫날 이후의 창조는 물론 신적 행위에 의한 것으로서, 근원 물질로부터의 그것도 "과정적"인 '생성'이라는 해석이 가능하다.

## 2. 피조물의 고유한 생명력과 자연의 법칙

칼뱅에 따르면, 하나님으로부터 창조된 피조물들은 그 자체의 생명력을 부여받았다. 창 1:1 주석에서 "하늘과 땅", "혼돈의 덩어리"라는 근원 물질이 "온 세상의 씨앗"과 같았다는 표현 그리고 방금 본 설교에서 "그의 말씀이 만물에게 능력(vertu)을 주고 보존했다"라는 표현이 그것이다. 기독교 강요에서도, "하나님께서는… 하늘과 땅으로부터 동물들과 생명(âme) 없는 피조물들의 모든 종류(genre)를 만드셨고(produit)… 각 종(espèce)에게 본성(nature)을 부여했고… 그것들에게 그때 그때 새로운 생명력(d'heure en heure nouvelle vigueur)을 주심으로써 그것들을 확실하게 보전하신다. 그는 다른 것들에는 세대에 따라 번성해가는 능력(vertu de se multiplier par génération)을 주심으로써, 어떤 것들이 소멸되면(meurent) 다른 것들이 그 자리를 차지하게 하셨다."[35] 그래서 그런 자연물들은 "그것의 본성(naturel)이 요구하는 대로 어떤 비밀의 행동을 하고… 마치 하나님께서 강제한 영원한 지위에 복종하는 것처럼 말이다. 그래서 하나님께서 한번 정하

---

35 J. Calvin, *Institution de la religion chrétienne*, I, 14/20, (Genève: Labor et Fides, 1955), 128-129. (이하 표기, 예: *Institution I*, 14/20.)

신 것은 자발적인 기질(inclination volontaire)에 의해서 흘러가고 나아가는 것 같다."[36] 물론 머레이가 제기한 반론, "땅은 헐벗고 황폐했"으므로 어떤 "발아 원리"도 없었고, "번식의 능력이나 미덕도 부여받았다"는 것도 가능하다. 이 두 주장은 사실 상반된 것은 아니다. 칼뱅은 분명하다. 피조물들의 생명력과 번식력은 자체적으로나 본질적으로는 '없고', 하나님으로부터 부여받은 것으로서 '있다.' 그래서 모순이나 대립으로 볼 필요는 없다.

또 하나 주목할 것은, 칼뱅은 '태양이 땅에 생명력(vigueur)을 주어서 열매들을 생산'하는…, 정확하지는 않아도 광합성이라 할 작용을 알고 있었다는 것이다. 그것은 하나님이 정한 "자연의 방식"(moyen naturel)이고 "부여한 능력(vertu)"이다."[37] 칼뱅의 우려는 하나님의 창조와 섭리의 권능을 그러한 자연의 방식으로 제한하는 것이다. 그래서 하나님은 자연을 능가하는 분이라는 걸 알게 하기 위해서 식물을 태양보다 먼저 창조하셨다![38] 하나님의 권능은 자연을 넘어서기도 하고, 자연 하나하나에도 관여하는 방식으로 천지를 주관해나간다. 그렇다고 해서 자연이 자기 방식대로 움직이지 않는 게 아니고, 자신의 고유한 생명력과 번식력을 받지 않은 것도 아니었다.

단지 칼뱅은 당시 과학 수준의 한계로써 그런 것들이 무엇인지 자세히 몰랐을 뿐이다. 그래서 칼뱅은 그러한 자연의 비밀은 언제나 감추어져 있고 신비하다는 점을 반복해서 말했다. 하나님은 "감춰져있는 자신의 비밀의 방법으로" 보전하신다.[39] 자연은 "본성이 요구하는 대로 어떤 비밀의 행동

---

36 *Institution I*, 16/4.

37 Commentaire sur la Genèse 1:11.

38 Ibid.

39 *Institution I*, 14/20.

을 하고 있다."[40] "세계를 다스리는 경탄할 만한 방식"은 "우리에게 감추어
져 있어서" "깊은 심연"이라고 불린다. 그러면서 칼뱅은 그렇게 신비한 자
연을 창조하고 다스리시는 하나님을 "경외하며 우러러야" 한다고 역설했
다.[41]

## 3. 자연과학에 대한 태도

칼뱅은 우리에게 알려지지 않은 신비한 자연 세계나 법칙을 연구하는 것
은 '철학자'의 몫으로 여겼다. ─당시는 천문학과 물리학, 의학 정도 외에 자
연을 다루는 분야가 없어서 '철학'이 여전히 그런 학문을 대표할 수 있었
다.[42]─ 요컨대 칼뱅은 자연과학을 인정했을 뿐 아니라 권장했고, 거기 종사
하는 과학자들을 존경하고 부러워하기까지 했다.[43] 가령 이런 표현이다.

"나는 모세가 철학자처럼 지연의 비밀들을 징밀하게 풀어놓지 않는다
고 말했다. … 그는 혹성들(planètes)과 항성들(étoiles)을 하늘의 영역에 위
치시킨다. 그런데 천문학자들(astronomes)은 공간들을 구분하고, 동시에
항성들은 창공에 고유한 위치를 차지한다고 가르친다. … 철학자들은 인간
의 지모와 명철이 이해할 수 있는 모든 것을 심혈을 기울여 연구한다. 그러
나 그러한 연구를 배척하거나 과학을 정죄해서는 안 된다. … 천문학은 알
아가는 데 재미가 있을 뿐만 아니라 아주 유용하고, 그 학문이 하나님의 탁

---

40 *Institution I*, 16/4.

41 *Institution I*, 17/2.

42 Davis A. Young, *John Calvin and Natural World*, 3.

43 데이비드 라이트·존 발세락/헤르만 셀더하위스 엮음·김귀탁 옮김, "과학," 『칼빈 핸드북』
(서울: 부흥과 개혁사, 2018), 872.

월한 지혜를 설명해준다는 것을 부인할 수 없다. 그래서 그 분야에서 유익한 일에 종사하는 뛰어난 모든 사람들을 칭송해야 함과 동시에, 여가와 수단을 가진 사람들은 그러한 연구를 소홀히 해서는 안 된다."[44]

그런데 칼뱅에 따르면 자연과학은 자연의 원리나 작용들을 규명하는 이상으로 그 모든 것 속에 드러나는 하나님의 섭리를 알고 그분의 영광을 드러내야 한다. "천문학자들(astrologues)은 달보다 더 큰 혹성들이 있음을 명백한 이유를 가지고 설명하고 있습니다. … 누군가 이 학문을 연구할 때 그리고 그가 보통의 일반 사람들에게는 알려지지 않은 비밀들을 알게 될 때, 그는 그만큼 더 많이 하나님을 찬양할 기회로 삼을 것입니다."[45] 또한, 기독교 강요에서도 칼뱅은 "과학에 대해 들은 사람들이거나 전문가들, 그것을 조금이라도 맛본 사람들은 그것의 도움을 받아 하나님의 비밀을 더 가까이 이해하는 데 도움을 받고 발전할 것"이라고 했으며, "별의 움직임을 조사하고, 별의 자리를 지정하고, 그 거리를 측정하고, 별의 특성을 기록"하는 "일반 사람들에게서 찾을 수 없는 뛰어난 학문과 기술"이 "하나님의 섭리를 구체적으로 이해"하게 한다고도 했다. 그리고 "놀라울 정도로 섬세하고 예리한 정신으로… 인간의 몸과 지체들의 구조, 연결, 비율, 아름다움과 용도를 아주 잘 연구"했던 고대 해부학자 갈레누스를 예로 들며, "인간의 몸은 그 저자가 우리에게서 찬탄을 받을 자격이 있는 아주 특별한 작품임을 첫눈에 보여준다"라고도 했다.[46]

물론 칼뱅이 자연과학자들을 비판할 때도 있지만, 그런 경우는 그들이

---

44 Commentaire sur la Genèse 1:16.

45 4e sermon sur la Genèse 1:14-19, *Supplementa*, 34. 칼뱅은 천문학자(astronome)와 점성술사(astrologue)를 종종 혼동했다.

46 *Institution* I, 5/2.

본분을 잊고 하나님을 배제하거나 무시하고, 사람들을 그릇된 길로 인도할 때이다. 가령 "눈과 얼굴에서부터 손톱 끝까지 온 몸에서 그보다 더 기묘한 것이 없는 솜씨를 보면서도 하나님의 자리에 자연을 대치한다"든지,[47] "하나님의 능력과 지혜를 이해해서 그분에게 합당한 영광을 돌리지 않는다"든지,[48] "하나님이 창조주라는 신앙 조항을 폐기한다"든지 하는 경우이다.[49] 또한, 칼뱅은 "천문학자라는 이름으로 장래의 일들을 알아맞히려는 사기꾼"들을 비판하기도 했다.[50]

## 4. 창조에 관한 성서 해석

칼뱅은 성서가 창조에 관해 기록한 모든 내용이 다 사실이라고 여기지 않았다. 그의 성서 해석이 문자주의적이지 않다는 뜻이다. 그는 기본적으로는 문자적 해석에 충실했고 성서의 진술을 믿고 설명했지만, 당시 알려진 사실과 반대될 경우는 그 점을 인정하고 납득할만한 방식으로 해석했다. 가령, "하늘(궁창) 위의 물"에 대해서 "상식에 어긋날 뿐만 아니라 믿기 어렵다"면서, 여기서 "천문학과 숨겨진 미묘한 지식을 배우려는 사람은 다른 데서 그것들을 찾으라"라고 했다.[51] 그러면서 칼뱅은 하늘 위의 물을 '수증기'와 '구름'으로 해석했고, "우리가 하늘에서 보는 것이 즉시 떨어지지 않고, 우리가 숨을 쉬도록 공간이 있기를 원하시는 하나님"을 "인정할 이유를 갖

---

47 *Institution I*, 5/4.

48 4e sermon sur la Genèse 1:14-19, *Supplementa*, 35.

49 1er sermon sur la Genèse 1:1-2 *Supplementa*, 7.

50 4e sermon sur la Genèse 1:14-19, *Supplementa*, 36.

51 Commentaire sur la Genèse 1:6.

는다"라고 했다.[52]

칼뱅이 강조하는 것은 모세가 창조를 기술하면서 자연 세계에 관한 지식을 가르치려 하지 않았다는 것이다. 방금 본 대로 "천문학과 숨겨진 미묘한 지식"을 성경 구절에서 "배우려는" 것은 헛된 일이다. 모세는 자연계의 복잡하고 어려운 사실을 말할 때는 보통 사람들, 심지어는 배운 게 없는 "무식자"들까지도 이해할 수 있도록 눈에 보이는 대로 아주 쉽게 전했다는 것이다. 칼뱅은 그런 것을 어머니가 젖먹이에게 하는 '옹알이'에 비유하면서, 그렇게 하나님은 인간의 낮은 수준에까지 "적응하셨다"라고 표현했다. 그런 '적응'(accomodation) 이론은 칼뱅 해석학의 주요한 특징 중 하나로서[53] 창세기 주석과 설교에도 흔히 적용되었다. 대표적으로 '두 광명체'에 관한 주석이다. 모세의 말과 —토성이 달보다 훨씬 크다는— 천문학자의 말의 차이는 바로 이것이다. "모세는 단순한 모든 사람들이 활자나 가르침 없이 이해할 수 있는 것을 통속적으로 기록했다. … 그는 학자들만이 아니고 단순한 사람들과 무식한 사람들을 위한 교사로 임명받았기 때문에, 그렇게 무식한 (grossier) 방식으로까지 낮아지지 않고서는 자신의 임무를 완수할 도리가 없었을 것이다."[54]

## 5. 지속적 창조

칼뱅과 진화론의 관계를 위해 빼놓을 수 없는 게 위의 첫 번째 '후속적

---

52 3e sermon sur la Genèse 1:6-13, *Supplementa*, 24, 25.

53 이오갑, 『칼뱅의 신과 세계』 93-94 등.

54 Commentaire sur la Genèse 1:16.

창조'와도 연결되지만, 그의 '지속적 창조'(creatio continua) 개념이다. 그에게서 하나님의 창조는 그분의 섭리와 직접 연결된다. 창조를 태초에만 제한하지 않고, 그 이후 현재까지도 계속되는 것으로 이해했던 것이다. "하나님이 그의 작품을 단번에 완성시킨 일시적이고 잠깐 동안의 창조주라고 하는 것은 쌀쌀맞고 혐오스러운 일일 것이다. … 하나님의 능력은 최초의 창조 때와 마찬가지로 세계의 영속적인 상태 속에서 현재와 같이 빛나고 있다."[55] 그는 욥기 설교에서는 이렇게 말했다. "우리가 하나님을 하늘과 땅의 창조자라고 말할 때 그것을 한 순간에 제한하지 맙시다. … 하나님의 창조와 통치는 연결된 두 사건입니다. 그 두 가지는 불가분의 연결을 가지고 있음을, 즉 하나님께서 모든 것을 행하시고, 지배하신다는 것을 배웁시다."[56]

그래서 칼뱅에게는 창조가 섭리를 포함하고, 또 역으로 섭리가 창조를 포함한다. 그런 관점에서 칼뱅은 '지속적 창조'를 주장했다. 그는 창세기 설교에서 이렇게 단언했다. "우리가 자연 상태에서 보는 이 지속적 상태 역시… 첫 번째 창조에 뒤지지 않는 하나님의 작품입니다. 천지창조가 설명될 때는 하나님이 그가 만든 모든 것을 인도하고 다스리신다는 것이 포함된다는 것을 알아야 합니다. 그것은 우리 주 예수 그리스도가 '내 아버지와 나는 일했고 또 지금까지도 일한다'라고 했던 것과 같습니다. 그러므로 하나님의 지속적인 작업이 있습니다. 그래서 우리는 세상의 창조를 6일로 제한할 수 없습니다. 오히려 우리가 현재 보고 있는 이것을, 하나님이 모든 것을 그의 섭리로 다스리시기 때문에 그의 인도하심으로 이해합니다."[57]

---

55 *Institution I*, 16/1.

56 130e sermon sur Job, *Opera XXXV*; Stauffer, 264에서 재인용.

57 1er sermon sur la Genèse 1:1-2, *Supplementa*, 2-3. 이상 '지속적 창조'의 인용문과 내용은 이오갑, 『칼뱅의 신과 세계』, 275-277에서 재인용.

칼뱅이 지속적 창조를 말했다는 것은 그가 자연의 발전이나 변화를 인정했다는 것을 의미한다. 물론 칼뱅이 창조주의 능력과 위업을 말하기 위해서 세상이 "균형과 조화 면에서 아무 것도 덧붙일 수 없는 지고의 완전성"을 가졌다고 했다.[58] 그래도 그는 하나님의 창조사역이 끝났다고 보지는 않았다. 그의 '지속적 창조' 개념도 그렇지만, 칼뱅은 "자연적인 운행과 질서를 넘어서는 일이 매일 일어난다"라고 했고, 그런 현상을 "하나님의 섭리"가 아니라 "사람들을 동요시키며 돌아가는 운수의 바퀴"로 보는 에피쿠로스 학파를 비판하기도 했다.[59] 칼뱅이 아담의 죄로 인해 "비옥한 땅이 가시들과 다른 해로운 덤불들로 퇴화되는" 땅의 '불모화'를 말했던 것도[60] 퇴화된 자연 상태를 "예수 그리스도가" "은총으로" '수선'했다는 것도[61] 그가 자연의 변동이나 변화, 발전을 말했다는 것이다.

## IV. 나가는 말

이상의 논의를 기초로 칼뱅의 창조론과 진화론 관계를 정리하면 다음과 같다.

첫째, 하나님은 태초에 '하늘과 땅'을 무로부터 창조하셨다. 이후, 만물을 6일간 '하늘과 땅'이라는 '혼돈의 덩어리'로부터 만들어가셨다. 칼뱅은

---

58 Commentaire sur la Genèse 1:31.

59 *Institution I*, 5/11.

60 Commentaire sur la Genèse 3:18. 땅의 퇴화나 불모화 등 자연의 파괴에 관한 또 다른 설명은 이오갑, "칼뱅의 자연과 생태 사상," 「신학논단」 vol. 59, 2010.3, 120-121 참고.

61 15e sermon sur la Genèse 1:20-25, *Supplementa*, 48.

창조를 섭리의 관점에서도 보았다. 6일간의 사역은 최초의 창조 후의 '통치', 즉 '섭리'이기도 하고 그 이후에도 창조는 계속된다(지속적 창조). 칼뱅의 하나님은 고대 에피쿠로스적이거나 근대의 이신론적인 신이 아니다. 그분은 창조 이후에도 그리고 지금도 세상을 주관하면서, 자신의 뜻을 세상에서, 세상으로부터 세상과 함께 이뤄가는 하나님이다. 하나님의 통치 아래 자연은 지금도 변화하고 생성하며 새로워진다. 칼뱅에게 창조는 하나님이 온 세상을 "유지"하고 "보전"하며, "회복"시키고 또 "자신이 원하는 것을 성취해 가는" 과정이다. 하나님의 창조는 그처럼 언제나 과정적이고 지속적이다. 이러한 점에서 칼뱅의 사고는 진화론적 사고와 유사하다.

둘째, 하늘과 땅은 '무'로부터의 창조되었다. 하지만 칼뱅은 그 이후의 창조를 기존 것들로부터 형성된(formé) 것, 형태를 취한(pris forme) 것, 매끄럽게 배치된(poli et agencé) 것,[62] 또는 "피조물들의 구분(distinction)"[63] 등으로 표현했다. 칼뱅은 '혼돈의 덩어리'를 "온 세상의 씨앗" 또는 "원천"(source)으로[64] 보았다. 종(種)들이 하나님으로부터 "본성"(nature)과 그때그때 필요한 "생명력"(vigueur), "번성 능력"(vertu de se multiplier)을 부여받았다고도 했는데, 그런 것들은 "자발적인 기질"(inclination volontaire)로서 새로운 환경에 대한 적응력이고 '변이 능력'이라고 할 수 있다. 각각의 자연물들은 "감춰진 본능에 따라서 움직이면서" 하나님의 뜻에 순종함과 동시에 자기들 스스로, 즉 "자발적으로 따라가기도" 한다. 칼뱅에게 자연물들은 타율적이기만 한 존재가 아니다. 하나님은 인간에게 선택할 자

---

62 Commentaire sur la Genèse 1:1, 1:21 등.

63 Commentaire sur la Genèse 1:3, 1:6.

64 Commentaire sur la Genèse 1:21.

유를 주었듯이, 자연물에도 앞으로 열린 속성을 주셨다. 그런 것도 안 주고 세상에 내셨다면 그처럼 "쌀쌀맞고 혐오스러운" 일은 없었으리라고 칼뱅은 말했을 것이다. 그런 점에서 칼뱅 자신은 구체적으로는 몰랐어도 어느 정도 진화의 개념을 가지고 진화론적 사고를 하고 있었다.

셋째, 칼뱅의 창조론은 창조에 관한 과학적 또는 합리적 확신보다는 "창조주 하나님에 대한 믿음"에 굳게 서 있다. 그의 관심은 "창조에 대한 과학을 설명하는 게 아니고 하나님의 창조사역을 고백"하는 데 있었다.[65] 성경도 독자들을 그런 믿음으로 이끌기 위해 과학적 사실과는 다르더라도 사람들이 쉽게 이해하도록 창조를 단순하게 설명했다. 성경의 '단순성'은 두 가지 위험을 가진다. 하나는, 성경은 "틀렸다"며 내던지게 될 위험이고, 다른 하나는, 성경의 언어가 과학과도 일치한다고 할 위험이다.[66] 그 위험들이 현재도 사람들을 넘어뜨린다. 문제는 문자주의에서 온다. 칼뱅은 '적응'이라는 해석 원리로써 위험을 벗어나게 해 준다. 과학의 사실들에 관해서는 과학자들에게 맡기고 의존한다. 그렇게 함으로써 종교와 과학, 창조론과 진화론의 갈등도 해결한다. 그의 예레미야 주석 한 구절을 세 단어만 바꿔서 읽어보자. "하나님의 권능과 지혜와 선하심이 빛나는 이 경이로운 일을 생각하지 않고서 **생물들**을 관찰하는 게 무엇이란 말인가! 그리고 사실 **생물학**은 신학의 ABC라고 올바르게 부를 수 있다. 이 **땅**의 일을 생각하기 위해 깨끗하고 온전한 마음으로 오는 사람은 하나님의 지혜와 선하심과 권능에 대한 감탄으로 완전히 기뻐하지 않을 수 없다."[67]

---

65 C. Partee, *The Theology of John Calvin* (Louisville, John Knox Press, 2008), 69; 이오갑, "칼뱅의 자연과 생태 사상," 「신학논단」 vol. 59, 106.

66 A. Perrot, *Le visage humain de Jean Calvin* (Genève: Labor et Fides, 1986), 220.

67 Commentaire sur Jérémie 10:1, 2. Ibid., 219 재인용. 고딕체로 강조된 단어들은 원래 '별들'

결론은 어렵지 않다. 칼뱅은 16세기 인물로서는 충분히 진화론적 사유를 하고 있었으며, 초보적이긴 해도 진화론적 개념도 가지고 있었다. 그는 과학의 결과들을 받아들일 용의가 있었다. 칼뱅이 생전에 진화론을 접했다면 처음에는 반발하거나 유보적이었을 수 있으나, 과학적 사실로 인정됨에 따라서 그것을 하나님의 창조와 섭리를 증거하는 재료로 삼고 이렇게 썼을 것이다. "하나님은 우리에게 알려지지 않은 '**진화**'라는 **자연적 방식**으로 세상을 통치하는 권한을 가지므로, 그분의 주권적인 통치에 우리 자신을 복종시키는 것이 절제와 겸손의 올바른 규칙이 되어야 한다."[68] 칼뱅이 진화론을 받아들였으리라는 데는 문제 없고, 그의 창조론이 진화론을 전제(ABC)로 했으리라는 것도 그렇지만, 그가 진화론을 프레임으로 본격적인 유신론적 진화론, 또는 진화론적 창조론을 펼쳤을지는 확신할 수 없다.

---

'천문학' '하늘'이었다.

68 *Institution I*, 17/2. 고딕체 "'진화'라는 자연의 방식(창 1:11절 주석)으로"는 칼뱅이 진화론에 개방적일 수 있음을 보여주기 위한 필자의 첨가다. 원문, "Donc puisque Dieu s'attrìue une autorité de gouverner le monde à nous inconnue, c'est là droite regle de sobriété et de modestie, de nous soumettre à son empire souverain...."

# 참고문헌

데이비드 라이트·존 발세락/헤르만 셀더하위스 엮음·김귀탁 옮김. "과학." 『칼빈
    핸드북』. 서울: 부흥과개혁사, 2018.
알리스터 맥그래스/이은진 옮김. 『장 칼뱅의 생애와 사상_서구 문화 형성에 칼
    뱅이 미친 영향』. 파주: 비아토르, 2019.
이오갑. 『칼뱅의 신과 세계』 서울: 대한기독교서회, 2010.
＿＿＿. "칼뱅의 자연과 생태 사상." 「신학논단」 vol. 59, 2010.3.

Arnould, J. *Dieu, le singe et le Big Bang, Quelques défis lancés aux chrétiens par
    la science*. 3e éd., Paris: Cerf, 2000.
Calvin, J. *Institution de la religion chrétienne. I.* Genève: Labor et Fides, 1955.
＿＿＿. *Commentaires sur L'Ancien Testament*, t. I. Genève: Labor et Fides,
    1961.
＿＿＿. *Supplementa Calviniana, Sermon inédit*, XI/1, Neukirchen-Vluyn:
    Neukirchener Verlag, 2000, 48-49.
Murray, J. "Calvin's doctrine of creation." *Westminster Theological Journal*,
    1954.
Partee, C. *The Theology of John Calvin*. Louisville: Westminster John Knox
    Press, 2008.
Perrot, A. *Le visage humain de Jean Calvin*. Genève: Labor et Fides, 1986.
Stauffer, R. "L'exégese de Genèse 1/1-3 chez Luther et Calvin." *Interprètes de
    la Bible*. Paris: Beauchesne, 1980.
＿＿＿. *Dieu, la création et la Providence dans la prédication de Calvin*. Berne:
    Peter Lang 1978.
Warfield, B. B. *Calvin and Calvinism*. New York: Oxford University Press, 1931,
    Reprinted 1991 by Baker Book House Company.
Young, D.-A. *John Calvin and Natural World*. Lanham: University Press of
    America, 2007.
Zachman, R.-C. "The Universe as the Living Image of God: Calvin's Doctrine

of Creation Reconsidered." *Concordia Theological Quarterly*. vol. 61, no. 4, October 1997.

Zaspel, F.-G. "B. B. Warfield on Creation and Evolution." *Theomelios*, vol. 35, Issue 2 (2010).

# 존 웨슬리의 자연과학 이해와 창조신학*

박창훈
(서울신학대학교 교수/교회사)

존 웨슬리는 영국 옥스퍼드의 학부와 대학원을 졸업하고, 대학생들을 지도할 위치에 있었으며, 당시 새롭게 일어나던 과학의 시대에 속한 사람이었고, 계몽의 시대로 나아가는 세계관과 우주관을 알고 있었다. 웨슬리는 아이작 뉴턴(Isaac Newton, 1643~1727)의 과학과 존 로크(John Locke, 1632~1704)의 경험론을 통해 자연과 과학을 이해하고 있었고, 경험을 통한 진리를 강조하는 학문적인 자세를 배웠다.

한편으로는 목회자로서 자연에 대한 경이와 존경으로 그 너머의 존재에 대한 설교와 목회 활동을 하면서, 다른 한편으로는 세상에 대한 이해의 도구로 사용했던 과학에 대한 웨슬리의 태도를 살펴본다면, 웨슬리의 모호한 모습이 우선 다가온다. 그러나 웨슬리가 신앙과 과학의 두 영역을 종합적으

---

* 이 글은 「한국교회사학회지」 23호(2008)에 발표된 "John Wesley의 자연철학의 현대적 이해"를 수정한 것임.

1 이글에서는 '자연철학'과 '자연과학'을 동의어로 쓰고자 한다. 적어도 웨슬리 시대까지는 여전히 철학을 보편학으로 인정하여 사용했기 때문이다. 예를 들어, 뉴턴의 과학 논문도 "Mathematical Principles of Natural Philosophy"(자연철학의 수학적 원리, 1687)였다.

2부 _ 창조론과 진화론, 그 교리적 역사의 추적

로 이해하려고 노력했다는 점을 간과해서는 안 된다. 물론 이러한 두 세계관의 통전적인 이해가 모두에게 설득력이 있었던 것은 아니지만, 신앙의 영역과 과학의 영역이 정당하게 만나야 함을 강조하고 있는 것으로 볼 수 있다.

## I. 자연과학 이해

웨슬리 연구에 있어 자연과학이라는 말이 다소 생소하게 들리기도 하지만, 웨슬리 자신이 직접 『자연과학개론』을 써서 해박한 자연과학 지식을 밝힌 적이 있고, 설교와 저서 등을 통해서도 자신의 세상과 자연에 대한 이해와 태도를 강조하였다는 사실이 웨슬리 연구에 있어 자연철학 또는 자연신학을 가능하게 한다. 옥스퍼드대학을 다니면서 물리학을 배웠고, 후에 이 물리학을 동료들에게 추천하여 공부하게 했으며, 킹스우드(Kingswood)에 세운 학교의 정규 과목으로 지정하기까지 했다. 그의 물리학에 대한 이해는 뉴턴의 중력과 진공에 대한 지식을 자신의 주석에서 밝히고 있을 정도였다. 웨슬리가 옥스퍼드에서 습득한 과학적인 자세는 메모하는 습관과 독서 내용을 요약하는 방법에 나타나기도 했다.

1727년 웨슬리의 석사학위 취득을 위해 행했던 강연 중에는 "동물의 영혼에 관하여"(De Anima Brutorium)가 있었으며, 이는 동물의 행동 동기, 파리와 물고기가 숨을 쉬는 방법에 대한 연구였다. 이를 위해 웨슬리는 금요일에 규칙적으로 형이상학과 자연과학을 공부하였고, 특히 광학과 수학의 실험 그리고 유클리드와 뉴턴의 이론을 즐겨 공부했다.[2]

---

2 J. W. Haas, Jr. "John Wesley's Views on Science and Christianity: An Examination of

특히 웨슬리는 뉴턴에 의해 제시된 새로운 세계관에 깊은 매력을 느꼈을 정도로 변화하는 세계에 대해서 무척 민감했다. 물론 웨슬리가 전문적인 과학자는 아니었기에 직접적인 실험에 참여하지는 않았지만, 과학 현상에 대해 능동적인 관찰과 설명을 시도하였다. 특히 성서적인 지식, 특히 교육과 신유를 강조하는 그의 목회에서는 이 지식을 적극 활용하였다.[3] 중년이 되면서 웨슬리의 과학에 대한 이해는 더욱 두드러졌는데, 전기(電氣)에 대한 연구와 자연과학에 대한 연구 등을 통해 보여주었던 그의 관심은 임종의 순간까지 계속되었다. 벤저민 프랭클린(Benjamin Franklin)이 밝힌 전기의 힘과 의학적 사용 가능성에 대해서도 깊이 도전 받은 웨슬리는 4개의 전기 기계를 구입하여 의학 치료에 사용했다. 그리고 이를 최선의 선택이었다고 밝히고 있다.[4]

1747년 웨슬리는 자신이 파송한 설교자들이 영적인 사역뿐만이 아니라 병자를 치료할 수 있도록 당시의 과학과 상식을 집대성하여 『원초적 의술』(*Primitive Physick*, 23쇄)을 발간했는데, 웨슬리의 과학 정신은 직접적이고 전문적인 실험보다는 진지한 관찰과 적용을 하는 데 드러났다. 당시 과학자들의 저작에 대한 폭넓은 독서를 통해 목회에 적용하였던 것이다. 실제로 1749년에는 의사에게 갈 수 없었던 가난한 사람들을 위해 매주 금요일 자신이 직접 의술 활동을 하기도 하였다.[5]

웨슬리가 세웠던 킹스우드학교(Kingswood School)[6] 학생들을 위한 커

---

the Charge of Antiscience," *Church History* 63 (1994): 381.

3 Ibid., 381.

4 John Wesley, John Telford ed., "To the Editor of the 'London Magazine'," (1760) *The Letters of the Rev. John Wesley, A.M.* (London, Epworth Press, 1931), 4: 123.

5 존 웨슬리, "메도디스트라 불리는 사람들에 대한 평이한 해설," (1749), 한국웨슬리학회 역, 『존 웨슬리 논문집 I』 (서울: 한국웨슬리학회, 2009), 39-40.

리큘럼7으로 사용할 자연과학 도서 목록을 지역의 한 의사에게 부탁했고, 그는 웨슬리의 요청에 대하여 다음과 같은 조언을 남겼다:

> 자연과학자들은 두 가지에 대하여 분주합니다. 즉 **사실의 역사**와 **결과의 원인**을 정하는 것입니다. 제가 생각하기엔 어느 누구도 상식적으로 자연의 역사에 대해 많은 것을 알기 전까지 두 번째를 다루지는 않을 것이라 봅니다. 우리가 지나치지만 않는다면, 자연의 역사란 생활과 경건을 위해 매우 유익합니다. 일반적인 생활에 많은 유용한 것을 가르치고, 창조주에 대한 존경을 주의 깊은 마음 안에 일으킵니다. 즉, 창조물에 대한 광대한 시각은 창조주의 힘과 지혜와 선함을 추상적인 추론보다 더 이해할 수 있도록, 그리고 감각적으로 드러냅니다.[8]

이 편지로 당시 웨슬리의 자연과학에 대한 이해를 짐작할 수 있다. 즉, "사실의 역사"(the history of facts)와 "결과의 원인"(the causes of effects)에 대한 설명이라는 두 가지의 일을 구분하고 있다. 전자는 사실을 기술하고 묘사하는 일이고, 후자는 그 사실의 원인과 결과를 설명해 내는 일이다.

---

6 Richard Heitzenrater, *Wesley and the People Called Methodists* (Nashville: Abingdon Press, 1995), 105-106, 168-169: 이전에 George Whitefield가 계획을 하여 브리스톨(Bristol)에서 시작했던 학교를 1748년 웨슬리는 다시 개교하였다.

7 Heitzenrater, 168-9: 당시 커리큘럼에는 읽기, 쓰기, 산수, 프랑스어, 라틴어, 희랍어, 히브리어, 수사학, 지리학, 연대기, 역사, 논리학, 윤리학, 물리학, 기하학, 대수학, 음악 등이 있었다. 6~10세 정도에서부터 시작하는 커리큘럼을 통해, 새벽 4시에 일어나는 경건 훈련과 함께 옥스퍼드와 케임브리지대학의 졸업생들보다 뛰어난 학생을 배출하겠다는 계획으로 설립되었다.

8 John Wesley, "From John Robertson, M.D."(1748), Frank Baker ed., *The Works of John Wesley* (Oxford: Clarendon Press, 1982), 26: 342. 웨슬리는 Robertson 의사에게 킹스우드 학교에서 히브리어를 가르칠 방법과 자연과학 도서 목록을 부탁한 것으로 보인다.

그리고 무엇보다도 전자가 분명히 선행되어야 하며, 이런 의미에서 자연과학을 공부할 의미가 있다. 자연과학은 보다 추상적인 학문을 위해서 "이해할 수 있고 감각적인"(sensibly and feelingly) 지식으로 기능한 것이다.

당시에 새롭게 풍미하게 된 과학 지식으로 전통적인 신학자들은 과학과 신학의 조화를 이루려고 시도하였다. 조화를 이루려는 의도에서 웨슬리는 자연과 하나님에 대한 당시의 과학 이론서들에 만족할 수 없어, 스스로『자연과학개론』(A Survey of the Wisdom of God in the Creation: or a Compendium of Natural Philosophy)을 쓰기 시작했다. 웨슬리는 이 책을 1758년부터 쓰기 시작하여 1763년 첫 두 권을 출판했으며, 1770년(3권), 1777년(5권) 그리고 1784년 4번의 편집을 하면서 그 분량은 점차 늘어났다. 전체 5권은 1권 '인간'에 관하여, 2권 '짐승'에 관하여, 3권 '식물과 화석'에 관하여, 4권 '흙, 물, 불, 공기 그리고 유성'에 관하여, 5권 '세계, 천체, 자연계의 속성과 원인' 등으로 구성되어 있다.[9]

웨슬리는 서문에서 다음과 같이 자신의『자연과학개론』의 집필 의도를 밝히고 있는데,[10] "하나님의 보이지 않는 부분, 그분의 능력, 지혜, 선함"을 드러내게 하려는 것이 웨슬리가『자연과학개론』을 쓴 의도였다. 물론 당시의 전문 과학 서적들[11]을 요약한 형태이긴 하지만, 웨슬리는 여기에서 자연

---

9 다음 링크에서 웨슬리의『자연과학개론』전문을 이용할 수 있다. http://wesley.nnu.edu/john_wesley/wesley_natural_philosophy/index.htm (2024년 5월 8일 현재)

10 John Wesley, "The Preface" *A Survey of the Wisdom of God in the Creation: or a Compendium of Natural Philosophy, The Works of John Wesley* (Grand Rapids: Baker Books, 1996) 14: 300, 이후 *Works(J)*로 표시.

11 John Francis Buddaeus의 라틴 저서, Ray의 "Wisdom of God in the Creation," Derham의 "Physico and Astro Theology," Nieuentyt의 "Religious Philosopher," 그리고 Mather의 "Christian Philosopher"와 "Nature Delineated" 등이다. *Works(J)* 14: 300-1.

을 대하는 두 가지 자세를 분명히 구분하고 있다:

> 내가 끊임없이 사실(things)을 설명하는 것(account)이 아니라, 이를 묘사
> 하려는 것(describe)임을 쉽게 알 수 있을 것이다. 나는 자연에서 일어나는
> 일을 규정하려거나, 겉으로 보이는 것의 원인을 밝히려고 하지 않는다. 사태
> (facts)는 우리의 감각과 이해의 범위에 있으나, 원인은 더 멀리에 있다.
> 사실(things)이 그렇다는 것을 우리는 확실하게 안다. 그러나 왜 그러한지
> 알지 못한다. 많은 경우 우리는 알 수 없고, 물으면 물을수록 우리는 까다로움
> 과 복잡함에 더욱 사로잡힌다. 하나님께서 자신의 일을 하셨고 우리는 존경
> 과 경배를 하는 것이지만, 우리는 이를 완전히 찾아낼 수 없다.[12]

자신이 말년까지 몇 차례의 편집을 걸쳐 정성을 기울여 쓴 저서에서 조
차 "묘사하는 것"(describe)과 "설명하는 것"(account)의 구분을 분명히 하
면서, 자연과학의 과업, 즉 당시 과학의 일은 묘사하는 것에 머문다는 경계
를 지적하고 있다. 다시 말해, 과학의 범위를 올바로 인식하는 것이 자신의
『자연과학개론』의 진정한 의도였다.[13] 자연과학의 가치는 "교만한 인간을
겸손하게 하는 것"(humbling the pride of man)[14]이다. 그리고 인간의 한계
를 드러냄으로 하나님의 "놀라운 능력과 지혜 그리고 선함을 나타내고, 인
간의 가슴을 뜨겁게 하여 그 입에 경이와 사랑과 찬양이 가득하게 하는
것"[15]이다. 즉, 웨슬리는 과학과 종교, 학문과 신앙이 서로 모순되지 않는다

---

12 John Wesley, *Works(J)* 14: 301.

13 Ibid., 301-2.

14 Ibid., 302.

15 Ibid., 302.

는 것을 말하려고 했던 것이다.

## II. 자연과학과 창조신학

1765년 출판한 구약 주석 첫 부분인 창세기 1장 1절의 설명에서 웨슬리는 "무로부터의 창조"를 받아들이고 있다.[16] 이는 하나님의 전능하심에 대한 신앙고백이다. 또한, 거의 6000년 전에[17] 하나님은 천지의 재료가 되며 구성 요소가 되는 흙, 물, 공기, 불을 먼저 창조하였고, 그 후에 빛을 창조한 것으로 보았다.[18] 2절에 대한 설명에서, 창세기의 순서처럼 창조는 단번에 이루어진 것이 아니라 "점진적인 과정"(gradual proceeding)을 통하여 하나님의 일반적인 섭리와 은혜의 방법으로 된 것이라 주장했다.

그렇다면 웨슬리는 자연과학의 대상인 우주, 즉 세계를 어떤 신앙의 눈으로 보고 있는가? 웨슬리는 세계를 창조 질서의 측면에서 바라보고 있다. 그리고 창조 때부터 나타난 하나님의 본래 목적을 "하나님이 보시기에 좋았더라"라는 창세기의 말씀에서 찾았다. 이는 원초적인 화합을 뜻하는 말이며, 이 화합은 오늘날의 "생태학적인 균형"[19]으로 이해될 수 있다:

---

16 "시간이 시작되기 이전에 영원 전부터 계시는 무한하신 존재만 존재했다." Wesley, *Wesley's Notes on the Bible* (Grand Rapids, Francis Asbury Press, 1987), 25.

17 존 웨슬리/한국웨슬리학회 역, "인류의 타락에 대하여"(1782)『웨슬리 설교전집』(서울: 대한기독교서회, 2006), 5: 187. 이는 아일랜드의 James Ussher(1581~1656) 대주교의 연대기에 나온 견해를 따른 것으로 보인다.

18 존 웨슬리, "하나님이 시인하신 일들"(1782)『웨슬리 설교전집』, 5: 213. 무형의 질료에 대한 창조가 먼저 있었고, 빛은 가시적인 창조물 가운데 첫째였다. Wesley, *Wesley's Notes on the Bible*, 25.

19 Theodore Runyon/김고광 역, 『새로운 창조: 오늘의 웨슬리 신학』(서울: 기독교대한감리회

창조된 모든 것은 더할 나위 없이 좋았으며 어떤 악도 섞이지 않았습니다. 전체를 이루는 각각의 부분은 나머지 부분과 완벽하게 조화를 이루었으며, 따라서 전체의 유익을 이루는 데 도움이 되었습니다. "황금사슬"(a golden chain), 이 말은 플라톤이 세상의 모든 존재가 하나의 거대한 사슬처럼 긴밀히 연결되어 있음을 표현한 것입니다. 창조 당시에도 이 황금사슬이 하나님의 보좌로부터 내려져, 가장 고결한 것에서부터 가장 저급한 수준의 존재들에 이르기까지, 요컨대 화석을 포함한 생명 없는 흙과 식물 동물에서부터 영원히 하나님을 알고 사랑하며 그를 기뻐하도록 하나님의 형상을 따라 지음 받은 인간에 이르기까지, 모든 존재가 한 치의 빈틈도 없이 긴밀히 연결되어 있었습니다.[20]

즉, 웨슬리는 창조의 상태에는 모든 피조물이 "연결고리"가 있으며, 존재의 계열이 있다고 생각했다. 최고에서 최하까지 동물과 식물이 화석에 이르기까지 죽은 땅에서 하나님의 형상으로 지음 받은 인간에 이르기까지 연결되어 있다고 생각했다.

이런 의미에서 웨슬리가 생각한 하나님의 형상은 인간이 소유한 그 무엇이라기보다는 하나님과의 관계를 의미했다. 인간 존재는 하나님의 사랑을 받고, 그 사랑을 다른 피조물에게 반사해야 하는 존재로 그렸다.[21] 즉, 하나님의 형상이란 하나님의 은혜로 부르심을 받은 살아있는 관계성이다. 그리고 피조물들에게 하나님의 생명을 중개하여 주기도 하는 것이다. 이러한 하

---

홍보출판국, 1999), 10.
20 존 웨슬리, "하나님이 시인하신 일들"(1782)『웨슬리 설교전집』, 5: 221.
21 존 웨슬리, "하나님이 형상"(1730)『웨슬리 설교전집』, 4: 109.

나님의 형상은 타고난 것이 아니기에 왜곡, 상실, 배신을 당할 수 있다. 웨슬리는 하나님의 형상을 자연적, 정치적, 도덕적 측면 등으로 살피고 있다.[22]

인간은 하나님의 형상을 통하여 하나님의 피조물을 위해 일할 수 있다. 그러나 인간이 타락했을 때, 모든 피조물은 무질서와 불행과 죽음에 내던져졌다. 그러므로 하나님과의 관계가 회복된 인간은 이제 피조물과의 온전한 관계에 들 요건이 되는 것이다.

웨슬리는 이 세상을 창조주를 분명히 드러내는 장소요, 공간으로 긍정적으로 받아들이고 있다. 이 세상은 창조로부터 하나님의 지혜를 그대로 옮겨놓은 작업 공간이다. 그래서 그 어떤 "근시안적인" 인간도 우주를 통해 창조주의 지혜를 짐작할 수 있다. "전 우주의 창조와 질서 그리고 그 하나하나에서 드러나는" 하나님의 지혜는 "그의 능력의 말씀으로 만물을 붙드시며 보호하심에도 드러난다."[23] 그러므로 웨슬리는 당시의 이신론자들과는 달리, 창조는 물론이려니와 그 이후로도 동일하게 하나님의 능력은 "이 세상 가운데" 나타난다는 생각을 가지고 있었다.

물론 웨슬리가 현재의 상태가 창조의 시기와 동일하다는 주장을 하는 것은 아니지만, 현재의 참혹한 상태를 보면서 창조 자체가 불완전했다거나 창조주를 부인하는 모습을 용납할 수 없었다.[24] 웨슬리에게 있어 창조 세계가 중요한 이유는 하나님께서 스스로를 드러내는 토대이기 때문이다. 그러나 창조주는 이데아적인 관념을 우리 안에 새겨놓는 식의 보이지 않는 내적 인

---

22 존 웨슬리, "하나님이 형상"(1730)『웨슬리 설교전집』, 4: 107-10; "우주적 구원"(1782)『웨슬리 설교전집』, 5: 152; "신생"(1760)『웨슬리 설교전집』, 3: 187-8 그리고 "The Doctrine of Original Sin" Works(J), 9: 381.

23 존 웨슬리, "하나님의 사려 깊은 지혜"(1784)『웨슬리 설교전집』, 6: 28.

24 존 웨슬리, "하나님이 시인하신 일들"(1782)『웨슬리 설교전집』, 5: 222.

상의 방법이 아니라, 외적인 피조물로부터 점진적으로 얻게 하는 방법으로 자신을 드러낸다. 그러므로 "하나님의 작품들로부터 특히 그분의 창조물들로부터 하나님에 대한 지식을 배워야 한다."[25]

한편 웨슬리는 "인간 지식의 불완전함"이란 설교에서 자신의 과학 지식을 총망라하여 열거하면서, 결국 인간이 제대로 이런 진리를 모두 파악할 수 없다는 것을 인정하고 있다: "그것은 모두 미스터리입니다. 우리가 할 수 있는 말은 나는 신묘막측하게 만들어졌다는 것입니다."[26] 웨슬리에 따르면, 창조 세계를 신앙의 눈으로 바라보기만 하면, 시편 기자의 말처럼 방대한 천지를 창조한 창조주 앞에서 작은 피조물로, "그림자와 같이 지나가는 시간 속에 사는" 인간의 유한함에 대하여 생각할 수밖에 없다는 것을 고백하게 된다.[27]

만약에 인간이 자연 세상의 아름다움과 신기함을 "맛보고, 냄새 맡고, 느끼고, 본" 것에 만족하고, 그것으로 행복해 한다면, 성서에서 가장 경계하는 우상숭배에 빠지게 된다. 이런 의미에서 학문 자체를 이성의 작용을 통해 완결되는 것으로 본다면 가장 큰 낭패를 맞게 된다.[28] 즉, 당시 경험론적 철학으로 대변되던 과학은 그 자체로 완결된 구조가 아니라는 의식이 웨슬리에게 분명히 자리하고 있다. 웨슬리에게 있어 과학의 대상으로서 자연 세계의 자리는 결국 다음에 오는 미래 세계를 안내하는 신학으로 나아가야 한다는 점이 분명하다. 특히 노년의 웨슬리에게 절실했던 종말론적인 대망은 바로 과학의 궁극적인 지향점이 되어야 했다.

---

25 존 웨슬리, "인간지식의 불완전함"(1784) 『웨슬리 설교전집』, 5: 361.

26 앞의 책, 365.

27 존 웨슬리, "인간이 무엇이관대?"(1787) 『웨슬리 설교전집』, 7: 44-5.

28 존 웨슬리, "영적 우상숭배"(1781) 『웨슬리 설교전집』, 5: 14.

웨슬리는 "새 하늘과 새 땅"이 도래하면 과학에서 궁금해하고 결코 도달할 수 없었던 설명을 얻게 될 것을 낙관했다. 아울러, 지금은 과학적으로 해결할 수 없었던 난제도 해결할 수 있으리라 희망했다. 지금 이 땅에서 빈번한 "혹독한 추위나 타는 듯한 더위"도, "지진이나 화산"도, "잡초나 독이 있고, 해롭고 불쾌한 식물"도 전혀 없는 "아담이 보았던 낙원보다도 더 아름다운 낙원"이 될 것을 강조하였다.[29] 그렇다면 과학은 단순히 현재의 일을 묘사하지만, 결국 더 나은 세상을 암시적으로 가르친다는 점에서 그 긍정적인 의미가 있다고 할 것이다.

그렇다면 과학의 한계점 너머에서 웨슬리는 인간의 존재를 밝힌다. 노년의 신학자는 엠페도클레스[30]와 플라톤[31]의 개념뿐만 아니라, 데카르트[32]의 사상까지를 두루 섭렵하고서, 인간은 여러 원소의 기묘한 결합 이상의 사고를 통해 내적 관념을 형성하며, 추론, 상상, 기억, 판단 등을 하는 존재라는 경험론적인 결론을 얻는다. 그런데 사고 기능은 의지를 통해 다양한 형태로 나타나며, 이를 웨슬리는 "영"으로 이해하고 있다. 인간은 영적인 존재이다. 그런데 이 영은 단순히 자연적인 물질의 결합 너머의 또 다른 원리, 또 다른 세상, 또 다른 궁극적인 설명이 필요한 부분이다. 웨슬리에게 있어 뉴턴의 과학이 모든 것을 설명할 수는 없다. 그렇다고 존 허친슨(John Hutchinson, 1674~1737)[33]처럼 성경 구절의 직접적인 인용과 적용을 통해

---

29 존 웨슬리, "새로운 창조"(1785) 『웨슬리 설교전집』, 6: 214-6.

30 BC 490~430 ca. 고대 그리스의 철학자로 세상이 4원소, 즉 공기, 흙, 물, 불로 되어있다고 생각했다.

31 고대 그리스의 철학자로 엠페도클레스의 4원소에 에테르를 포함한 5가지가 세상의 구성 요소라 보았다.

32 데카르트는 정신과 육체의 접합점을 송과선이라 보았다.

33 (멀리서 작용하는 신)을 생각했던 뉴턴의 세계관이 성경의 계시와 어긋나기에 거부하면서,

아래로부터 귀납적으로 과학을 완성할 수도 없다. 오히려 그 자체로는 "설명할 수 없음"이 진정한 자연과학의 모습이다:

> 나는 영이 공기, 흙, 물, 혹은 불이라거나, 혹은 이것들이 결합하여 나온 하나의 합성물이라는 주장에 굴복할 수 없습니다. 그 단순한 이유는 이 모든 것들이 분리되었든, 혹은 어떤 가능한 방식으로 합성되었든지 간에 수동적인 비운동성 존재들이라는 것입니다. 이것들 중 그 어느 것에도 스스로 움직이는 최소한의 힘도 없습니다. 그것들은 스스로 움직일 수 없습니다. … 그러나 나의 영은 그분으로부터 내적 운동 원리를 받았고, 그것을 가지고 마음대로 몸의 모든 부분을 다스립니다.[34]

이런 의미에서 웨슬리는 과학과 신학의 영역이 단순히 "존재의 유비"를 이루고 있는 것이 아니라, 분명히 "믿음의 유비"를 통해 만날 수 있는 중층 구조를 이루고 있다고 본 것이다.

이제 웨슬리에게 있어 인간 존재의 목적은 세상 가운데서 영과 육으로 하나일 때 영원을 준비하는 것임이 분명해진다.[35] 결국 웨슬리에게 있어 과학의 목적은 인간의 존재 목적에 일치해야 하며, 영원을 준비하는 일이어야 한다.

자연 세계 가운데서 우리 인간에게 부여된 모든 것, 즉 영혼, 언어, 재물

---

창세기를 자연세계를 설명하기 위한 실제적인 자료로 생각하여 대안적인 자연과학서 *Moses's Principia*를 펴서, 18세기와 19세기 영국의 신학자들에게 영향을 주었다. C. B. Wilde, "Hutchinsonism, Natural Philosophy and Religious Controversy in Eighteenth Century Briton" *History of Science* 18 (1980): 1-24.

34 존 웨슬리, "인간이란 무엇인가"(1788) 『웨슬리 설교전집』, 7: 203.

35 앞의 책, 206.

등을 통해 웨슬리는 심판을 준비하는 삶을 살 것을 촉구한다. "세계는 결국 심판을 준비하는 단계요." 그런 의미에서 웨슬리는 은혜로 하나님의 형상을 회복한 인간은 일정 기간 자연을 관리하는 '청지기'로서, 그리고 창조주와 피조물을 바르게 연결하는 삶을 살아야 할 것을 역설하였다.[36] 사후에는 세계에서 청지기로서의 삶을 얼마나 훌륭하게 살았는가를 회계 보고할 것이기 때문이다.[37]

그러므로 웨슬리에게서 창조 세계는 영원을 위한 종말론적인 지평으로 기능한다. 즉, 웨슬리에게 있어 세계는 미래의 새 하늘과 새 땅을 위한 토대가 되며, 그 준비의 장이고 시험 장소이다. 결국 웨슬리의 창조신학은 기원에 대한 담론보다는 인간이 지금 발을 딛고 서 있는 이 세상을 하나님께서 목적과 의지를 가지고 만드셨다는 세계관을 염두에 둔 것이며, 지금도 계속되는 하나님의 섭리와 은혜 위에서 종말론적인 기대와 마주하고 있다.[38]

---

36 존 웨슬리, "선한 청지기"(1768) 『웨슬리 설교전집』, 3: 304-7.

37 앞의 책, 314.

38 그래서 웨슬리안들은 교리 면에서, 하나님께서 "유형무형의 만물을 한결같이 창조하시고, 통치하시며, 보호하시고, 섭리하신다"라는 간단한 선언적 명제와 함께 곧바로 타락한 인간이 어떻게 구원을 받아(구원론), 새로운 창조의 협력자로 설 것인가에 집중하고 있다(새로운 창조). 특별히 자신을 신학적으로 비난하는 이들을 향해서, 웨슬리는 선언적인 교리(doctrine) 이외의 것은 모두 의견(opinion)으로 받아들여 그 다양성을 관용적으로 인정할 것을 강조하였다. "여러분이 남을 박해하는 맹렬한 광신자가 되지 않도록 조심하십시오. 하나님께서 여러분을 부르실 때 ―여러분이 주님으로 모시는 그리스도의 영과 정반대로― 다른 사람들의 생명을 멸하고, 그들을 구원하지 않도록 하시기 위해 여러분을 부르신 것으로 상상하지 마십시오. 결코 사람들을 하나님의 길로 강제로 몰아넣는 것은 꿈도 꾸지 마십시오. 종교에 관한 일에서는 조금도 강제를 쓰지 마십시오. 심지어 멀리 떨어져 나가 있는 사람일지라도 이성과 진리와 사랑을 통하지 않고는 누구도 돌아오도록 강요하지 마십시오"(존 웨슬리, "광신의 본성," 『웨슬리 설교전집』, 3: 33). 웨슬리는 또한, 마가복음 9장 38-39절에 나오는 "귀신을 내어 쫓지만 우리와 함께 하지 않는 자들"에 대한 해석에서, 종교적 견해(opinion)가 다른 사람들에, 도덕법의 본성과 사용, 하나님의 영원한 섭리, 하나님의 은혜의 효험, 하나님의 자녀들의 궁극구원,

예배, 성례 등에서 다른 생각과 예식을 가진 사람들을 포함할 것을 제안하였다(존 웨슬리, "편협한 믿음에 대한 경고," 『웨슬리 설교전집』, 3: 35-57). "나는 제가 보고 듣는 것 이상으로 생각할 수 없고 앞으로도 그리할 것입니다. 제가 제 주장을 가지는 것처럼 당신도 당신의 주장을 가지십시오 당신은 내게 오려고 노력할 필요도 없고 제가 당신께 나아가기 위해 애를 쓸 필요도 없습니다. 나는 그러한 면에 관해 논쟁하기를 원하지 않습니다. 그런 논쟁에 대해 한 마디 말도 더 듣기를 원하지 않습니다. 모든 주장들은 이편이든 저편이든 그대로 놓아둡시다"(존 웨슬리, "관용의 정신," 『웨슬리 설교전집』, 3: 70).

# "스콥스 재판은 아직도 진행 중이다"
## ― 미국에서 진화론을 둘러싼 갈등의 역사

배덕만
(기독연구원 느헤미야 교수/교회사)

## I. 글을 시작하며

2024년, 한국교회는 서울신학대학교 박영식 교수를 둘러싼 유신진화론 논쟁으로 뜨거웠다. 창조과학이 한국의 보수교회들을 중심으로 여전히 막강한 힘을 발휘하고, 이에 동조하는 목회자, 신학자, 과학자들이 꾸준히 활동하고 있지만, 이미 한국교회에서 진화론과 창조론 논쟁은 10여 년 전 공론의 장에서 사라졌다. 그런데 이 주제에 대한 연구와 활동을 성실하게 이어온 신학자를 같은 신학대학교의 총장과 이사장이 주도하여 유신진화론자로 규정하고, 학교와 교회에서 축출하려 한 것이다. 그 결과 학교와 교단뿐 아니라 한국교회와 사회에서도 뜨거운 논쟁을 촉발하며, 지지와 반대의 소용돌이가 한바탕 휘몰아쳤다.

물론 창조론과 진화론을 둘러싼 논쟁은 결코 새롭거나 낯선 문제는 아니다. 1859년, 찰스 다윈(Charles Darwin, 1809~1882)이 『종의 기원』

(*Origin of Species*)을 출판한 이후, 그의 주장을 둘러싼 신학적 논쟁과 법적 갈등이 끊이지 않았기 때문이다. 그 결과 이 문제를 둘러싼 다양한 견해들이 출현하여 교계와 학계 내 갈등의 원인이 되었지만, 동시에 하나님의 창조에 대한 이해의 폭과 넓이를 크게 심화하는 데 기여한 것도 사실이다. 뿐만 아니라, 하나님의 창조는 기독교의 위대한 신앙고백이면서, 끊임없는 사색과 탐구의 대상이 되는 위대한 신비다. 따라서 이런 역사와 현실을 고려하면서, 모든 그리스도인, 특히 기독교 신학자들과 과학자들은 이 주제에 대한 깊은 묵상과 치열한 연구를 멈추지 말아야 한다.

이런 맥락에서 본 글은 이 주제에 대한 미국적 상황을 역사적으로 검토하는 데 일차적 목적을 둔다. 지난 140여 년간 한국 개신교회는 미국의 영향을 다양한 방식으로 받아왔다. 특히 미국에서 발생했던 진화론과 창조론의 학문적·신앙적 논쟁이 한국에서도 비슷한 모습으로 재연되었다. 그러므로 한국적 상황을 이해하고 해법을 모색하는 과정에서 미국적 선례를 검토하는 것은 여러모로 유익하다.

따라서 본 글에서 이 논쟁의 상징적 사건인 "스콥스 재판"(1925년)을 중심으로 창조론과 진화론 간의 갈등과 분열의 역사를 '스콥스 재판 이전', '스콥스 재판', '스콥스 재판 이후'로 구분하여 살펴볼 것이다. 이를 통해 창조론과 진화론을 둘러싼 논쟁의 내용, 주제, 양상 등을 확인하고, 그것이 한국교회에 전하는 교훈도 함께 나눌 것이다.

## II. 스콥스 재판 이전

### 1. 1859년 이전

영국에서 건너온 기독교인들이 건설한 나라 '미국'에선 처음부터 구약 성경 <창세기>의 기록처럼, 하나님이 6일 동안 천지를 창조했다는 신앙이 지배적이었다. 동시에 아일랜드의 가톨릭 사제 제임스 어셔(James Ussher, 1581~1656)가 하나님의 천지창조를 4004년 10월 22일로 계산한 이후, 미국 기독교인들은 창조 시기에 대해 비슷한 견해를 수용해 왔다. 하지만 19세기 중반에 이르러 지리학자 에드워드 히치콕(Edward Hitchcock, 1793~1864)은 과학과 종교의 화해를 추구하면서, 최신 지리학 이론과 성경을 일치시키기 위해 성경을 재해석했으며, 지구의 나이가 6천 년보다 훨씬 오래되었다고 확신했다. 이 무렵 성경의 권위를 확신하는 보수 기독교인들 중에도 과학과 종교의 합일점을 수용하는 사람들이 많았다.[1]

### 2. 1859년 이후

1859년, 영국의 생물학자 찰스 다윈이 『종의 기원』을 출판했다. 다윈이 주장한 "종"(species)과 "자연선택"(natural selection)은 과학계와 교회에서 격렬한 반대를 촉발했다. 하지만 이 이론은 미국 과학자들 사이에서 빠른 속도로 확산되었다. "다윈의 『종의 기원』이 1859년 처음 등장했을 때, 생물 진화의 개념을 받아들인 과학자는 손에 꼽을 만큼 적었다. 하지만 불과 20년 후에 다

---

1 에드워드 J. 라슨/한유정 옮김, 『신들을 위한 여름』 (서울: 글항아리, 2014), 48-61.

위니즘에 여전히 반대하는 미국의 현직 박물학자의 수는 반대파 기독교 학술지가 내놓은 통계에서조차 단 2명뿐이었다."[2] 특히 미국에서 『종의 기원』의 출판에 중추적 역할을 담당했던 하버드대학교의 아사 그레이(Asa Gray, 1810~1888)는 독실한 기독교인이었으며, "신이 점진적 패턴에 변이를 접목시켰다는 유신론적 진화론을 제안했다."[3]

하지만 다윈의 주장은 곧 미국교회를 양분시켰다. 대체로 자유주의적 기독교인들은 진화론을 수용했다. 진화론을 "창조에 신의 지혜가 깃든 논리"로 수용해야 한다고 주장한 것이다. 반면, 다윈의 주장처럼 인간과 영장류가 공통 조상을 공유한다면, 인간이 하나님의 형상으로 창조된 특별한 존재라는 기존의 믿음이 붕괴되고, 식물과 ―인간을 포함한― 동물이 자연선택의 결과라면, 하나님의 존재에 대한 믿음도 허물어진다고 생각한 신학자들이 격렬하게 반대했다.[4] 프린스턴신학교의 찰스 핫지(Charles Hodge, 1797~1878)는 『다위니즘은 무엇인가?』(What is Darwinism?, 1874)에서 "진화론은 무신론이며 전적으로 성경과 상반된다"라고 주장했다.[5]

이런 상황에서 종교와 과학의 갈등을 강조하는 소위 "충돌 논제"(conflict thesis) 저서들이 출현했다. 존 윌리엄 드레이퍼(John William Draper, 1811~1882)의 『종교와 과학 사이의 갈등사』(History of the Conflict Between Religion and Science, 1874)와 앤드류 딕스 화이트(Andrew Dickson White, 1832~1918)의 『기독교권에서의 신학과 과학의 전쟁사』(A History of the Warfare of Science

---

2 앞의 책, 37.

3 앞의 책, 41.

4 Chang Hoon Kim, "William Jennings Bryan and the Fundamentalist in the Scopes 'Monkey' Trial," *International Journal of Korean History*. Vol. 23, No. 2 (Aug. 2018), 18.

5 에드워드 J. 라슨, 『신들을 위한 여름』, 40.

*with Theology in Christendom*, 1896)가 대표적이었다. 드레이퍼는 이 책에서 이렇게 선언했다. "과학사는 소외된 발견들에 대한 단순한 기록이 아니다. 그것은 대립하는 두 힘들의 충돌에 대한 이야기다. 즉, 한편에선 인간 지성의 팽창력, 다른 편에선 전통적 신앙과 인간적 이해들에서 비롯된 응축…"[6]

## 3. 20세기 초반

20세기 초반에는 근본주의자들 내에서도 진화론에 대해 우호적인 입장을 표명하는 사람들이 출현했다. 프린스턴신학교의 벤저민 B. 워필드(Benjamin Breckinridge Warfield, 1851~1921)는 유신론적 진화론을 공개적으로 표명했으며,[7] 1905년부터 1915년까지 발행된 잡지 「근본적인 것들」(*Fundementals*)에 생물 진화에 대해 호의적인 견해를 담은 글들이 수록되었다. 물론 이 잡지에 수록된 대부분의 글들은 진화론을 비판했지만, 제임스 오어(James Orr, 1844~1913)는 진화론이 창조의 새로운 이름이 될 수 있을 것이라 기대했고,[8] A. C. 딕슨(Amzi Clarence Dixon, 1854~1925)은 "입증될 경우" 진화론을 받아들이겠다고 의지를 표명했으며, R. A. 토리(Reuben Archer Torrey, 1856~1928)는 "성경의 절대 무류성을 신봉하는 기독교인도 경우에

---

6 John William Draper, *History of the Conflict between Religion and Science* (New York, 1874), vi; John H. Roberts, *Darwinism and the Divine in America: Protestant Intellectuals and Organic Evolution, 1859-1900* (Notre Dame, Indiana: University of Notre Dame Press, 1988), 79에서 재인용.

7 그는 한동안 다윈주의를 수용했으며, 대학원에서 과학을 전공할 생각을 한 적도 있다. 돌연변이 가설에서 필연적으로 무신론이 도출되는 것은 아니라고 인정했지만, 다윈의 종교론이 기독교 신앙에 부정적 영향을 끼칠 것이라고 생각했다. John H. Roberts, *Darwinism and the Divine in America*, 100.

8 에드워드 J. 라슨, 『신들을 위한 여름』, 44.

따라서는 진화론자가 될 수 있습니다"라고 주장했다.[9]

하지만 근본주의자들 내에서 이런 목소리는 제1차 세계대전 이후 빠르게 사라졌다. 먼저 진보주의자들이 독일 군국주의를 제거하고 민주주의를 확산시키는 노력의 일환으로 우드로 윌슨 대통령의 참전을 지지했다. 하지만 세대주의적 전천년설을 신봉했던 성결-오순절운동과 근본주의자들은 독일과 진화론, 성서비평학으로 대표되는 신학적 자유주의의 상관관계를 강조하며 참전에 반대했다. 또한, 이런 진보적 사상들이 "성경의 가치를 추구하는 전통적인 미국의 신앙을 저해한다"라고 비판했다.[10]

또한, 이 시기에 반진화론적 목소리는 사회적 진화론과 우생학의 유행에 대한 저항으로 표출되었다. 허버트 스펜서(Herbert Spencer, 1820~1903)를 통해 확산된 사회적 진화론은 자유방임적 자본주의, 제국주의, 군국주의를 정당화했기에, 이전부터 앤드류 카네기(Andrew Carnegie, 1835~1919)와 존 D. 록펠러(John Davison Rockefeller, 1839~1937) 같은 재벌들이 자신들의 무자비한 사업 관행을 정당화하기 위해 사용했었다. 우생학은 20세기초부터 많은 진화생물학자들이 수용하면서 빠르게 확산되었다. 당시 베스트셀러 생물 교과서인 조지 윌리엄 헌터(George William Hunter, 1863~1948)의 『도시 생물학』(*Civic Biology*, 1914)은 "오늘날 우리가 세상의 발전을 이야기할 때 기초로 삼는 이론의 증거"로 다윈의 이론을 소개하면서, 백인을 "가장 수준 높은 종"으로 표현했다.[11]

뿐만 아니라, 고등학교 진학률이 급증하면서 진화론이 학생들에게 빠르게 확산되었고, 근본주의자들의 공포와 분노를 촉발했다. 1890년, 미국의

---

9 앞의 책, 61.

10 앞의 책, 63-64.

11 앞의 책, 48

고등학생 수는 20만 명에 불과했으나, 1920년에는 200만 명으로 증가했다. 학생들의 출석을 의무화한 학교출석법의 제정과 공립고등학교 수가 폭발적으로 증가하며 생긴 현상이다. 20세기 초반, 고등학교 생물 교과서의 주류는 다윈주의가 아니었지만, "생물 진화의 개념은 만연"해 있었다. 그런데 20세기 초반부터 컬럼비아대학교의 유전학자 토머스 헌트 모건(Thomas Hunt Morgan, 1866~1945)과 그의 제자들이 초파리 연구를 통해 멘델의 이론과 염색체설, 후에는 다윈의 이론까지 인정하자, 다윈주의가 서서히 부활하기 시작했고 생물 교과서에도 반영되었다. 동시에, "자녀들의 종교적 신앙을 위협하는 공립학교의 진화론 교육에 맞서 기꺼이 싸울" 분위기도 함께 고조되었다.[12]

## 4. 1920년대

1920년대부터 근본주의자들을 포함한 보수적 개신교인들이 반진화론 운동을 매우 호전적이고 집단적으로 전개하기 시작했다. 이 흐름을 주도한 인물은 단연 윌리엄 제닝스 브라이언(William Jennings Bryan, 1860~1925)이었다. 평소 종교적 신앙을 통한 개인적 개혁과 다수결주의 정부 조직을 통한 공공 개혁을 주창했던 브라이언은 1921년부터 진화론 공격에 전력을 쏟아 부었다. 그의 눈에 진화론은 과학이 아니라 한낱 추측에 불과했고, "신앙을 말살하고 역사상 가장 많은 피를 흘린" 제1차 세계대전에도 영향을 끼쳤다. 그는 북장로교회 성직자들에게 교회 내에서 진화론 세력을 축출하라고 압력을 넣었으며, 켄터키주 의회에서 진화론 교육을 반대하는 법을 제정

---

12 앞의 책, 62.

하라고 촉구했다. 1923년에는 웨스트버지니아주, 테네시주, 노스케롤라이나주를 상대로 동일한 운동을 전개했다. 에드워드 J. 라슨이 언급한 것처럼, "진화론 교육에 맞서 싸울 사람들이 집결하는 곳이라면 그곳이 어디든 브라이언이 함께 했다."[13]

브라이언은 혼자가 아니었다. 당대의 주요 전투적 원리주의자들이 전국을 누비며 진화론을 공격하고 반진화론법 제정을 촉구했다. 1922년, 뉴욕주에서 존 로치 스트레이턴(John Roach Straton, 1875~1929)이 반진화론법안을 제창했고, 텍사스주에선 J. 프랭크 노리스(John Franklyn Norris, 1877~1952) 그리고 같은 해 윌리엄 벨 라일리(William Bell Riley, 1861~1947)는 전국을 돌며 "교회 내부의 근대주의자들과 공방을 벌였다."[14] 뿐만 아니라, 당대 가장 선풍적인 인기를 누리던 전직 프로 야구선수 출신의 부흥사 빌리 선데이(Billy Sunday, 1682~1935)는 1925년 2월, 테네시주 멤피스에서 매일 5천 명이 모이는 집회를 18일간 이끌었다. 테네시주 전체 인구의 1/10이 참여한 이 집회를 위해 특수 열차와 버스가 운행되었으며, 다수의 의원들도 모습을 드러냈다. 선데이는 다윈을 이단자로 정죄했고, "오늘날 교육이 악마의 지배를 받고 있다"라며 목소리를 높였다.[15]

이런 압력 속에 남부의 여러 주에서 공립학교의 진화론 교육을 금지하는 법안들이 지속적으로 상정되어 뜨거운 논쟁이 벌어졌다. 1923년, 남부와 경계주 6곳에서 의원들이 반진화론법 제안을 진지하게 고려했다가 2개의 결의안만 채

---

13 앞의 책, 79.

14 앞의 책, 75-76.

15 앞의 책, 91-92; 빌리 선데이의 생애와 사역에 대해선, Lyle W. Dorsett, *Billy Sunday and the Redemption of Urban America* (Grand Rapids, Michigan: William B. Eerdmans Publishing Company, 1991) 참조.

택했다. 테네시주와 노스케롤라이나주에서도 의회 위원회들이 진화론 교육 금지 법안을 논의했지만 통과되지 못했다. 하지만 1924년 선거를 맞이하면서 두주에서 진화론 교육이 정치적 쟁점으로 부상했고, 수많은 민주당 후보들이 "브라이언과 성경"을 지지하겠다고 약속했다. 그리고 1925년 1월 20일, 테네시주 상원의원 존 A. 셸턴(John A. Shelton, 1881~1965)이 테네시주 공립학교에서 진화론 교육을 중죄로 취급하는 법안을 상정했고, 다음 날 존 W. 버틀러(John Washington Butler, 1875~1952)가 하원에서 비슷한 법안을 제안했다. 버틀러는 "진화론 교육을 경범죄로 취급하고 공립학교 교사가 '성경에서 가르치는 창조론을 거부하고, 그 대신 인간이 하등 동물의 자손이라는 이론을 가르칠 경우' 최대 500달러의 벌금형을 내릴 것"을 제안했다.[16] 이 법안은 6일 후 하원에서 개정 없이 통과되었으며, 3월 11일 상원 법사위원회도 개정 없이 승인했다. 10일 후, 상원 전체가 압도적인 표차로 동의했고, 주지사도 지체 없이 서명했다.


## III. 스콥스 재판

### 1. 재판의 주역들

#### 1) 존 스콥스(John Thomas Scopes, 1900~1970)

스콥스는 이 재판의 주인공이었다. 1924년, 켄터키대학교에서 법학 전공, 지리학 부전공으로 학사학위를 취득했다. 이후, 테네시주 데이턴으로

---

16 에드워드 J. 라슨, 『신들을 위한 여름』, 85.

이주하여, 레아카운티고등학교(Rhea County High Schoo)에서 축구 코치이자 임시 교사로 취직했다. 버틀러법이 통과되자 데이턴에서 일군의 사람들이 그에게 이 선례가 될 소송에 참여하도록 요청했다. 처음에 그는 참여하길 꺼려했지만, 그들과 논의한 후 함께하기로 결심했다. 사실 그가 6년 전 일리노이주 세일럼에서 고등학교에 다닐 때, 윌리엄 제닝스 브라이언이 그 학교 졸업식에서 연설한 적이 있었는데, 스콥스는 그의 연설을 듣고 웃었다고 한다. 이것을 스콥스 재판이 벌어졌을 때, 브라이언도 생생히 기억하고 있었다.[17]

## 2) 미국시민자유연맹(American Civil Liberties Union, ACLU)

제1차 세계대전 후, 미국에서 공산주의가 확산되는 것을 두려워하여 1919년 11월부터 두 달여, 법무장관 미첼 파머(Mitchell Palmer)가 급진주의들을 체포·추방하려 했디. 수천 명의 사람들이 영장 없이 체포되어 학대를 당했다. 이런 끔찍한 상황에 저항하기 위해 일군의 사람들이 모여, 1920년 미국시민자유연맹(American Civil Liberties Union, ACLU)이 탄생했다.[18] "미국의 헌법과 법률에 의해 모든 사람에게 보장된 개인의 자유와 권리를 방어하고 보존하는 것"이 이 단체의 목표였다. 1920년대에 ACLU는 표현의 자유, 특히 노동운동과 공립학교에서 표현의 자유에 관심을 집중했다. "교육기관이 특정한 학설을 옹호하기 위해 다른 학설은 배제하고, 공립학교와 대학에 교육 선전을 주입하려는 시도는 무슨 일이 있어도 막아야 한

---

17 https://en.wikipedia.org/wiki/John_T._Scopes (2025년 2월 17일 검색).
18 https://www.aclu.org/about/aclu-history (2025년 2월 8일 접속).

다"라는 것이 ACLU의 기본 입장이었다.[19] 따라서 테네시주에서 버틀러법이 통과되었을 때, ACLU는 이 법의 집행을 반대하는 공식 성명을 5월 4일 테네시주에서 발행되는 「채터누가 타임즈」를 통해 발표했다. "이 법률을 법정의 심판대에 올려 놓고자 합니다. 기꺼이 도움을 주실 테네시주 교사를 찾고 있습니다"란 지원자 모집과 함께….[20]

### 3) 윌리엄 제닝스 브라이언(William Jenings Bryan, 1860~1925)

이 재판에 전국적인 관심이 촉발했고, 재판에서 검사역을 자원한 인물은 윌리엄 제닝스 브라이언이었다. 그는 평생 농민, 노동자, 여성의 목소리를 대변함으로써 "위대한 평민"(the Great Commoer)이란 칭호를 얻었고, 세 차례 민주당 대선 후보였으며, 우드로 윌슨(Thomas Woodrow Wilson, 1856~1924) 정부에선 국무장관을 지냈다. 또한, 신실한 장로교인이었던 브라이언은 전국에서 제일 유명한 주일학교 교사이자 '사회복음'(Social Gospel)을 지지했다. 그렇게 그의 정치와 종교가 긴밀히 연결되었기에 다른 근본주의자들과 단순하게 동일시할 수 없는 인물이었다. 동시에 그는 미국에서 가장 강력한 반진화론자였다. 기본적으로 그는 과학으로서 진화론을 부정했으며, 특히 적자생존 이론이 "약자와 가난한 자들이 억압받는 사회를 초래한다"라고 확신했기 때문에 다윈주의를 혐오했다. 동시에 주민들이 자신들의 학교에서 어떤 교육이 이루어질지를 결정한 권리가 있다고 믿었다. 그럼에도 그가 맹목적으로 버틀러법을 지지한 것은 아니다. 그는 진화론 교육

---

19 https://en.wikipedia.org/wiki/American_Civil_Liberties_Union (2025년 2월 8일 접속).

20 에드워드 J. 라슨, 『신들을 위한 여름』, 129.

자체를 금지하기 보다 생물학 교과서들이 진화론을 인간 기원에 대한 하나의 가능한 이론으로 다루길 원했다.[21]

## 4) 클래런스 대로(Clarence Darrow, 1857~1938)

브라이언의 상대자는 대로였다. 그는 당시 미국에서 가장 유명하면서도 동시에 가장 논란이 많은 변호사였다. 그는 1894년 유명한 사회주의 노동 운동 지도자 유진 V. 데브스(Eugene Victor "Gene" Debs, 1855~1926)의 변호를 맡은 이후 미국 최고의 노동자 대변인으로 명성을 쌓았다. 그러면서 노동자의 권리 보호를 위해 활동하던 ACLU와 긴밀한 관계를 유지했다. 하지만 1911년, 「로스엔젤레스 타임즈」(Los Angeles Times) 사옥에 폭파한 살인 사건에서 그가 무죄를 주장한 피고인이 유죄를 자백하면서 명성에 금이 갔고, 1924년에는 14세 소년을 살해한 두 대학생을 변호하여 무죄를 끌어냄으로써 또 다시 논란에 휩싸였다. 동시에 그는 자칭 불가지론자였으며, 악명 높은 무신론자였다. 기독교를 "불평등에 대한 묵인과 평범함으로 무마시켜버리고자 하는 의향, 견딜 수 없는 것들에 대한 안주를 독려하는 '노예 종교'로"[22] 여겼으며, 다위니즘의 반유신론적 해석은 일말의 주저 없이 받아들였다.[23] 대로는 이 재판에서 패소한 후, 전국적 사건으로 확대시킬 계획 속에 자원하여 변론을 맡았다.

21 Chang Hoon Kim, "William Jennings Brayn the Fundamentalit in the Scopes 'Monkey' Trial," *Reform and Revival*, No. 26 (2020).

22 에드워드 J. 라슨, 『신들을 위한 여름』, 114.

23 앞의 책, 115.

## 5) 기타

재판이 시작되었을 때, 변호인단에는 클러랜스 대로 외에 더들리 필드 멀론(Dudley Field Malone, 1882~1950), 존 랜돌프 닐 2세(John Randolph Neal Jr., 1876~1959), 아서 가필드 헤이스(Arthur Garfield Hays, 1881~1954) 등이 참여했다. 이들은 모두 ACLU와 관계가 있었으며, 미국의 진보적 대의를 위해 활발하게 활동하던 저명한 변호사들이었다. 반면, 검사팀에는 수석 검사 아서 토마스 스튜어트(Arthur Thomas Stewart, 1892~1972) 외에 헐버트 S. 힉스(Herbert S. Hicks, 1872~?)와 수 K. 힉스(Sue Kerr Hicks, 1895~1980) 그리고 윌리엄 제닝스 브라이언과 그의 아들 윌리엄 제닝스 브라이언 2세(William Jenings Bryan Jr., 1889~1978) 등이 합류했다. 특히 이들 중 수 힉스는 존 스콥스의 친구였으며, 스콥스의 의사를 확인한 후 그를 기소하는 역할을 맡았다.

## 2. 재판의 시작

1925년 3월, 테네시주 의회가 공립학교에서 진화론 교육을 불법화한 버틀러법을 통과시켰다. 하지만 당시 테네시주 공립학교에선 진화론이 포함된 생물 교과서 『도시 생물학』(*Civic Biology*)이 주의 승인 아래 널리 사용되고 있었다. 이런 상황에서 미국시민자유연맹(ACLU)은 버틀러법의 통과 소식을 알게 되었고, 즉시 테네시주 신문들에 "그 법에 도전하는 사람에게 비용을 지불하겠다"라는 광고를 실었다. 5월 4일이었다. 그리고 이 기사를 테네시주의 소박한 마을 데이턴(Dayton)의 '컴벌랜드 석탄 및 철광 주식회사' 관리자 유지인 조지 래플리에(George Rappelyea)가 읽었다. 그는 약국을 운영하며 레아카운티 교육위원회 회장인 프랭크 E. 로빈슨(Frank E. Robinson)과 교육감

월터 화이트(Walter White)에게 데이턴의 경제 활성화를 위한 언론의 관심을 기대하며 이 소송에 뛰어들자고 설득했다. 5월 5일, 마을의 주요 인물들이 이 제안에 동의했다. 이들은 레아카운티고등학교의 임시 생물 교사 존 스콥스를 초대하고, 장차 미국사의 기념비적 사건이 될 이번 소송에 스콥스가 동참해 주길 부탁했다. 사실 스콥스는 진화론에 대한 설명이 담긴 윌리엄 헌터의 『도시 생물학』(Civic Biology)을 수업 시간에 사용하긴 했지만, 공교롭게도 진화론 부분을 가르치는 날에 병이 나서 직접 수업을 하지는 않았다. 그럼에도 스콥스는 버틀러법의 부당함을 확신하고 재판정에 서겠다고 동의했다.

그후 래플리에가 치안 판사를 통해 스콥스의 구속 영장을 발부받아 경찰에게 사건을 넘겼고, 전보로 뉴욕의 ACLU에게 이 사실을 알렸다. 로빈슨과 화이트도 「채터누가 타임스」, 「내슈빌 배너」, 「채터누가 뉴스」에 전화로 같은 일을 했다. 다음 날 「내슈빌 배너」 1면에 관련 기사가 실렸고, 연합통신사(Associated Press)를 통해 전국으로 빠르게 전파되었다. 데이턴에선 진보동호회(Progressive Dayton Club)가 '스콥스재판접대위원회'를 조직해서 재판시설과 방문객 숙박 시설을 준비했다. 세계기독교근본주의협회(World's Christian Fundamentals Association, WCFA)는 5월 13일 전보로 브라이언에게 스콥스 재판에 참여해달라고 부탁했으며, 브라이언은 기꺼이 그 제안을 승락했다. 그러자 브라이언에 대한 대항마로 클래런스 대로가 나섰다. 동시에 저명한 언론인 멩켄(H. L. Mencken)을 비롯한 200명 이상의 기자들은 데이턴으로 몰려들었고, 이후 2천개 이상의 신문사들이 기사를 쏟아냈다.[24] 뿐만 아니라,

---

24 스콥스 재판과 언론의 관계에 대해선, Tom Arnold-Forster, "Rethinking the Scopes Trial: Cultural Conflict, Media Spectable, and Cirucus Politics," *Journal of American Studies*, 56 (2022): 142-166를 참조. 특히 멩켄에 대해선, S. L. Harrison, "Anatomy of the Scopes Trial: Mencken's Media Event," Paper presented at the Annual Summer

이 흥미로운 구경거리를 놓치지 않으려는 온갖 종류의 사람들이 데이턴으로 몰려들었다. 케빈 오켈리(Kevin O'Kelly)는 당시 상황을 이렇게 요약했다.

> 요약하면, 어떤 사람이 자신이 범한 적도 없는 죄를 범했다고 자백한 후, 재판을 받게 된 것이다. 전 국무장관이 검사역을 맡겠다고 자원한 후, 조용한 테네시주의 한 마을로 여행을 떠났다. 피고인이 범했다고 고소된 법률에 자신이 동의하지 않음에도 불구하고 말이다. 그리고 미국에서 가장 뛰어난 변호사 중 한 사람이 어떻게 해서든 재판에 지겠다고 결심하고 변호하러 데이턴에 갔다.[25]

## 3. 재판의 경과

1925년 7월 10일 금요일, 마침내 재판이 시작되었다. 1,000명의 사람들이 재판정을 가득 매웠다. 기자들은 창틀에 앉았고, 한쪽 구석에는 「시카고 트리뷴」의 라디오 방송국 WGN이 재판 상황을 전국에 생중계했다. 재판은 그 지역 근본주의 목사의 기도로 시작했고, 수석 판사 존 T. 롤스턴(John T. Raulston)이 창세기 1장을 낭독했다. 20명의 배심원들이 신속히 선정되었다. 법정은 주말 동안 휴회했다가 월요일에 재개되었다. 피고측 변호사 존 랜돌프 닐 2세가 스콥스 기소는 테네시주와 미국 헌법을 위반했다는 근거에서 기각되어야 한다고 주장했지만, 롤스턴 판사는 그의 주장을 간단히 묵살했다. 이어서 더들리 필드 멀론이 성경에 특권을 부여함으로써 특정 종교

Meeting of the Mencken Society (Baltimore, MD, June 24, 1995) 참조.

25 Kevin O'Kelly, "'All Out for Monkeyville!': The Social Forces Behind the Scopes Trial," *Experience*, Vol. 17, No. 2 (Winter 2007), 15.

를 편애했다고 지적했다. 이에 대해 테네시주 법무장관 톰 스튜어트(Tom Stewart)는 "이 땅의 법은 성경을 인정합니다. 우리는 이교도 국가에 살고 있지 않습니다"[26]라고 답변했다. 그러자 클러랜스 대로가 종교적 불관용의 위험성에 대해 강렬한 연설을 시작했다.

> 여러분의 삶과 저의 삶, 그리고 모든 미국 시민들의 삶은 결국 동료들의 관용과 인내에 의지할 수밖에 없습니다. … 만약 오늘 여러분이 진화론 같은 문제를 취해서 그것을 공립학교에서 가르치는 것을 범죄로 만들면, 내일에는 여러분이 사립학교에서 그것을 가르치는 것을 범죄로 만들 것입니다. … 다음 회기에는 여러분이 책과 신문을 금지시킬 것입니다. … 결국, 존경하는 판사님, 깃발을 휘날리고 북을 치면서 우리가 광신자들이 장작에 불을 붙여 인류의 정신에 지성, 계몽, 문화를 선물하는 사람을 태워 죽이던 영광스런 16세기로 후퇴할 때까지 인간이 인간과 싸우고, 신조와 신소가 싸울 것입니다.[27]

7월 15일 수요일, 재개된 재판에서 양측은 과학과 신학, 진화론과 기독교의 관계에 대해 논쟁했다. 특별히 스콥스가 헌터의 『도시 생물학』으로 진화론을 가르쳤는지에 대한 증인들의 증언이 이어졌다. 한편, 대로는 법정에서 진화론을 설명할 뿐 아니라, 진화론이 성경과 대립하는 것으로 간주될 필요가 없다는 것을 드러내기 위해 전문가들(지리학자, 생물학자, 신학자)을 데이턴에 데려왔다. 하지만 이 전문가들을 증인으로 허용하는지 여부를 두고 양측의 치열한 공방이 이어졌다.

---

26 에드워드 J. 라슨, 『신들을 위한 여름』, 240.

27 Kevin O'Kelly, "'All Out for Monkeyville!': The Social Forces Behind the Scopes Trial," 16.

브라이언은 "존경하는 재판장님, 이곳에 전문가들을 불러들여 테네시 주민들이 맹렬히 비난하고 법으로 금지한 행위를 미화하고, 주민들의 의도를 짓밟아버리려는 시도를 간과해서는 안 됩니다"[28]라고 목소리를 높였다. 이에 대해 멀론은 "올바른 법과 올바른 절차, 피고를 위한 공정함을 시행하는 의미에서 증거 채택을 허락해주실 것을 재판장님께 요청합니다"라고 요구했다.[29] 끝으로, 원고 측 최후 변론을 스튜어트가 맡았다. "그는 법적 해석의 확고한 근거를 되짚으며 전문가 증언의 필요성을 부인했다. 반진화론법은 의심의 여지가 없었다."[30] 결국, 롤스턴 판사가 외부 전문가들의 증언을 거부했다. 그렇게 재판은 마무리 단계에 진입했다.

## 4. 재판의 결말

7월 20일 월요일 아침에 재판이 다시 열렸다. 사람들의 예상을 깨고 대로는 브라이언을 증언대에 세웠다. 브라이언도 이 도전을 기꺼이 받아들였다. 마침내 두 사람 간의 최후 결전이 성사된 것이다. 3천 명이 넘는 사람들이 몰려왔다. 무신론자였지만 성경에 익숙했던 대로는 성경에서 발견되는 모순과 비개연성에 대해 브라이언에게 질문을 퍼부었다. 브라이언이 "저는 성경에 나오는 모든 이야기를 그곳에 있는 그대로 받아들여야 한다고 믿습니다"라고 공언했기 때문이다. 대로는 여호수아가 해와 달에게 멈추라고 명령한 구약 성경 구절들을 언급하며, 태양이 지구 주위를 돈다고 믿느냐고

---

28 에드워드 J. 라슨, 『신들을 위한 여름』, 263.
29 앞의 책, 266.
30 앞의 책, 266.

물었다. 브라이언은 그렇지 않다고 대답했다. 홍수가 BC 2400년경에 발생했다고 브라이언이 공개적으로 발언한 것을 언급하면서, 대로는 그런 계산의 근거를 제시하라고 질문했다. 브라이언의 답변은 "말할 수 없다"라는 것이었다. 이어서 대로는 전지구적 홍수가 2340년경 발생했다면, 4200년 전에는 지상에 노아 가족과 방주의 짐승들만 존재했을 텐데, 역사가 최소한 6천 년 이상인 중국은 어떻게 설명할 수 있는지, 또한 성경에는 아담 가족 외에 다른 인간에 대한 언급이 없는데, 가인은 어디서 아내를 얻었는지 등에 대해 질문을 던졌다. 브라이언이 대답했다. "나는 대답할 수 없습니다. … 하지만 그것이 제겐 전혀 문제가 되지 않았습니다."[31]

대로의 질문으로 브라이언의 무지와 맹신이 적나라하게 드러났다. 롤스턴 판사가 재판을 중지했다. 사람들이 대로 주변으로 몰려들어 축하 인사를 하는 동안 브라이언은 침묵 속에 홀로 남았다. 전국적 규모의 신문들이 대로의 브라이언 심문에 대해 보도했다. 멤피스의 「커머셜 어필」에 이러한 평론이 실렸다. "대결이 아니었기에 승자도 패자도 없었다. 대로는 브라이언이 과학에 문외한이라는 사실을 증명했고, 브라이언은 증인으로서 조금도 굴하지 않고 인간의 배움을 초월한 자신의 신앙을 지켜냈다."[32] 하지만 대부분의 신문은 브라이언에게 우호적이지 않았다.

수요일에 다시 모였다. 롤스턴이 브라이언의 증언 내용을 기록에서 삭제하도록 명령했다. 이어서 배심원들이 스콥스에게 유죄 판결을 내렸다. 롤

---

31 Kevin O'Kelly, "'All Out for Monkeyville!': The Social Forces Behind the Scopes Trial," 18.
32 Sterling Tracy, "Darrow Quizzes Bryan: Agnosticism in Clash with Fundamentalism," *Commercial Appeal*(Memphis), 21 July 1925, 1; 에드워드 J. 라슨, 『신들을 위한 여름』, 284에서 재인용.

스턴은 100불의 벌금을 부과했다. 재판 후, 데이턴은 빠르게 일상으로 복귀했다. 스콥스도 며칠 후 그곳을 떠났다. 그런데 재판 후 잠시 동안 데이턴에 남아 있기로 결심했던 브라이언이 7월 26일 일요일 낮잠을 자다 숨을 거두었다. 사인은 뇌졸중이었지만, "늙은 악마 대로가 종교 재판으로 브라이언을 죽였다"라는 소문이 돌았다. 브라이언은 순교자로 미화되었다. 반면, 멩켄은 "하나님이 대로를 겨냥했다가 놓치고 대신 브라이언을 맞췄나보군요"라고 그의 죽음을 희화화했다.[33] 이후, 대로는 스콥스 소송을 테네시주 상소 법원으로 가져갔다. 하지만 법원은 선고 과정의 절차상 문제를 들어 스콥스의 유죄 판결을 파기했다. 이로써 이 소송을 대법원으로 끌고가려던 대로의 꿈은 영원히 사라졌고, 버틀러법은 이후 42년 동안 테네시주의 법으로 생명을 이어갔다.

## IV. 스콥스 재판 이후

### 1. 법적 공방

1925년부터 20여 년간 주 의회를 중심으로 진화론 교육을 제한하려는 움직임이 활발히 전개되었다. 그 출발점은 1925년 가을 텍사스주였다. 남부 최초 여성 주지사인 미리암 퍼거슨(Miriam Furguson, 1875~1961)이 주 교과서 편찬위원회에 지시하여 진화론을 고등학교 교과서에서 삭제한 것이다. 이어서 루이지애나주가 텍사스의 선례를 따랐다. 한편, 1926년 초에

---

33 에드워드 J. 라슨, 『신들을 위한 여름』, 295.

는 미시시피주에서 반진화론법이 통과되었고, 1928년에는 아칸소주에서 주민 투표로 반진화론법을 제정했다.[34] 이후, "남부 전역의 교육위원회가 진화론 교육에 자체적 제한 규정을 시행하기 시작했다."[35]

하지만 이런 흐름에 제동이 걸리기 시작했다. 미 연방대법원이 수정헌법 제1조와 제14조를 연계하여 일련의 판결을 내린 것이다. 이런 변화를 주도한 것은 대법원장 얼 워런(Earl Warren, 1891~1974)과 대법원 판사 휴고 블랙(Hugo Lafayette Black, 1886~1971)이었다. 특히 휴고 블랙의 활약이 대단했다. 그는 1946년 공립학교에서 종교 교육을 금하는 초기 결의안을 작성했고, 1947년에는 수정헌법 제1조 '국교 금지 조항'을 수정헌법 제14조 '국가 배상으로부터 보호되는 자유'에 접목시켰다. 1962년에는 학교에서 기도 시간을, 이듬 해에는 성경 낭독 강요를 금지했다.

미국 의회에서도 이러한 흐름에 가세했다. 1958년, 의회가 <국가방위교육법>(the National Defense Education Act)을 통과시킨 것이다. 1957년 10월 4일, 소련이 최초의 인공위성 스푸트니크 1호 발사에 성공하자, 미국의 기술이 소련에 뒤쳐졌다는 불안감이 고조되면서 이 법이 통과된 것이다. 이 법에 의해 국립과학재단(the National Science Fundation, NSF)이 최신식 과학 교과서 발전에 자금을 제공하게 되었고, 그 결과 생물과학교육과정연구(BSCS) 산하 과학자 및 교육자 팀이 진화론 개념을 강조하는 생물 교과서를 편찬했다.[36] 이후, 변화된 분위기에 편승해서 상업 출판사들도 새로운

---

34 미시시피주의 반진화론 지지자들은 "진화론이 국가와 기독교를 붕괴시킬 것이라고 경고했고, 미시시피 사람들 90%가 그 법안을 지지한다고 선언했다." Randy Moore, "Creationism in the United States: II. The Aftermatht of the Scopes Trial," *The American Biology Teacher*, Vol. 60, No. 8 (Oct., 1998), 574.

35 에드워드 J. 라슨, 『신들을 위한 여름』, 326.

36 BSCS는 NSF로부터 $143,000의 보조금을 받았고, 1959년에 콜로라도대학교에 본부를 설치

교과서를 출판하기 시작했고, 일부 교사들은 진화론 교육을 금지하는 주법의 합헌성에 의의를 제기하는 민사소송을 제기했다.

1965년, 아칸소주 리틀록 공립학교가 새 교과서를 채택하자, 여교사 수전 에퍼슨(Susan Epperson)이 고소했다. 아칸소주를 대변해서 검찰총장이 재판에 나섰다. 재판장은 "문제의 핵심이 인류의 기원에 대한 여러 학설을 가르칠 수 있는 애퍼슨의 자유에 있다고 한정하고, 그러한 학설에 관한 구체적인 증언을 일제히 차단함으로써 미국 헌법에 의거해 —1928년에 제정된— 법안을 지체 없이 번복했다."[37] 1966년에는 테네시주에서 게리 L. 스콧이 학생들에게 "성경이 꾸며낸 이야기로 이루어진 책"이라고 발언한 혐의로 해임되었다.[38] 다음 해, 「맴피스 프레스 시미터」(Memphis Press-Scimitar)가 사설과 기사로 반진화론법을 집중 공격했고, 2개월 후에는 테네시주 의회도 1925년에 제정되었던 법을 폐지했다.

상황이 이렇게 역전되자, 창조론자들은 새로운 전략을 모색하기 시작했다. 즉, 진화론을 학교에서 제거하려던 과거의 전략이 더 이상 불가능해지자, 창조론과 진화론을 적절한 균형 속에 가르치는 법안 제정 쪽으로 운동 방향을 전환한 것이다. 최초의 깃발은 또 다시 테네시주에서 올랐다. 1974년, 주 의회가 생물 교과서에 인류 기원에 대한 대체 학설(즉, 창세기)을 싣고 동등한 비중으로 가르칠 것을 명령한 것이다. 1981년에는 아칸소주와 루이지애나주도 생물 수업에 창조과학을 균형 있게 대우할 것을 요구하는 법을

---

했으며, NSF로부터 $595,000의 보조금을 추가로 받았다. 자신의 생각을 47개 주에서 1,000명의 교사들과 165,000명의 학생들을 대상으로 시험해본 후, BSCS는 1963년에 세 종류의 고등학교 생물 교과서를 출판했다. 책의 표지 색깔이 각각 달랐다. Randy Moore, "The Lingering Impact of the Scopes Trial on High School Biology Textbooks," 793.

37 에드워드 J. 라슨, 『신들을 위한 여름』, 367.

38 앞의 책, 367.

제정했다. 하지만 ACLU가 이 세 주의 법안을 폐지하는 소송을 주도했고, 연방 법원은 이 법안들이 국교 금지 조항을 명백히 위반했기에 즉각 폐지하라고 판결했다.[39]

그럼에도 싸움은 쉽게 끝나지 않았다. 1994년 선거에서 테네시주는 보수 기독교 정치 세력의 절대적인 지지로 공화당이 압승을 거두었다. 주 상원은 근본주의자들의 압력 속에 공립학교의 진화론 교육을 막기 위한 법을 새로 제정했다. 이후, 이런 물결이 남부를 휩쓸었다. 앨라배마 주 교육위원회는 진화론이 "사실이 아닌 논란의 여지가 있는 이론"이라는 문구를 새로운 생물 교과서에 실으라는 명령을 내렸다. 조지아주 하원도 창조론 교육에 무게를 실어주는 정책을 통과시켰다. 1999년, 캔자스주 교육위원회도 공립학교 과학 시간에 다룰 필수 주제 목록에서 빅뱅 이론과 대진화(macro-evolution)를 삭제했다.[40]

이런 흐름은 21세기에도 지속되었다. 2004년, 조지아주의 코브 카운티(Cobb County) 교육위원회가 생물 교과서 앞표지에 "진화론은 학설일 뿐"이라는 내용의 스티커를 붙이도록 결정했다. 2005년에는 펜실베이니아주 도버 교육위원회(Dover Area School District)가 코브 카운티와 유사한 결정을 내렸으며, 지적설계를 생물학적 기원에 대한 대체 설명으로 가르치도록 권유했다. 이 소식이 널리 알려지면서 연방 지방법원이 2006년 두 지역의 조치를 철폐하라는 판결을 내렸다. '셀만 대 코브 카운티 교육위원회 재

---

39 1987년, 미 대법원은 루이지애나주 균등취급법(Balanced Act, 공립학교에서 진화론과 창조론에 동일한 시간을 할애할 것을 규정한 법안)에 대해 "에드워드 대 아귈라(Edward vs. Aquillard) 재판을 통해 위헌으로 결정하고 폐지했다. 대법원은 창조과학이 과학을 가장한 종교에 지나지 않기 때문에, 국교 금지 조항에 의거해서 다른 형태의 종교적 가르침과 함께 공립학교 수업에서 금지한다고 포고했다.

40 에드워드 J. 라슨, 『신들을 위한 여름』, 384.

판'(Selman v. Cobb County School District)에서 판결을 내린 클래런스 쿠퍼(Clarence Cooper, 1942~?) 판사는 지적설계를 정당한 의미의 과학으로 인정하지 않았다.[41]

## 2. 생물 교과서 전쟁

### 1) 1900년대 초반

1900년대 초반, 생물 교과서와 진화론의 관계는 다양하고 복잡했다. 어떤 책은 '진화'란 말도 언급하지 않았지만, 모든 장들을 진화에 맞추어 구성한 책도 있었기 때문이다. 하지만 대부분의 책들은 진화를 적극적으로 다루었다. 윌리엄 제닝스 브라이언이 "자신은 원숭이들로 시작하지 않는 생물 교과서를 찾아볼 수 없다"라고 불평했을 정도로 말이다.[42]

예를 들어, 조지 앳킨슨(George Atkinson)의 『고등학교 식물학』(*Botany for High School*, 1912)은 진화가 널리 수용된 이론이라고 썼으며, J. F. 애벗(J. F. Abbott)의 『일반 생물학의 기초 원리』(*Elementary Principles of General Biology*, 1914)는 진화와 관련된 주제에 8,000자 이상을 할애했다. 조지 윌리엄 헌터(George William Hunter)의 『도시 생물학』(*A Civic Biology*, 1914)은

---

41 이 재판에 대해선, https://en.wikipedia.org/wiki/Selman_v._Cobb_County_School _District (2025년 2월 18일 검색)을 참조. 쿠퍼 판사의 입장과 '키츠밀러 대 도버 교육위원회'(Kitzmiller v. Dover Area School District) 재판에서 판결을 내린 존 E. 존스(John E. Jones III) 판사의 입장에 대해서는 에드워드 J. 라슨, 『신들을 위한 여름』, 401-404 참조.

42 Randy Moore, "The Lingering Impact of the Scopes Trial on High School Biology Textbooks," 791.

공중보건과 위생을 위한 책이지만, 진화(evolution)란 단어를 사용하면서 3
페이지에 걸쳐 진화를 다루었다. 헌터는 진화가 실제로 일어났으며, 진화론
의 발전에 다윈이 기여했다고 밝혔다. 트루먼 문(Truman J. Moon)의『초보
자를 위한 생물학』(Biology for Beginners, 1921)도 진화를 생물학의 근본적이
고 일관된 개념으로 이해하면서, "인간과 원숭이(apes)가 공통 조상으로부터
기원했다"라고 주장했다. 특별히, 1923년에 나온 두 책, 헨리 리차드슨 린빌
(Henry Richardson Linville)의『인류와 다른 생명체의 생물학』(The Biology
of Man and Other Organisms)과 길버트 헤이븐 트래프턴(Gilbert Haven
Trafton)의『가정과 마을의 생물학』(Biology of Home and Community)은 진
화론을 보편적인 법칙으로 선언했다.43

　　반면, 스몰우드 외 2인(W. M. Smallwood, I. L. Reveley, and G. A. Bailey)이
공동 저술한『새로운 생물학』(New Biology, 1924)은 진화론에 단지 2페이지
만 할애했고, 인류의 기원에 대해선 아무런 언급이 없었다. 아서 클레멘트
(Arthur Clement)의『생물』(Living Things, 1924, 1925)도 진화론에 대해 간략
히 언급만 했을 뿐이다. 벤자민 그루엔버그(Benjamin Gruenberg)의『생물학
과 인간의 삶』(Biology and Human Life, 1925)도 그가 전에 썼던 책보다 진화
에 대해 훨씬 적게 다루었으며, 제임스 피바디와 아서 헌트(James Peabody
and Arthur Hunt)가 함께 쓴『생물학과 인간 복지』(Biology and Human
Welfare, 1924)는 진화론을 완전히 배제했다. 이들은 '진화'란 주제가 고등학

---

43 다음의 책들도 진화론을 당당히 주장했다. Vernon Kellog and Rennie Doane, *Elementary
textbook of economic zoology and entomology* (New York: Henry Holt and Company,
1915); Benjamin Charles Gruenberg, *Elementary Biology* (Boston: Ginn and
Company, 1919, 1924); Horatio Hackett Newman, *Outline of General Zoology* (New
York: The Macmillan Company, 1924).

생들에겐 너무 어렵고, 개론서보다는 고급 과정에 적합하다고 주장했다. 이런 분위기 속에서 린빌과 트래프턴의 책들처럼 대담하게 진화론을 지지했던 책들은 인기가 없었고, 1930년대에는 거의 종적을 감추었다. 반면, 헌터의 책처럼 진화에 대해 별로 언급하지 않거나 배제한 책들이 베스트셀러 목록에 올랐다.

## 2) 1925년 이후

이런 흐름은 1925년 스콥스 재판 이후 빠르고 널리 확산되었다. 먼저, 존 스콥스가 유죄 판결을 받은 직후, 테네시주 교과서 편찬위원회는 그동안 주에서 승인하여 스콥스도 교재로 사용했던 헌터의 『도시 생물학』을 승인 목록에서 제외했다. 1926년, 저자 헌터가 책 전체를 수정하고 책 이름도 『새로운 도시 생물학』(*New Civic Biology*)으로 고쳐 재출판했다. 이 책에서 '진화'라는 "선동적 단어"는 사라졌고, 얼버무리는 식의 표현으로 대체되었다. 비슷한 시기에 텍사스주에서도 비슷한 상황이 발생했다. 텍사스주지사 미리암 퍼거슨(Miriam Ferguson)이 고등학교 교과서에서 진화론 관련 부분을 모두 삭제하라고 주 교과서 위원회에 명령한 것이다. 이후, 출판사들은 이 명령을 충실히 수행했다. 트루먼 문의 『초보자를 위한 생물학』을 승인한 퍼거슨은 "나는 예수 그리스도께서 인류를 위해 죽으셨다고 믿는 그리스도인 어머니다. 그래서 나는 그런 종류의 병균이 텍사스 교과서들에 침입하도록 놔두지 않을 것이다"라고 말했다.[44] 같은 해, 모든 주제를 진화론적 틀에서 다루고 진화론 반

---

44 Randy Moore, "The Lingering Impact of the Scopes Trial on High School Biology Textbooks," *BioScience*, Vol. 51 No. 9 (Sept. 2001), 792. 문의 『초보자를 위한 생물학』 개정판에선 앞표지에 있던 다윈 초상화가 소화기계(digestive system)에 대한 만화로

대자들에 대한 공격도 담은 알프레드 킨제이(Alfred Charles Kinsey)의 『생물학 입문』(*Introduction to Biology*)이 세상에 나왔다. 하지만 1929년에 이르러 생물 교과서들에서 진화론은 대부분 삭제되었다. "마침내 시장에 나온 모든 교과서들이 근본주의자들의 필요에 맞춰 수정되었다." 이는 근본주의 설교자이자 생물 교사였던 조지 M. 프라이스(George M. Price)가 이 시기의 상황을 묘사한 말이다.[45]

## 3) 1930년대

1930년부터 진화론을 긍정하는 책들이 연달아 출판되었다. 중요한 변화였다. 예를 들어, 찰스 피퍼 외 2인(Charles Pieper, Wilbur Beauchamp, and Orlin Frank)이 공지한 『생물학에서 일상의 문제들』(*Everyday Problems in Biology*, 1932, 1936)은 진화란 단어를 색인에서 생략했고, 정치적인 이유로 진화에 대해 직접적인 논의는 피했다. 하지만 발달 이론으로서 진화에 대해 이야기할 필요성에 대해선 언급했고, 다윈이 생물학에 기여한 공로도 설명했다. 1934년에 출판된 피바디와 헌트의 『생물학과 인간 복지』 개정판은 처음으로 진화론을 간략히 다루었으며, 다윈의 초상화를 실으면서 그 밑에 "인간도 그들이 살았던 방식과 구조 면에서 훨씬 더 원시적인 조상들을 갖고 있다"란 문구를 삽입했다. 스몰우드 등이 공저한 『새로운 생물학』의 1934년도 개정판도 진화론에 대한 분량을 늘렸다.[46]

---

대체되었고, '진화'(evolution)를 '발달'(development)로 교체했다.

45 Randy Moore, "The Lingering Impact of the Scopes Trial on High School Biology Textbooks," 792.

46 특별히 1938년에 진화론을 적극적으로 지지하는 책들이 연속으로 출판되었다. Ella Smith,

하지만 1930년대 가장 인기 있는 교과서는 '진화'란 단어를 포함하지 않았고, 진화론, 인류의 화석 기록 등에 대한 어떤 정보도 담고 있지 않으며, 오히려 다윈의 이론은 더 이상 일반적으로 수용되지 않는다고 주장한 아서 베이커(Arthur Baker)와 루이스 밀스(Lewis Mills)의 『역동적 생물학』(*Dynamic Biology*, 1938)이 그 예다. 진화 관련 부분이 삭제된 책들이 개정판을 내거나 다시 출판되었지만, 진화를 부정할 수 없는 사실로 인정한 킨제이의 『생물학 입문』 같은 책들은 거의 팔리지 않거나 절판되었다. 다음은 당시 상황에 대한 그래비너와 밀러의 평가다.

> 1930년대에 널리 사용된 생물 교과서들이 책에서 진화론을 제대로 다루지 않았다. 이 책들 일부에 나타나는 종교적 인용구들은 진화론과 그것을 확립하는 데 다윈의 역할이 거의 사라진 것과 함께, 교과서 산업에 일반적으로 근본주의의 압력, 특히 스콥스 재판의 영향을 보여준다.[47]

### 4) 1940년대~1960년대

이 시기에 인기 높은 생물 교과서들은 대부분 제2차 세계대전 전에 처음 출판된 책들의 개정판들이다. 이 책들은 대부분 진화론에 대해 피상적이거나 부정적인 태도를 견지했고, 설령 진화를 다루는 경우에도 책의 끝부분에 수

---

*Exploring Biology* (New York: Harcourt, Brace, and Company, 1938); Elsbeth Kroeber and W. Wolff, *Adventures with Living Things* (Boston: D. C. Heath and Company, 1938) 등이 대표적인 예다.

47 Judith V. Grabiner and Peter D. Miller, "Effects of the Scopes Trial," *Science*, Vol. 185, No. 4154 (Sep. 6, 1974), 835.

록했다. 예를 들어, 이 시기에 가장 널리 사용된 문과 폴 만(Moon and Paul Mann)의 『생물학: 초보자를 위한 생물학 개정판』(*Biology: A Revision of Biology for Beginners*, 1941)과 문, 만, 오토(Moon, Mann, and Otto)의 공저, 『근대 생물학』(*Modern Biology*, 1947, 1951, 1956, 1958)은 색인에 "진화"(evolution) 항목이 없었고, 책 안에서도 그러한 내용을 쉽게 찾을 수 없었다. 진화론에 대한 논의도 책 끝부분에 간략하게 등장했을 뿐이다. 따라서 이 책을 수업에서 사용할 경우 진화 부분은 다루지 못한 채 학기가 끝날 가능성이 높았다. 심지어 일부 생물 교과서들은 종교적 인용구를 수록하기 시작했다.

한편, 일부 저자들은 진화론과 창세기의 화해를 시도하기도 했다. 예를 들어, 헌터의 『생명과학: 사회생물학』(*Life Sciences: A Social Biology*, 1941)은 "먼저 단세포 녹색 식물이 존재하게 되었고, 그 다음에 이런 단세포 녹색 식물과 박테리아를 먹고 사는 단세포 동물이 존재하게 되었다"라고 주장하면서 양자의 공존을 모색했다.[48] 하지만 이런 반(反)-진화론 교과서들은 인기가 없었으며, 베스트셀러들은 예외 없이 진화론과 거리를 유지했다. 동시에 진화론을 옹호하는 교과서들도 꾸준히 등장했다. 존 리치(John Woodside Ritchie)의 『생물학과 인간사』(*Biology and Human Affairs*, 1941, 1947)는 진화론에 대해 광범위하게 다루었다. 엘라 스미스(Ella Thea Smith)의 『생물학 탐험』(*Exploring Biology*, 1949)은 "근대 생물학자들이 진화론을 입증된 것으로 수용했다"라고 당당히 서술했다.[49] 또한, 1963년 생물과학교육과정연구(BSCS)가 출판한 세 종류의 생물 교과서들도 진화론을 생물학의 일관된 주제로 강조했다. 물론 이 책은 혹독한 비판을 받았지만, 결국 미국 출판계와 생물 수업의 흐름을 결정

---

48 Randy Moore, "The Lingering Impact of the Scopes Trial on High School Biology Textbooks," 793.

49 앞의 논문, 793.

적으로 바꾸었다.

연방 정부의 지지, 공교육에 대한 증가하는 관심 그리고 공립학교에서 종교적
영향력을 제한하는 법적 선례들(1967년 테네시주에서 버틀러 법을 폐지하는
데 도움을 주었던 동일한 힘들) 덕분에 BSCS 책들이 인기가 있었고, 고등학교
생물 교과서들의 평판을 완전히 바꿨다. 그 책들은 반진화론법들을 보유했던
남부의 세 주들(테네시주, 미시시피주, 아칸소주)을 포함하여 전국에서 널리
채택되었다. 상업 출판사들이 진화론을 자신들의 책들 안에서 복원하기 시작
했다.[50]

## 5) 1970년대 이후

1970년대에는 새로 출현한 창조과학운동의 산물로 반진화론적 생물학 교
과서가 출현했고, 이 운동이 확산되면서 다른 교과서들에도 상당한 영향을 끼
쳤다. 존 무어와 헤롤드 슬러셔(John N. Moore and Harold Schultz Slusher)가
공동 편집한 『생물학: 복잡성 속에 질서를 향한 탐색』(Biology: A Search for
Order in Complexity, 1970)은 진화 모델과 창조 모델이란 "두 모델" 접근법
(two model approach)을 제시했다. 대단히 반진화론적인 이 책은 출판 후 몇
달만에 수만 부가 팔렸는데, 한동안 인디애나주 공립학교에서 교과서로 채택
되기도 했다. 또한, 1974년에는 창조과학운동의 창시자 헨리 모리스(Henry M.
Morris, 1918~2006)가 생물 교사들을 위한 안내서 『과학적 창조론』(Scientific
Creationism)을 출판했다. 이 책은 두 종류(공립학교용과 기독교학교용)로 출판

---

50 Randy Moore, "Creationism in the United States," 576.

되었는데, "기초적인 과학적 창조 모델은 창세기나 다른 종교 문헌이나 종교적 교리를 언급하지 않고도 가르칠 수 있다"라고 주장했다.[51]

이런 책들의 인기와 영향하에 출판사들은 생물 교과서들에서 진화론의 분량을 축소했다. 대표적인 예로, 문의 『근대 생물학』 1973년판에 나왔던 "과학자들은 오늘날 살아 있는 생물들이 이전 시대의 종들로부터 기원한 것임을 결코 의심하지 않는다"란 문장이 1977년판에선 삭제된 것이다. 이런 상황을 랜디 무어(Randy Moore)는 이렇게 정리했다.

오늘날 모든 베스트셀러 생물학 책들은 진화론을 생물학의 주된 하나의 주제로 포함하고 있다. 하지만 출판사들은 여전히 어떻게 진화론을 생물 교과서들 안에서 제시할 것인지에 대해 고민하고 있다. 진화론 항목은 고등학교 생물 교과서들 안에서 가장 민감한 영역으로 남아 있고, 많은 출판사들은 그 주제에 대한 강조를 약화시키기 위해 자주 '변화'와 '발달' 같은 완곡어법을 사용한다.[52]

## 3. 반진화론 조직과 운동

### 1) 1910년~1930년

1919년, '세계기독교근본주의연합회'(the World's Christian Fundamentals Association)가 미네소타주 미니애폴리스의 제1침례교회 담임목사인 윌리엄 벨

---

51 Randy Moore, "The Lingering Impact of the Scopes Trial on High School Biology Textbooks," 794.
52 앞의 논문, 795.

라일리(William Bell Riley, 1861~1947)에 의해 설립되었다. 본래는 성경 예언에 대한 전천년설적(Premillennialism) 해석에 기초하여 "새로운 개신교"를 출범하려고 조직된 초교파 단체였지만, 얼마 후부터 진화론 반대에 총력을 기울였다.[53] 1924년에는 '미국반진화론동맹'(the Anti-Evolution League of America)이 캔터키주에서 조직되었다. 성경적 창조론을 주창하는 이 조직의 초대 회장은 설교자 포터(J. W. Porter)였다. 하지만 윌리엄 제닝스 브라이언이 사망한 후에는 그의 아들 윌리엄 제닝스 브라이언 2세가 잠시 회장직을 맡았다.[54] 또한, '미국성경십자군'(The Bible Crusaders of America)이 1925년 플로리다주에서 조지 와시번(George F. Washburn)의 주도로 창설되었다. 자칭 "윌리엄 제닝스 브라이언의 후계자"였던 와시번은 당대의 주요 반진화론자들(존 로치 스트래턴, 윌리엄 벨 라일리 등)을 불러 모았고, 기독교와 진화론 사이에서 거대한 전쟁이 벌어지고 있다고 주장했다.[55] '최고의 왕국'(Supreme Kingdom)이 1926년 조지아주 아틀란타에서 반진화론 확산을 목적으로 조직되었다. 에드가 영 클라크(Edgar Young Clark)는 KKK단의 회원 관리 책임자로 일했던 경력이 있는데, 스콥스 재판의 수석 판사였던 존 롤스턴(John Raulston)을 '최고의 왕국'에서 강의하도록 초대했다. 그리고 존 라일리와 함께 20년대의 대표적인 반진화론자였던 존 로치 스트래턴(John Roach Straton)도 초대하여 진화론에 대한 60회 강의를 맡겼다. '브라이언대학'(Bryan College)도 기억해야 한다. 이 대학은 테네시주 데이턴에 기독교적 시각에서 교육하는 대학이 필요하다고 평소에 주장했던 윌리엄 제닝스 브라이

---

53 https://en.wikipedia.org/wiki/World_Christian_Fundamentals_Association (2025년 2월 18일 접속).

54 https://en.wikipedia.org/wiki/Anti-Evolution_League_of_America (2025년 2월 14일 접속).

55 George M. Marsden, Fundamentalism and American Culture: The Shaping of Twentieth-Century Evangelicalism, 1870-1925 (Oxford/New York: Oxford University Press, 1980), 189.

언의 유지를 따라 그의 기념사업회가 주도하여 설립한 대학이다. 1930년에 인가를 받았으며, 설립 당시의 이름은 윌리엄제닝스대학교(William Jennings Bryan University)였다. 1993년, 현재 이름으로 변경되었다.[56]

## 2) 1931년~1940년

1935년, 제7일안식일예수재림교회 신자로서 "가장 위대한 반진화론자"로 평가되며, 20세기에 홍수지리학(Flood Geology)과 "새로운 대격변설"(New Catastrophism)을 주창했던 조지 맥크리디 프라이스(George McCready Price, 1870-1963)와 더들리 조지프 휘트니(Dudley Joseph Whitney)가 '종교와 과학 협회'(the Religion and Science Association, RSA)를 창설했다. 제7일안식일예수재림교회 신자들이 중심이 된 이 단체는 근본주의자들 안에 존재하는 불일치를 해결하고, 그들을 홍수지질학으로 인도하는 것을 목표로 삼았다. 관련 서적을 출판하고 컨퍼런스도 개최했지만, 1937년 무렵에는 사실상 활동이 중단되었다. 그러자 1938년 프라이스와 로스앤젤레스에 있는 일군의 제7일안식일예수재림교회 신자들이 모여 '홍수지질학회'(The Deluge Geology Society, DGS)를 창설했다. 회원들은 창조가 문자적으로 6일 동안 발생했으며, "단 한 번의 보편적인 대홍수"가 창조 이후 주된 지리학적 변화의 원인으로 연구되어야 한다고 믿었다.[57]

1941년, 오리건주립대학의 전기공학자이고 전국을 순회하며 '과학으로부터의 설교'를 전하던 어윈 문(Irwin A. Moon, 1907~1986)과 무디성서학원

---

56 https://en.wikipedia.org/wiki/Bryan_College (2025년 2월 14일 접속).

57 이 두 단체에 대해서는 로널드 L. 넘버스/신준호 옮김, 『창조론자들』(서울: 새물결플러스, 2016), 190-341 참조.

(Moody Bible Institute) 원장 윌리엄 휴턴(William H. Houghton, 1887~1947)이 5명의 복음주의 과학자들과 함께 '미국과학자연맹'(American Scientific Affiliation, ASA)을 설립했다.[58] 이 단체는 복음주의자들이 진화론의 장단점을 토론하고, 조지 맥그리디 프라이스와 해리 리머(Harry Rimmer, 1890~1952) 같은 창조론자들의 주장을 평가하는 장을 제공했다. 특히 핵심 멤버들은 복음주의 지성운동의 전당인 휘튼대학(Wheaton College)과 깊은 관계를 맺고 있었다. 그들은 엄격한 창조론을 배격하면서 점차 점진적 창조론과 유신진화론으로 강조점을 이동했다. 결국, ASA의 영향으로 복음주의자들 중에서 진화론을 수용한 사람들이 증가했고, 1960년대에 보수적 창조론자들이 그들을 향한 반격을 시작하도록 불을 붙였다.[59]

또한, 우리는 ASA와 긴밀한 연관을 맺으면서 "점진적 창조론"을 주장했던 대표적인 신복음주의 신학자 버나드 램(Bernard Ramm, 1916~1992)을 기억해야 한다. 그는 1954년 창조론 관련 저서 『과학과 성경에 대한 기독교적 견해』(The Christian View of Science and Scripture)를 출판했다.[60] 그는 젊은 지구, 보편적 홍수, 인류의 최근 등장의 필요성을 거부하면서, 프라이스와 리머를 맹종하는 근본주의자들과 진화론자들 모두를 비판했다. 또한, "새로운

---

58 크리스천 리폼드(CRC) 교단에 속한 칼뱅대학의 생물학자인 반 헤이츠마(John P. van Haitsma, 1884~1965), 패서디나 시립대학의 회중교회 소속 수학자인 피터 스토너(Peter W. Stoner), 보스턴 출신으로 침례교 소속 공업화학자인 어빙 카우퍼스웨이트(Irving A. Cowperthwaite), 어시너스 대학의 침례교도 화학자인 러셀 스터지스(Russell D. Sturgis), 코밸리스에 있는 오리건 주립대학의 침례교도 전기공학자인 앨턴 에버리스트(F. Alton Everest)가 그 주인공들이다. 로널드 L. 넘버스, 『창조론자들』, 386-387.

59 앞의 책, 386.

60 버나드 램에 대한 간략한 정보는 S. J. Grenz, "RAMM, Bernard," in Biographical Dictionary of Evangelicals. ed. Timothy Larsen, David Bebbington, and Mark A. Noll (Downers Grove, Illinois: Inver-Varsity Press, 2003), 538-540 참조.

생물학적 통합의 기초를 형성"하게 되길 소망하며 점진적 창조론을 제시했다. 이 이론은 하나님의 "근본적인 종들"(root-species) 창조와 이후 종들의 진화와 파생을 모두 인정한다. 비록 그의 주장이 복음주의 과학자들의 보편적 승인을 얻지는 못했지만, 신복음주의를 상징하는 복음전도자 빌리 그레이엄(Billy Graham, 1918~2018)은 램의 책을 강력히 추천했다. 그 결과, 그의 주장은 "한 세대 복음주의 학생들이 과학 공부에 파고들 수 있는 물꼬를 터줬을 만큼 파급 효과가 워낙 컸"지만,[61] 동시에 그의 주장에 반기를 든 근본주의자들의 거대한 저항도 촉발했다.

### 3) 1961년~1990년

1961년, 버지니아공대 교수 헨리 모리스와 그레이스신학교 교수 존 휘트컴(John C. Whitcomb, Jr, 1924~2020)이 『창세기 대홍수』(*The Genesis Flood*)를 공동으로 출판했다. "창조론에 대한 체계적, 과학적 설명을 제공하려는 20세기 최초의 중요한 시도"[62]로 평가되는 이 책은 성경의 축자영감설과 문자적 해석에 기초하여 램의 점진적 창조설을 강력히 비판하고, 프라이스의 홍수 지질학을 충실히 추종했다. 따라서 6일 창조, 전 지구적 대홍수, 젊은 지구 창조론 등을 강조했다. 특히 공룡과 인간이 함께 살았다고 주장했다. 이들의 영향 속에 '창조연구회'(The Creation Research Society, CRS)가 1963년 ASA 내의 반진화론 모임으로 조직되었다. ASA가 "너무 심각할 정도로 진화론의 침투를 받아서 회복되기 어렵다"라고 판단했기 때문이다. 이후 10년 동안 창

---

61 에드워드 J. 라슨, 『신들을 위한 여름』, 383.

62 Matt Schudel, "Obituary: Henry M. Morris, father of 'creation science'," *The Washington Post* (Mar 5, 2006).

조과학회는 「CRS」 계간지 발행과 고등학교 생물학 교과서 출판에 역량을 집중했다. 그 결과 1970년, 『생물학: 복잡성 안에서 질서 찾기』를 존더반 출판사에서 출판할 수 있었다.[63]

1970년, 모리스는 넬 시그레이브스(Nell Segraves)와 그녀의 아들 켈리(Kelly, 1942~?)와 함께 "레프트 비하인드" 시리즈의 저자로 유명한 팀 라헤이(Tim Lahaye, 1926~?)가 설립한 크리스천헤리티지대학(現 샌디에고크리스찬대학)의 부속기관으로 '창조과학연구센터'(Creation Science Research Center, CSRC)를 설립했다. 하지만 모리스는 센터 운영에 대한 의견차로 1972년 시그레이브스 모자와 결별하고, '창조과학연구소'(Institute for Creation Research, ICR)를 설립했다. 이 연구소는 소식지 「행위와 사실들」(Acts & Facts)을 발행하고, 1980년까지 55권의 책을 출판했다. 공립학교 수업 시간에 과학적 창조론을 가르칠 수 있도록 법적 투쟁을 전개했으며, 진화론자들과의 공개 토론도 멈추지 않았다. 그래서 로널드 L. 넘버스는 "20세기 후반 들어 과학적 창조론을 대중들에게 알리는 일에 샌디에이고 교외에 있는 창조과학연구소의 헨리 모리스와 그의 동료들보다 더 큰 공헌을 한 이들은 없다"라고 단언했다.[64]

### 4) 1991년 이후

1991년, 캘리포니아대학교 법학과 교수 필립 존슨(Phillip E. Johnson, 1940~2019)이 『심판대의 다윈: 지적설계논쟁』(*Darwin on Trial*)을 출판했다. 지적설계론이 다시 등장한 것이다. 복음주의 개신교인이었던 존슨은 다윈의

---

63 『창세기 대홍수』와 '창조연구회'에 대해서는 로널드 L. 넘버스, 『창조론자들』, 441-501 참조
64 앞의 책, 657.

진화론이 과학적 근거보다 자연주의 철학에 근거하며, 창조론 대 진화론의 논쟁은 대립하는 두 세계관, 즉 무신론 대 유신론의 충돌이라고 주장했다. 또한, 창조과학이 특정 종교의 교리를 촉진한다는 이유로 공립학교에서 교육할 수 없다면, "자연계의 지식 설계에 대한 과학적 증거 또는 적어도 진화론에 대한 과학적 반대 이론도 허용돼야 한다"라고 역설했다.[65] 또한, 리하이대학교 생화학 교수인 마이클 비히(Michael J. Behe, 1952~?)는 1996년『다윈의 블랙박스』(*Darwin's Black Box: The Biochemical Challenge to Evolution*)를 출판했다. 이 책에서 가톨릭 신자 비히는 '환원 불가능한 복잡성'(irreducible complexity)을 주장했다. 즉, 생화학적 구조들이 너무 복잡해서 기존의 진화론으로는 도무지 설명할 수 없다며 지적설계론을 옹호한 것이다. 하지만 넘버스에 따르면, "비히는 단 한 번도 상호 심사 과학 출판물을 통해 지식 설계에 내한 주장을 펼친 적이 없다."[66]

## V. 결론

이상에서 진화론을 둘러싼 미국 보수 개신교의 반응을 스콥스 재판을 중심으로 살펴보았다. 그 특징을 정리하면 다음과 같다.

먼저, 1925년에 벌어진 스콥스 재판은 미국 개신교 내에서 진화론을 둘러싸고 벌어진 뿌리 깊은 갈등을 명료하게 보여주는 상징적인 사건이다. 창조론을 신앙하며 진화론을 비판한 윌리엄 제닝스 브라이언과 진화론을 지지하

---

65 앞의 책, 395.
66 앞의 책, 396.

며 창조론을 공격한 클래런스 대로는 이런 갈등의 핵심을 각자의 주장을 통해 제시했다. 따라서 이 재판의 내용과 의미를 보다 정확히 파악하는 것은 이 논쟁의 본질을 이해하기 위해 필요하다.

둘째, 스콥스 재판은 단지 진화론을 둘러싼 종교와 과학의 갈등 문제로 한정될 수 없다. 이 재판의 본질은 일반적인 이해보다 훨씬 더 복잡하기 때문이다. 즉, 종교와 과학의 갈등 외에 공립학교에서 교육 내용의 결정권 문제, 다수의 결정과 소수의 권리 문제, 과학의 본질과 정의 문제, 정치와 종교의 분리 문제 등이 얽혀 있다. 이것은 스콥스 재판 이후에도 이 갈등이 지속적으로 반복된 이유이며, 쉽게 타협이나 해법을 찾지 못하는 이유다.

셋째, 진화론과 창조론 갈등 문제는 스콥스 재판 이후, 공립학교 교과서를 둘러싼 법적 투쟁으로 이어지면서 국가적 차원의 갈등으로 확대되었다. 처음에는 남부에서 공립학교 수업 시간에서 진화론을 제거하려는 노력이 의회와 사법부를 중심으로 오랫동안 시도되었다. 하지만 미국의 정치적·문화적 상황이 진보적인 방향으로 선회하면서, 한편에서는 기존의 반진화론법을 폐지하고, 다른 편에서는 공립학교에서 진화론과 창조론을 동등하게 교육하려는 법적 투쟁이 지속되고 있다.

넷째, 현재 보수 개신교인들, 특히 근본주의자들을 중심으로 창조과학이나 지적설계 같은 반진화론 운동이 강력히 진행되고 있으며, 그 영향이 미국의 영역을 넘어 전세계로 확산되고 있다. 하지만 초창기에는 성경과 진화(론)를 조화하려는 시도가 진보적 기독교인들 뿐만 아니라, 일부 보수적 개신교인들 사이에도 존재했다. 심지어 윌리엄 제닝스 브라이언도 창조과학자들과는 다른 견해를 갖고 있었으며, 대표적인 신복음주의 신학자 버나드 램과 빌리 그레이엄이 창조과학을 반대했다. 따라서 현재 창조과학으로 경도된 보수 개신교인들은 이런 역사적 사실에 주목할 필요가 있다.

다섯째, 현재 미국의 법원이나 과학계의 주된 입장은 창조과학과 지적설계가 일반적인 의미의 과학이 아니라, 근본주의적 성경관에 근거한 종교적 신념이라는 것이다. 또한, 공립학교에서 특정 종교의 사상을 호교론적 차원에서 교육하는 것은 종교의 분리 원칙에 어긋난다는 것이다. 하지만 창조과학을 기독교 계열의 사립학교나 교회에서 가르치는 것은 얼마든지 가능하다. 그럼에도 창조에 대한 특정한 해석과 신앙을 과학으로 규정하면서, 진화론을 일방적으로 부정하는 교육은 미국 사회와 개신교 모두에게 결코 긍정적인 도움이 되지 않는다.

　　여섯째, 스콥스 재판 이후 미국 사회에서 진행된 진화론과 창조론의 갈등은 한국교회에도 많은 고민거리를 제공한다. 무엇보다 미국 밖에서 창조과학이 가장 활발하게 전개된 현장이 한국이기에 특히 그렇다. 그리스도인에게 창조 신앙은 타협할 수 없는 신앙의 도대다. 그럼에도 그 신앙에 대한 해석과 적용에 대해선 지금까지 다양한 견해가 공존해왔다. 그리고 그것들 중 특정 견해가 유일하고 보편적인 것으로 인정되지 않았다. 앞으로도 그럴 것이다. 따라서 우리가 선택할 수 있는 최선의 길은 창조 신앙을 견지하면서, 이 신앙의 심오한 의미와 가치를 교회 안팎에서 설득력 있게 제시할 수 있는 다양하고 탁월한 설명을 끊임없이 탐구하는 것이다. 같은 논리에서, 창조과학이나 지적설계가 그리스도인들이 선택할 수 있는 유일한 답안이고, 진화론이나 유신진화론은 사악한 오류라는 주장은 결코 바람직하지도 정당하지도 않다. 동시에 진화론에 대한 과도한 확신이 결코 창조 신앙 자체를 부정하거나 폄훼하는 것 역시 지지할 수 없다. 부디 신앙과 과학 사이에서 창조의 신비를 학문적으로 규명하려는 치열하고 경건한 노력이 그리스도인 신학자와 과학자들 안에서 성실하게 지속되길 기대하고 응원한다.

# 진화론과 기독교

정 대 경
(연세대학교 연합신학대학원 부교수/종교와 과학)

## I. 들어가며

필자는 지난해 한 신학대학 교수의 창조신학을 문제 삼았던 교단과 일부 목회자들의 사태가 진화론에 대한 몰이해와 기독교 신앙을 가장한 인간중심주의적 태도로부터 기인하는 것으로 판단한다.

이러한 맥락에서 이 글을 통해 먼저 진화론을 간략하게 소개하고, 다음으로 해당 이론이 19세기에 기독교 안으로 수용될 때 일어났던 반발의 밑바탕에는 인간중심주의가 있었음을 지적한다. 마지막으로 진화론도 충분히 기독교 신앙 안에서 수용될 수 있는 과학 이론임을 주장하려고 한다.

## II. 진화론과 존재의 사다리

학창 시절 받은 과학 교육을 세파로 인해 망각한 탓일까? 일선 교회에서 마주하게 되는 적지 않은 수의 교인들은 진화론이 "원숭이로부터 인간이 출현했다는 것"을 가르친다고 믿는다. 하지만 이것이 찰스 다윈이 이야기했던 진화론일까?

결론부터 말하자면 그렇지 않다. 4년 10개월 동안 박물학자로서 비글호를 타고 남아메리카를 탐험한 다윈은 갈라파고스군도를 방문하였다. 그때 먹이 환경이 다른 섬마다 서로 다른 형태의 부리를 가진 새들이 있다는 것을 관찰한다. 딱딱한 종류의 씨앗이 먹이로 주어진 섬에서는 해당 씨앗을 부순 후먹을 수 있는 짧고 뭉툭한 부리를 가진 새들이, 작은 벌레가 먹이로 주어진 환경의 섬에서는 그것을 낚아챌 수 있는 형태의 부리를 가진 새들이 주로 서식하고 있는 점을 목격한 것이다. 하지만 다윈이 해당 관찰로부터 바로 진화론을 도출한 것은 아니었다. 오히려 그는 각 섬마다 서식하고 있는 새들이 너무도 큰 차이를 보여주기에 서로 다른 종이라고 생각했다. 다윈은 이후 조류학자였던 존 굴드(John Gould)에게 갈라파고스군도에서 수집해 온 자료들을 보여주었고, 굴드를 통하여 자신이 관찰한 상이한 부리를 가진 새들 모두가 핀치새 종임을 확인하게 된다.

다윈은 자신이 수집해 온 관찰 자료를 바탕으로 각 생물체가 지속적으로 변화하며, 이러한 변화는 자손 세대로 전해지고, 이 계승된 변화가 생물체의 환경 내 생존에 유리하거나 불리한 영향을 미칠 수 있다는 점을 종합해 새로운 생물 발생 이론을 고안해 낸다. 다시 말해, 모든 생명체는 변이를 겪고, 그 변이는 다음 세대에 계승되며, 이러한 변이가 계승되는 개체들과 기존 개체들 간 생존력 차이로 인해 일부는 살아남고 다른 일부는 살아남지 못한다는

"자연선택"(natural selection) 개념을 제시한 것이다.

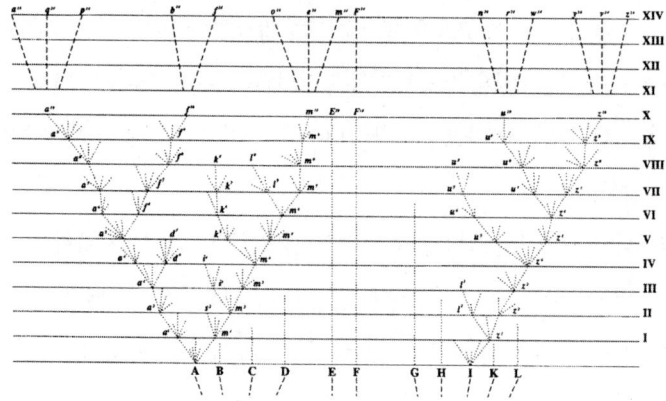

[그림 1] 다윈이 초기에 생각했던 "생명의 나무"

초기의 다윈은 A, B, C, D… 등으로 표현했듯이 최초의 생명체들은 하나의
종이 아닌 여러 종들로 창조되었고, 그로부터 진화 과정이 발생하였다고
보았다. 하지만 그는 후대에 자신의 생각을 바꾼다.[1]

'변이'와 '자연선택'을 진화 과정의 원인들로 규정한 후 다윈은 "생명의
나무"([그림 1])라는 도식으로 모든 생명체의 발생을 이야기한다. '작고 따
뜻한 연못'으로부터 출현한 최초 생명체들은 이 나무의 뿌리 혹은 시작점과
도 같다. 시간이 흐르면서 단일한 종이었던 최초 생명체들, 내 변이들이 점
차 나타난다. 특정 개체들의 변이들은 자손 개체들에 유전된다. 이렇게 같

---

1 UC 데이비스의 생물학자 조나단 아이센 교수의 블로그, https://phylogenomics.blogspot.kr
  /2008/06/top-five-metaphors-darwin-considered.html.

은 종 내에서 서로 다른 특징들을 가진 개체들이 점차 확산된다. 더욱 시간
이 흐르면서 기존의 변이들을 뛰어넘는 차원의 새로운 변이들이 계속해서
나타나고, 같은 종 내 이러한 변이들이 축적되면서 더 이상 상이한 개체들
사이에 교배가 불가능해지는 상황에 이른다. 하나였던 종은 교배 가능한 개
체들끼리 구분되고, 점차 다른 종들로 분화된다. 하나의 시작점으로 출발했
던 생명체들은 앞선 과정을 거쳐 무수히 많은 상이한 종들로 가지쳐 나오게
되었다. 이것이 다윈이 "생명의 나무"라는 개념을 통해 설명하는 진화의 역
사다.

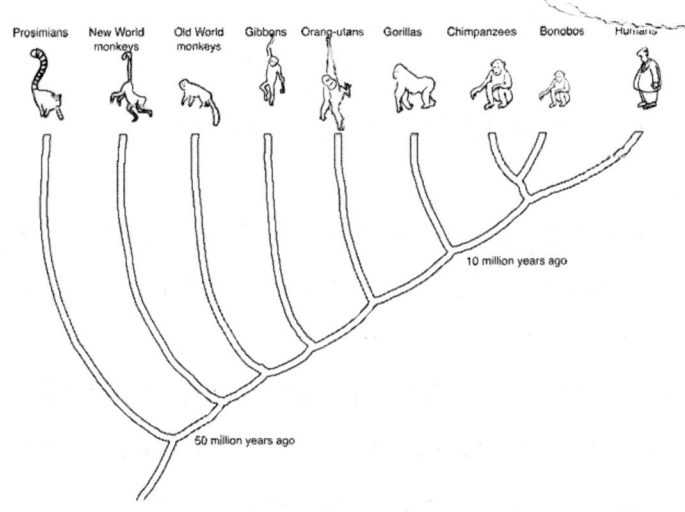

[그림 2] 종의 계보도[2]

그러므로 "원숭이로부터 사람이 진화했다"라는 말은 다윈이 이야기하

---

2 http://www.chrismadden.co.uk/where-are-we/chapters/chapter-16.html.

는 진화론이 아니다. 다음 [그림 2]가 보여주듯 현존하는 원숭이, 침팬지, 고릴라 등은 현생 인류의 조상이 아니다. 그들은 약 5000만 년 전 존재했던 인간을 포함한 영장류의 공통 조상으로부터 갈라져 나온 다른 종들이다. 그 조상으로부터 무수히 많은 변이와 자연선택을 거쳐 생명의 나무 한 가지는 원숭이로, 다른 가지는 사람으로 이어지게 된 것이니 가깝다면 가깝고, 멀다면 또한 한없이 먼 사이라고 할 수 있겠다.

이와 같이 다윈의 진화론은 생물 발생에 관해 누구나 생각해 낼 수 있는 간단한 이론이다. "다윈의 불독"으로 널리 알려진 당대의 저명한 생물학자 겸 철학자였던 토마스 헉슬리(Thomas Huxley)는 『종의 기원』 초고를 읽고 다음과 같이 이야기했다고 전해진다.

"어리석게도 난 왜 이런 단순한 생각을 하지 못했던가!"

비글호 탐사에서 돌아온 다윈은 1837년에 이러한 생각에 도달했지만, 1859년 『종의 기원』을 출판하기까지 자신의 생각을 널리 알리지 않았다. 다윈의 당대에는 생명의 각 종이 특별한 방법으로 창조되었다는 인식이 강하게 자리 잡고 있었기 때문이다. 이러한 인식의 저변에는 확실히 기독교적 가르침이 일조한 부분이 있는 듯하다. 그렇다면 기독교 신앙을 가지고 있었던 다윈 당대의 사람들은 모두 그의 진화 이론을 거부했을까?

찰스 다윈이 『종의 기원』을 출판한 이후 종교계를 포함한 각계각층의 사람들 사이에서 격론이 일어났다. 한 연구에 따르면 1859년에 종의 기원이 출판된 이후 10년 동안 영국 과학자들 1/4 이상은 진화론을 반대했다.[3]

---

3 David L. Hull, Peter D. Tessner, and Arthur M. Diamond, "Plank's Principle," *Science*

왜 이렇게 더디게 수용되었을까?

비록 17세기 아일랜드의 주교 제임스 어셔가 성경에 기록된 연대를 문자 그대로 해석하여 지구와 생명체의 기원을 기원전 4004년으로 제시했지만, 18~19세기에 발전한 지질학 이론은 어셔의 젊은 지구론을 일축했다. 이러한 맥락에서 다윈 시대의 기독교인들은 지구와 생명체가 오랜 시간에 걸쳐 형성되고 출현했을 가능성에 대해 열린 자세를 갖고 있었다고 할 수 있다.[4] 그러므로 다윈 진화론이 직면한 비판은 이론이 내포하는 지구와 생물 출현의 긴 역사로부터 기인했던 것은 아닌 듯하다.

가장 큰 걸림돌은 인간이 여타 동물들과 같이 공통 조상으로부터 변이와 자연선택을 통해 발생했다는 다윈의 주장이었다.[5] 다윈 진화론의 핵심 개념 중 하나는 "생명의 나무"다. 이는 모든 현생종이 변이와 자연선택을 통해 출현하였고, 그 역사를 거슬러 올라가면 모든 종의 공통 조상이 존재한다는 것이다. 이 맥락에서 인간 종 또한 다른 여타 생물체들과 다를 바 없이 같은 조상으로부터 출현한 것이다. 다윈은 인간의 기원과 관련하여 『인간의 유

---

202 (1978): 721.

4 이러한 맥락에서 20세기 중반부터 부활한 젊은 지구론과 성서 문자주의, 그와 연계된 격변설은 흥미로운 현상이다. 1830년 찰스 라이엘은 "지질학의 원리"(Principles of Geology)라는 책을 출간한다. 이 책에서 라이엘은 당대 지배적이었던 지질학 이론인 격변설(Catastrophism)과는 다른 동일과정설(Uniformitarianism)을 제시한다. 격변설은 현 지구 환경이 몇몇 과거의 사건들, 곧 급격한 지질학적 변화를 일으킨 사건들로 인해 조성되었다는 이론이다. 이에 반해, 동일과정설은 현재의 지구적 환경이 지금과 유사한 자연과정을 통해 형성되었다는 이론이다. 역사 안에서 격변설은 혜성이나 운석의 충돌을 통해 생명체가 시작되었다는 판스퍼미아(Panspermia) 이론으로부터 하나님의 초자연적 행위들을 통해 생명의 출현과 멸종이 일어났다는 생물발생에 관한 이론까지 다양한 이론들과 연계되어왔다. 라이엘의 저작으로 인해 지구가 오랜 기간 동안 현재와 동일한 자연 과정을 통해 형성되었을 것이라는 동일과정설 쪽으로 지질학 패러다임이 이동하고 있었기에 다윈 진화론 수용을 더디게 만든 것은 동일과정설이 아니었던 듯 보인다.
5 로널드 넘버스, 『창조론자들』 (서울: 새물결플러스, 2016), 42.

래와 성 선택』(*The Descent of Man, and Selection in Relation to Sex*, 1871)이 라는 책에서 다음과 같이 주장한다.

> 우리는 미개한 사람과 같이 인간이 독립된 창조의 결과로부터 발생하였다 고 믿지 않는다. 두개골, 다리, 골격을 이루는 부분들의 사용, 인간과 포유류 배아 사이의 유사성 그리고 여타 영장류들과 인간 사이의 근육 등을 포함한 유사성은 우리에게 인간이 다른 포유류 동물들과 같은 조상의 후손임을 드러내 준다.[6]

다른 여타 종들과 인간 모두 공통 조상으로부터 자연 과정을 통해 출현 했다는 다윈의 주장은 긴 시간 동안 이어진 인간에 대한 이해, 곧 인간은 다 른 종들과는 구별된 특별한 방법의 기원을 가지며, 그러므로 특별한 존재라 는 인식을 반박하는 것으로 받아들여진 것이다. 기존의 이 인식은 중세 스 콜라주의 신학을 거치면서 자리 잡아 왔다. 아리스토텔레스 철학에 세례를 베풀어 신학으로 완성한 토마스 아퀴나스는 인간을 제외한 모든 생명체가 부모 개체들로부터 형상과 물질을 부여받아 출현한다고 이해했다. 이러한 맥락에서 인간을 제외한 모든 생물은 주어져 있는 생명체와 자연 물질 사이 상호작용을 통해 만들어지는 것이다. 하지만 아퀴나스에 따르면 인간은 그 영혼이 독립된 종으로 구분되며, 개별 인간 영혼은 모체에서 수정란을 거쳐 태아가 발달할 때 하나님의 특별 행위를 통해 창조되고 그 안에 주입된다.[7] 하나님의 개별 영혼 창조와 주입 행위는 인간이 여타 생명체와는 다른 특별

---

6 Charles Darwin, *The Descent of Man, and Selection in Relation to Sex*, vol. 2. (Princeton: Princeton University Press, 1981), 386.

7 Thomas Aquinas, *Summa Theologica*, I, Q 90, A 1-4.

한 존재임을 제시한다.[8] 이를 바탕으로 "존재의 사다리"(The Great Chain of Being, [그림 3])라는 이해가 주목받은 것이다.

[그림 3] 존재의 사다리[9]

존재의 사다리는 신-플라톤주의를 집대성한 플로티누스로부터 시작되

---

8 Ibid., I, Q 76, A 4.
9 1579년 Didacus Valedes가 Rhetorica Christiana에서 묘사한 존재의 사다리, (출처: https://web.stanford.edu/class/engl174b/chain.html).

어 중세와 르네상스를 거쳐 다윈의 시대까지도 영향력을 미치고 있었다. 존재의 사다리에서 가장 고귀한 존재는 신적 존재이며, 그 뒤를 천사들과 같은 천상의 존재, 인간, 여타 동식물, 비-생명체가 차례로 따른다. 인간은 지상에서 활동하는 모든 생명체 중 가장 고귀한 존재다.

다윈 진화론이 제시한 인간 기원에 관한 자연발생적, 진화론적 설명은 인간의 존재론적 특별성을 뒤흔드는 것처럼 여겨졌다. 영미권 과학자 중 끝까지 진화론을 반대했던 대표적인 두 학자, 프린스턴대학의 아놀드 기요와 맥길대학의 존 윌리엄 도슨의 사례를 보면 알 수 있다. 그들은 오랫동안 생물의 발생이 일어난다는 점, 여타 종들이 자연 과정을 통해 발생한다는 점에 대해서는 크게 반대하지 않았다. 하지만 인간이 자연발생적으로 생겨난다는 주장은 받아들일 수 없었다.[10]

또한, 다윈 진화론을 받아들여 기독교 신앙 안에서 해석했던 다윈의 친구, 식물학자 애서 그레이 또한 인간 종은 "특별한 발생"을 통해 출현했다고 주장하면서 기존 이해를 고수하였던 듯 보인다. 이외의 당시 여러 사례를 종합해 본다면 다윈 진화론이 초기에 전폭적인 지지를 받으며 수용되지 못했던 이유가 바로 이 때문인 듯하다.

그렇다면 이 지점에서 제기할 수 있는 질문은 다음과 같다. 인간이 자연 과정을 통해 발생했다는 설명은 진정 인간의 존엄성을 격하시키는 것일까? 과연 그런가? 인간의 존엄성과 관련된 "하나님 형상"(*Imago Dei*)에 대한 이해는 다윈의 진화론적 설명에서도 여전히 고수될 수 있는가? 나아가, 하나님 창조와 섭리 행위는 반드시 기적적인 형태로만 이해되어야 하는가? 예를 하나 들면서 이 사안을 생각해 보자.

---

10 넘버스, 42-61.

올해 대학을 갓 졸업한 사회 초년생 민수는 대학 4년 동안 성실히 학과 공부와 취업 준비에 매진했다. 틈틈이 연애도 하고, 학우들과 우정을 쌓는 것도 게을리하지 않았기 때문에 나름대로 선후배 관계도 괜찮게 형성했다. 그리고 그에게는 새벽마다 아들을 위해 눈물을 흘리며 기도해 주는 신실한 어머니가 계셨다. 어머니를 통해 항상 "너는 잘 될 것이야!"라는 이야기를 들어오며 힘을 내서 공부하고 취업을 준비할 수 있었다. 그래서였을까? 민수는 졸업과 동시에 남부럽지 않은 직장에 취직할 수 있었고, 곧바로 안정적인 사회생활로 진입할 수 있었다.

취업이 어렵다는 요즘 같은 시기에는 어찌 보면 꿈과 같은 이야기일 수도 있다. 그렇다 보니 민수의 어머니는 민수가 취업을 하게 된 사실이 아들의 성실한 노력 때문이기도 하지만, 동시에 그녀가 신실하게 믿어온 하나님께서 섭리하셔서 일어난 것이라고 이야기한다. 하지만 민수는 그리 신앙이 깊지 않았기 때문에 자신에게 일어난 좋은 일이 다분히 운(fortune) 때문이라고 여긴다. 누구의 말이 맞을까?

신앙인은 하나님의 실재성을 의심하지 않는다. 물론 깊이 들어간다면 "신앙"은 무엇이고, "하나님"이라는 단어는 무엇이며, "실재한다"라는 단어의 의미는 무엇인가 하는 복잡하고도 난해한 신학적·철학적 논의로 들어갈 수 있겠지만 말이다. 전문적인 이야기는 차치하더라도, 기독교에서 이야기하는 하나님은 단순히 인식 주체의 상상력이나 삶에서 일어난 경험들에 의미를 부여함에 의해서 도출된 존재가 아니라, 인식 주체와 모든 존재하는 자들과 의미 공간 자체를 떠받치고 있는 존재의 근원과도 같은 분이다. 그렇기에 하나님은 사유하는 "나"와 일정 부분 독립되어 존재하시는 분이다.

하지만 이러한 하나님의 실재성은 모든 사람에게 자명하지 않다. 그러한 의미에서 신앙은 하나님 만남의 경험을 바탕으로 일어나는 하나의 사건과도 같은 것이다. 신학자 폴 틸리히는 자연 현상이나 존재하는 것이 특정한 사건을 통해 하나의 "상징"으로 다가오는 순간이 있는데, 이를 계시적 경험이라고 이야기한다.[11] 이 경험을 바탕으로 기독교 신앙은 시작된다. 그렇게 본다면 위의 예에서 민수가 엄청난 경쟁률을 뚫고 취업에 성공한 사건이 신앙을 가진 사람에게는 하나님의 섭리적 사건으로, 그렇지 않은 사람에게는 그냥 우연의 결과로 받아들여질 수 있을 것이다. 진화를 통해 인간이 출현한 사건도 이러한 맥락에서 볼 수 있지 않을까?

하나의 사건은 큰 틀에서 신앙의 관점을 통해 해석될 수 있지만, 동시에 그렇지 않을 수도 있다. 진화 과정 그 자체는 하나님 창조의 실재성 여부를 확증해 주지도 않거니와 반증해(falsify) 주지도 않는다. 다시 말해 유전변이와 자연선택을 통해 인간이 출현했다는 진화론적 설명은 하나님의 창조 행위 자체를 입증해 주지도 않지만, 동시에 부정하지도 않는다. 이러한 주장을 들었을 때 "잠깐! 좀 이상한데…"라고 반응한다면, 내가 '창조'라는 단어를 "기적적인 형태의 행위"로만 규정하고 있지는 않는지 생각해 보아야 한다.

하나님의 창조는 기적적인 형태일 수도 있지만, 동시에 비-기적적인 형태일 수도 있다. 물론 성서는 분명 기적적인 형태의 하나님 행위를 이야기한다. 예수께서는 동정녀를 통해 태어나셨고, 그는 죽은 지 사흘 만에 부활하셨다. 이는 분명한 사실이고 이러한 사건들은 하나님의 기적적인 행위를

---

11 Paul Tillich, *Systematic Theology*, vol. 1. (The University of Chicago Press, 1951), 106-126.

통해 일어났다. 하지만 "하나님이 세상을 창조하셨다"라는 신앙의 선언이 반드시 기적적인 형태의 하나님 행위를 상정해야만 하는가? 하나님의 창조는 극적인 형태의 기적일 때에만 하나님의 행위일까?

## III. "하나님의 형상"으로서 인간

필자는 앞서 다윈 진화론에 제기된 혐의 중 하나가 인간의 존엄성 훼손이라는 점을 지적하였다. 인간이 다른 여타 생물들과 함께 공통 조상으로부터 진화 과정을 통해 출현하였다는 다윈의 주장이 인간의 존엄성을 훼손하는 것처럼 여겨졌다는 것이다. 우리는 종종 인간이 여타 동물들과는 다른 무엇인가를 가지고 있고, 그 특성을 통해 다른 동물들과 구분된다고 생각한다.

기독교 전통에서도 창세기 1장의 인간에게 주어진 "하나님 형상"을 이성적 능력, 관계적 능력, 혹은 이타적 능력으로 이해하면서, 인간의 해당 '능력들' 혹은 '속성들'이 여타 동물들과 인간을 구분해 주며, 그러므로 인간은 존엄한 존재라고 이야기하기도 했다. 하지만 우리는 여전히 이러한 능력들을 강조하며, 이를 바탕으로 여타 동물들과 구분되는 인간의 존엄성을 주장할 수 있을까?

동물행동학자인 리차드 도킨스와 사회생물학자인 에드워드 윌슨 등은 인간의 능력들이 실상 인간 이전의 동물들에게도 있었음을 지적한다. 침팬지와 같은 영장류들은 도구를 사용하여 일정 부분 자신의 이익과는 무관한 상황에서 이타적으로 다른 동류들의 이익을 위해 행동한다. 황제펭귄은 극한의 추위 상황에서 다른 개체들을 위해 자신의 이익을 일정 부분 포기하는 허들링이라는 것을 실행한다. 윌슨과 도킨스에 따르면 동물도 이성적이고,

이타적이며 관계적이다.12

그렇다면 우리는 여전히 인간의 존재론적 특별성 혹은 존엄성을 이야기할 수 있을까? 인간은 하나님의 형상인데, 이는 무슨 의미일까?

미국 휘튼대학의 구약학자 존 월튼은 하나님의 형상이라는 것을 인간에게 부여된 '기능'으로 이해해야 한다고 주장한다. 창조 이야기가 쓰인 고대 근동의 상황에서 인간에게 부여된 '형상'이라는 것은 보통 왕이 해당 지역을 통치하지 못할 때, 대신 세워 두는 조각상 같은 것으로 이해되어 왔다는 것이다. 그러므로 하나님의 형상대로 인간이 창조되었다는 것은 어떤 속성이나 능력을 부여받았다기보다, 하나님의 공의로운 통치 기능 혹은 역할을 인간이 부여받았다는 것을 의미한다. 인간에게 신비한 능력이나 속성을 줘서 그를 특별하게 만들어 준 것이 아니라, 하나님의 통치 위임이 인간을 특별한 존재로 만들었다는 것이다. 인간으로부터 인간의 특별성이 도래하는 것이 아니라, 하나님으로부터 인간의 특별성이 주어진다.13

나아가 월튼은 현대와 고대의 '창조' 이해가 다름을 지적한다. 현대는 과학기술 문화 시대이기 때문에 무엇인가가 창조되었다는 것은 필연적으로 어떠한 것이 물질성을 가지게 되었다는 것을 의미하곤 한다. 컵이 창조되었다는 의미는 컵을 구성하는 재료로부터 해당 컵의 물질적 구조와 배열이 형성되었다는 것을 의미한다. 하지만 고대에는 어떠한 것이 창조되었다는 것은 그것이 전체 질서를 유지하고 창출해내는데 상응하는 기능을 부여 받았

---

12 구체적인 내용은 다음의 저작들을 참조하시오. 리처드 도킨스, 홍영남, 이상임 옮김, 『이기적 유전자』 (서울: 을유문화사, 2018); 에드워드 오스본 윌슨/이한음 옮김 『인간 본성에 대하여』 (서울: 사이언스북스, 2011).

13 존 월튼/김광남 옮김, 『아담과 하와의 잃어버린 세계: 역사적 아담의 기원과 정체에 관한 논쟁』 (서울: 새물결플러스, 2018), 59-79.

다는 것을 의미했다. 이러한 맥락에서 "컵이 창조되었다"라는 명제는 고대의 창조 이해 안에서 보자면 "목마른 사람이 마실 수 있는 물을 담는 기능혹은 목적"이 주어졌다는 것을 의미한다. 만약 컵이 만들어진 후에 해당 컵이 물을 담아 마시는 기능이 아닌 장식으로써만 사용되고 있다면 그 컵은 존재하는 것도, 창조된 것도 아닌 비존재 하는 것이다. 이러한 맥락에서 월튼은 창세기의 창조 이야기가 하나님이 인간을 포함한 모든 존재하는 것에 기능을 부여하고, 그 기능들을 바탕으로 세상 안에 질서를 잡아가는 이야기로 이해되어야 함을 역설한다.[14]

창조 이야기는 하나님이 물질이나 사물을 어떻게 만들었는가 하는 이야기가 아니다. 그러므로 진화 과정을 통해 출현한 인간에 하나님이 자신의 통치를 위임하셨다면, 그러한 맥락에서 기능을 부여하셨다면, "하나님은 인간을 창조하셨고 그를 특별하게 만드셨다"라고 신학적으로 이야기할 수 있을 것이다. 만약 월튼식의 창조 이해가 받아들여질 수 있다면, 현대 진화론이 제시하는 인간의 출현 방법은 하나님의 창조를 부인하지도, 인간의 존재론적 특별성을 배격하지도 않는 것으로 이해될 수 있을 것이다.

---

14 존 월튼/최정호 옮김, "고대 우주론을 반영하는 창세기 1장," 『창조기사논쟁: 복음주의자들의 대화』 (서울: 새물결플러스, 2016), 326-370.

# 3부

# 과학과 신학의 대화

# 시작과 에너지

박 일 준
(원광대학교 한중역사문화연구소/종교철학)

## I. 신앙, 신학, 신화 그리고 이야기

최근 신앙과 신학에 대한 혼동으로 물의를 일으키는 사건이 있었다. 소위 창조과학과 창조신학을 혼동하는 사건인데, 신학을 공부한 사람이 이 양자를 구별하지 못하고 혼동한다면 신학자의 자격이 없다. 물론 이 둘의 구별이 절대적인 것은 아니다. 신앙은 신학으로 발전할 수 있고, 신학이 아무리 학문의 체계적 요건을 담지하고 있다 하더라도 신앙적 요소가 그 뿌리와 토대에 견고하게 머물러 있는 것이 사실이어서, 신학도 언제나 신앙으로 변모할 가능성이 상존한다.

하지만 이 양자의 변환은 신학적인 주의를 요하는데, 특별히 20세기 유대인 대량 학살의 경험은 이 양자 간의 구별에 신학적으로 주의를 기울여야 한다는 경종을 깊이 울려 주고 있다. 600만의 유대인 학살을 직접적으로 수행하지는 않았더라도, 최소한 그 참극에 침묵으로 동조했던 이면에는 두 가지 비극적인 사실이 있었다. 하나는 "예수 처형의 피의 대가를 우리의 후

박일준 _ 시작과 에너지 | 207

손에게 돌리겠다"라는 유대인들의 말이 기록된 요한복음 구절을 학살의 명분으로 악용한 '신학적 남용'이고, 다른 하나는 "부적응자와 변태들을 제거하는 것이 생물의 논리"라며 사이비 정당성을 부여한 '독일의 생물학과 생태학의 남용'이다.

나치의 논리는 학문의 논리와 사람들의 통념을 교묘히 섞어 자신들의 잔학한 행위에 대한 정당성을 주장하였고, 자신들의 정치권력을 위해 이를 남용하였다. 개인의 검증되지 않은 신앙을 검증되지 않고 부적절한 정치적 신념과 교묘히 혼용하면서, 이를 마치 학문적으로 검증된 신학인 양 호도하는 이면에는 대개 정치적 동기와 속내가 음흉하게 뒤섞여 있기 마련이다. 그리고 이때 신학적 정당성은 학문의 포장을 남용하여, 자신들의 정치적 동기에 '보편성'이라는 무기를 추가하려는 발칙한 욕망에 불과하다.

경건한 과학자가 자신의 과학적 발견에서 하나님의 창조 섭리를 사건적으로 경험하고, 이를 간증하는 것은 신앙적 차원에서 매우 경건한 행위이다. 하지만 이 개인의 간증이 신학이 되려면 그와 연관된 신학적 토론을 거쳐야 한다. 개인의 주관적 체험에서는 아무런 문제가 되지 않는 것이 모두를 위한 신학적 언어로 사용될 때에는 위에 언급된 나치의 경우처럼 정치적 남용의 위험이 상존하기 때문이다.

이런 맥락에서 '창조과학'이란 말은 '사이비 신학'이며, 그것도 '매우 위험한' 사이비 신학이 될 가능성이 농후하다. 우선 하나님의 창조를 신학적으로 체계화하겠다는 발상이 아니라, '창조과학'이라는 말이 내포하듯이 과학적으로 검증하겠다는 발상이 문제다. 그 어떤 과학 분야나 이론이 '하나님의 창조'를 검증할 수 있겠는가. 창조를 과학적으로 설명하면 하나님의 창조가 다른 모든 사람의 논리를 압도하고 굴복할 수 있다고 믿는 것인가.

창조과학은 만일 생물학자가 자신이 연구한 생명의 과정과 진화의 과정에서 하나님의 섭리를 진지하게 체험한 경험적 간증의 차원이라면, 매우 소중하고 경건한 간증이 될 수 있으나, 이것이 '신학'이 되어 다른 신앙의 논리를 판단하는 잣대로 사용될 경우 매우 위험한 사이비 신학이 될 수 있다.

과학은 진리를 생산하거나 전달하지 않는다. 심지어 물리학의 공식조차 그렇다. 뉴턴의 만유인력의 법칙은 한때 우주의 모든 것을 연결하는 '만유의 법칙'으로 군림하였으나, 아인슈타인의 상대성 이론 이후 뉴턴의 이론은 만유의 이론이 아니라, 물리학적으로 국지적인 현상에 국한되어 적절성을 갖는 이론이 되었다.

우리가 현재 '사실'로 받아들이는 과학적 발견들은 우주와 생명, 존재에 관한 더 많은 발견들이 축적되어 가면서, 소위 '패러다임 전환'을 겪기 마련이다. 즉, 과학은 진리가 아니라 실재를 과학적 패러다임에 근거하여 시의적절하게 서술하고 분석하는 학문이지, 결코 진리의 학문이 아니다. 따라서 과학의 관점으로 창조의 사실을 증명하거나 입증하겠다는 발상은 그저 과학을 정치 이데올로기로 사용하는 '과학주의'(scienticism)의 남용에 불과하다.

그런데 창조과학이 매우 위험한 사이비 신학이 되는 것은 과학적 측면보다는 오히려 신학적 측면에서 그렇다. 창조과학이 신학 행세를 하면서, 다른 신학들을 판단하고 검증하는 잣대로 사용될 경우, 우리는 중세로부터 근대로 이어진 잔혹한 마녀사냥과 이단 심판소의 역사적 남용을 떠올리지 않을 수 없다. 교리와 신학은 하나님의 진리를 대체하거나 대신하지 못한다. 인간의 언어로 어찌 하나님의 진리를 대신할 수 있겠는가. 신학과 교리는 하나님의 진리와 그 체험 사건을 인간의 언어로 변환하여 보다 많은 사람에게 하나님의 진리를 전달하고 설명하는 데 그 기능이 있다.

신학이 진리의 소유권자가 되어 다른 신학들을 자신의 잣대로 심판할 때

신학은 인종차별, 성차별, 노예제 등의 부정의한 체제와 사건들의 정당성을 제공하는 사이비 신학으로 전락하고 말았던 역사적 전례들이 무수히 있다. 만일 창조과학이 신학이 되고자 한다면, 그것은 다른 신앙과 신학을 판단하고 정죄하는 잣대가 아니라, 다양한 관점들로부터의 비판과 토론에 열린 학문의 공적 영역으로 나올 수 있어야 한다.

문제는 '창조과학'을 주장하는 이들 대다수가 정작 과학계에서 '창조'나 '생물학'의 전공자가 아닐 뿐만 아니라, 더 심각한 점은 바로 그들이 대부분 신학적으로도 사유의 훈련을 전혀 받지 않은 이들이라는 사실이다. 최근 과학과 신학의 학문적 토론과 대화를 위한 장으로 '종교와 과학' 분야가 생기고 있지만, 여기에 참여하는 이들 중 누구도 스스로를 '창조과학자'라고 부르지 않는다.

종교와 과학은 신학이 과학을 따라가야 한다는 것도, 과학이 신학적으로 각색되어야 한다는 것도 주창하지 않는다. 신학과 과학의 공개적이고 열린 학문적 토론을 통해 서로의 오류와 지혜를 교환하며, 서로 간의 통찰에 도움을 주려는 데 그 초점이 있다. 이 공적인 비판과 토론을 통해 개인의 확신에서 일어날 수 있는 오류와 잘못된 판단을 거를 수 있는 장치를 제도적으로 갖는 것이다. 이것이 바로 학문의 가치이다. 학문은 진리를 입증하지 않는다. 하지만 우리의 논리와 담론에 담길 수 있는 오류들을 비판과 토론을 통해 가급적 걸러 내는 기능이 학문의 작업들 중 하나이다. 그래서 창조과학을 신학으로 주장하려면 신학의 비판과 토론에 열려 있어야 하고, 그 비판과 토론을 통해 대화하고 자신의 입장들을 수정할 수 있는 여지를 가져야 한다. 그렇게 하지 않는다면 그저 위험한 사이비 신학이 될 뿐이다.

신학은 하나의 이야기 작업(story-telling)이다. 인간의 기억 방식은 늘 '이야기의 방식'을 따른다. 우리가 모든 사건을 이야기로 기억하는 이유이다. 그리고 이 이야기를 통한 저장 방식은 동영상 저장 방식처럼 주변의 모든 사건을 그대로 녹화하여 저장하는 방식이 아니다. 오히려 특정 사건과 인물 중심으로 핵심 내용을 추려서 경험을 저장하는데, 아마도 그 기억 이야기의 주인공은 개인의 기억일 경우 '나'를 중심으로 전개되지만, 집단 기억의 경우에는 자신이 속한 부족이나 민족을 중심으로 전개된다.

그래서 히브리 성서의 이야기는 하나님의 권능이 역사 속에 발휘되는 이야기를 유대 민족의 눈으로 전한다. 이 유대인의 이야기 속에 하나님의 진리가 담겨 있고, 우리는 그래서 성서의 이야기를 진리의 이야기로 믿는다. 그런데 이 진리의 이야기를 다른 이들에게 설득력 있는 진리 이야기로 전하는 것은 또 다른 이야기가 된다. 하나님의 진리를 담고 있는 유대인의 이야기가 진리는 아니다. 그렇다면 하나님의 진리와 유대인의 이야기를 어떻게 분별할 것인가. 바로 이것이 신학적 물음이다.

신앙은 종교적으로 믿는 존재에 대한 개인적·집단적 경험 차원의 사건이지만, 신학은 이 경험적 사건을 언어로 표현하여 보다 많은 이들에게, 특별히 그런 경험을 직접적으로 하지 못한 이들에게 간접적인 언어의 표현을 통해 전달하며, 이 과정에서 적절한 언어로 표현하기 위한 비판적 토론과 논쟁을 동반한다.

따라서 신앙과 신학은 같은 객체(客體)를 다룰 수는 있으나 상이한 차원에서 작동한다. 그런데 하나의 학문으로서 신학은 인류사에서 보다 최근에 나타난 산물이고, 신학의 기원은 오히려 신화이다. 확고한 공교육과 학문 체계가 작동하는 오늘날의 북반구 현실 사회에서 '신화'는 흔히 옛사람들의 무지나 공상에서 비롯된 허황된 이야기로 치부되곤 한다. 하지만 지금과 같이 발달된 문명(특별히 근대 문명) 체계가 정립되기 전까지 '신화'는 신앙을 설명할 수 있었던 거의 유일무이한 체계였고, 신화적 체계의 핵심 요소는 '이야기'였다.

신화는 이야기를 통해 개인과 집단이 가졌던 신앙의 체험을 다른 사람들과 다음 세대로 전달하면서 집단과 사회의 세계관과 정체성을 형성하였다. 이야기의 방식을 통해 진리와 지혜를 전달하는 것은 당시로서는 매우 합리적이고 적절한 방식이었다. 글자를 읽을 수 있는 사람조차 매우 소수였던 고대 사회에서 대부분의 사람들은 교육을 받지 못한 상황이었고, 이런 상황에서 진리와 지혜를 가장 효과적으로 전달할 수 있는 방법은 이야기의 구조와 형식을 통해 사람들이 쉽게 기억하고 전달할 수 있도록 하는 것이었다.

신화가 '이야기'를 통해 사람들과 세대로 전달되었던 것은 바로 인간이 세계를 파악하고 기억하며 전달하는 방식이 '이야기'이기 때문이다. 그래서 인간중심적(anthropocentric)이고 신인동형적(anthropomorphic)이다. 인간은 주변 세계의 경험을 요즘의 감시 카메라 영상처럼 '동영상'으로 기억하고 저장하지 않는다. 인간이 그런 저장 방식을 사용하여 개인과 집단의 기억을 형성하려 했다면, 아마도 우리 두뇌의 처리 속도는 감당하지 못했을 것이다. 최근의 인공지능 기술 발달과 비교해서 보자면, 인간은 빅데이터 처리 속도가 디지털 인공지능보다 현격히 느리다.

오히려 인간의 두뇌는 자신을 둘러싼 환경에서 벌어진 사건들을 자기중심적 사건으로 변환하고, 중요한 요점들을 강조하는 방식으로 정보를 저장한다. '이야기하기'(story-telling)는 이러한 저장 방식에 특화되어 있다.

독일의 생태학자 야콥 폰 윅스퀼(Jacob von Uexküll)에 따르면, 모든 유기체는 주변의 환경과 사건을 자기 자신만의 세계관으로 재구성하는데, 윅스퀼은 이를 '주변 세계'(Umwelt)라는 개념으로 제시하였다. 즉, 인간을 포함한 유기체는 주위 환경에서 벌어지는 경험과 사건들을 자신의 감각 기제의 한계 내에서 '주변 세계'로 재구성한다는 것이다. 이는 단지 기억으로 주변 세계를 재구성하는 것에 그치는 것이 아니라, 자신이 살아갈 환경을 자신의 삶의 패턴에 맞게 '발명'하면서, 자신에게 최적화된 환경, 즉 '적소'(niche)를 구성해 나아간다는 말이다.

언어로 정보를 교환하는 사회적 동물인 인간에게 '이야기'는 타인의 조언과 경험을 통해 직접적인 경험 없이도 적소 구성할 수 있게 해주는 수단이다. 따라서 정보 사회가 도래하기 전까지 옛 어른들의 이야기는 우리가 살아갈 세계에 대한 매우 소중한 정보로 간주되었으며, 우리는 이를 '지혜'라 일컬었다.

그런데 '이야기'의 방식은 시대마다 그 적절성을 갖는다. 즉, 수렵과 채집으로 살아가던 시절 인류의 이야기가 산업자본주의 시대를 살아가던 근대인에게 효과적인 지혜의 이야기로 들려지지 않는 이유가 여기에 있다. 성서의 이야기 속에는 하나님의 진리와 지혜가 담겨 있다. 하지만 그 이야기가 기록된 당시와 전혀 다른 시대를 사는 사람들에게 설득력과 호소력을 갖추려면 이야기가 전달되는 방식이 변해야 한다. 이는 성서 이야기가 시대에 적응해야 한다는 말이 아니라, 그 진리와 지혜가 들려지는 시대의 사람들에게 설득력을 갖출 수 있는 이야기의 전달 수단을 가져야 한다는 말이다.

바로 이 맥락에서 '창조과학' 담론은 하나의 긍정적 기능을 수행한다. 21세기 포스트휴먼과 인공지능 그리고 디지털 네트워크로 연결된 사회에서 우리의 하나님 이야기와 창조 이야기는 과학적 담론을 매개로 전달될 필요가 있다는 말이다.

다시 한번 강조하지만, 이는 창조가 과학을 통해 **사실로** 검증되거나 입증될 수 있다는 허황되고 터무니없는 말이 아니다. **감히 인간**의 과학과 이론으로 하나님의 창조를 검증하거나 입증할 수 없다. **하지만** 과학 시대를 살아가고 있는 일반인들에게 하나님의 진리와 지혜를 **전할 효**과적인 매개가 바로 과학적 지식이기 때문에, 우리의 창조 이야기를 과학 이야기와의 대화를 통해 효과적으로 전달할 방법을 찾아야 한다는 말이다.

다시 말해서, 과학적 개념과 설명 체계를 이용하여 과학 시대의 사람들이 하나님의 창조를 보다 설득력 있게 이해할 수 있도록 만들어 갈 수 있어야 한다는 말이고, 우리 시대는 이런 신학적 작업이 필요하다. 그리고 이는 '과학적' 작업이 아니라 '신학적' 작업이어야 한다는 말을 다시 한번 더 강조해야 하겠다. 왜냐하면 과학적 이야기로 포장한다고 해서 당연히 신학적으로 건전한 설명이 되는 것은 아님을, 우리는 나치의 생물학과 생태학 담론의 남용 사례들에서 매우 치명적으로 경험한 바 있기 때문이다. 신학은 우리가 사용하는 언어와 개념에 대한 비판적 작업을 동반한다. 우리가 전하는 하나님 이야기 속 정치적 오남용의 위험을 비판적으로 성찰해야 하기 때문이다.

예전 시대의 기독교인들은 공교육 시스템이 없는 세계에 태어났고, 라틴어로 집전되는 미사에 참석하여 설교를 들으며 자신들의 신학적 판단을 신부에게 드리는 고해성사를 통해 판단받아야 했다. 하지만 1000년이 넘는 기간 동안 중세의 문화 권력을 장악한 가톨릭 신부들의 집단은 권력을 남용했고, 급기야 종교개혁을 맞이하고 말았다.

종교개혁과 인쇄술의 발달로 성서 번역이 보급되고, 20세기 들어서 공교육이 체계적으로 자리 잡음에 따라 신학의 기능 또한 변화를 맞이하고 있다. 과거에는 교육 수준이 높지 않았던 세대를 대상으로 교리를 교육하는 것이 신학의 기능이었는데, 21세기 포스트휴먼 사회의 신학은 건전한 교양인들이 상식과 비판적 토론이 이루어지는 열린 대화의 장으로 거듭나고 있다. 이제 신학은 더 이상 하나님의 진리를 신학의 언어로 교육하고 주입하는 교의학(dogmatics) 시대를 살아가지 않는다. 이러한 시대에 하나님의 창조를 신학적으로 구성하여 교육받은 교양인들에게 전할 수 있으려면, 그러한 신앙적 열정이 있는 과학자라면, 창조와 생물, 세계에 대한 전문적 지식을 바탕으로 신학적 사유의 훈련을 거쳐야 할 것이고, 신학적 사명감이 있는 신학자라면 이 시대의 과학에 대해서 무지해서도 안 될 것이다.

창 1:1-2를 배경으로 '시작과 에너지'를 표현
(ChatGPT AI로 생성)

오늘 우리에게 필요한 것은 우리 시대에 적합한 '창조 이야기 방식'(a story-telling of the Creation relevant to our age)을 찾는 것이다. 우리 시대를 살아가는 이들의 '주변 세계' 구성 방식 혹은 적소 구성 방식이 달라졌기 때문이다. 21세기 첨단 과학기술 시대에 우리는 과학적 담론을 바탕으로 하나님 창조의 진리와 지혜를 전할 새로운 방식을 찾아야만 한다. 만일 우리가 믿는 것이 진리라고 확신한다면 말이다.

## II. 시작(始作), 시작(詩作) 그리고 에너지의 순환

시작(始作)은 언제나 시작(詩作)이다. 시(詩)의 라틴어 어원인 poiesis는
'만들기'(making)라는 의미를 갖고 있다. 따라서 시작(詩作)은 언제나 '만
들기'이며, 이는 '새로운 만들기'를 의미한다. 무엇을 만드느냐는 우리가 어
떤 시작을 의미하느냐에 따라 달라지겠지만, 처음을 의미하는 시작과 시 짓
기를 의미하는 시작은 모두 '만들기'라는 점에서 같은 맥락에 존재한다. 창
조(創造)의 본래 뜻은 '만들기'이다. 전례 없는 것을 만들어 낸다는 의미이
지만, 사실 실제로 전례 없는 것으로 만들어 내는 것은 만들어 낸 '물건'이나
생산물이 아니라, 그것을 재구성해 내는 방식에 있다고 보는 것이 정확하
다. 성서에서도 증언하듯, "해 아래 새 것은 없기 때문이다." 창세기의 창조
는 우리가 세계와 존재를 바라볼 수 있는 전혀 새로운 시작(詩作)의 시작(始
作)을 의미한다.

하나님의 태초 창조 이야기를 전하는 창세기 1장은 시작(始作)의 이야기
이지만, 동시에 그 이야기를 통해 하나님의 진리를 전달하고 있다는 점에서
시작(詩作)의 이야기이기도 하다. 당대, 그러니까 그 이야기가 작성된 시기
의 사람들의 눈높이에 맞게 하나님의 창조 진리를 전하기 위해 당대의 세계
관이 반영된 이야기 방식으로 서술되었다는 말이다. 그래서 창세기 1장은
고대 근동의 신화적 상징들을 차용하여 그를 듣는 이들에게 하나님이 누구
이신지를 이야기하는 방식으로 구성되어 있다. 그래서 어떤 이들은 이 창조
이야기가 고대 근동의 신화들을 반복하고 있다는 혼동을 하고 있기도 하다.
하지만 중요한 것은 고대 근동 신화의 상징들을 사용하여 창세기의 저자가
하나님을 어떤 분으로 설명하고 있는가이다. 그리고 이것이 성서의 창세기
이야기가 갖고 있는 가치와 의미이다.

짐작할 수 있듯이 이 창조의 이야기는 "무로부터"(ex nihilo) 창조를 설명하는 대신 "땅이 혼돈하고 공허하며 흑암이 깊음 위에 있"고 그리고 "하나님의 영이 수면 위에 운행"되고 있는 상황에서 하나님의 창조사역이 전개되고 있다(창 1:2). 그리고 하나님의 첫 번째 창조는 '태양'이 아니라 "빛"이고, 이 빛을 통해 어둠의 세상에 빛으로 밝은 낮을 만드신다. 인류 문명에서 어둠을 빛으로 밝히는 일은 언제나 새로운 세상을 열어 가는 상징으로 사용된다. 그래서 근대 계몽기(the Enlightenment) 사람들은 자신들을 '빛을 밝히는 이'(enlighten)로 부르면서 그 앞선 시대를 '암흑 시대'라 칭하는데, 이러한 상징들의 원형이 창세기 1장일 것이다. 그리고 특이하게도 '하루'는 언제나 "저녁이 되고 아침이 되"는 리듬으로 묘사되며, 이는 창세기 1장에서 6일째 되는 날까지 리듬 있게 반복된다.

우리는 이 이야기를 과학 이야기로 읽어야 할까? 현대 과학의 눈으로 본문을 읽자면, 태양도 없는 우주에서 어떻게 빛을 먼저 만드셨는지부터 시작해서 떠오르는 질문들이 한두 가지가 아니기 때문이다. 더구나 이 이야기가 전승되고 기록되던 때는 '과학'이라는 분야조차 존재하지 않았던 때이다. 그 시대의 기록자가 과학 이야기로 창조의 이야기를 서술했을 가능성은 전무하다. 따라서 창조 이야기는 과학 이야기가 당연히 아니다. 물론 이 창조 이야기가 비과학적이라서 전혀 사실적 근거가 없다는 황당한 논리적 비약으로 나아가지 않기 바란다. 단지 모든 것이 과학적이어야 사실적이고, 사실적이어야 진실이라고 믿는 현대 세대의 사람들에게 '진리'란 과학 이야기를 통해 증명된다는 편견이 작동할 수 있겠지만, 고대의 사람들에게는 과학이 아니라 신화적 사고방식이 그들이 살아가는 세계를 설명해 주던 세계였고, 이는 그들의 시대적 관점으로 가장 합리적이고 효율적인 방식이었다.

창세기 1장이 언제부터 구술로 전승되었는지 현재로선 확인할 길이 없지만, 적어도 우리는 역사적 연구를 통해 이 이야기가 기록으로 남겨지기 시작되었던 시기는 대략 안다. 통상 학자들에 따르면, 이 이야기가 기록으로 남겨지기 시작한 시기는 바빌론 포로기다. 그런데 아버지가 아들에게 구전으로 전승하며 성경을 세대에서 세대로 전달하던 시대가 포로기로 종말을 맞게 된다. 한 세계의 종말인 것이다. 이제 바빌론에 전쟁 포로로 끌려간 세대가 아버지의 말씀을 통해 진리의 본문을 아들에게 전해 줄 수 있는 시대가 종언을 고한 것이다. 민족의 삶에 전혀 희망의 빛을 품을 수 없던, 모두가 절망에 빠져 있던 시대였다.

창세기 1장의 기록자는 이 절망에 빠져 상심하고 좌절하고 있는 세대에게 하나님은 어두운 세계에 빛을 비추며, 세상을 밝히시는 분이라는 것을 분명하게 이야기한다. 매일 어두운 저녁을 맞이해도 아침을 맞아 밝아지듯이, 세상을 빛으로 밝히시는 하나님의 창조사역은 결코 민족을 외면하지 않았다는 메시지를 이 이야기에 담은 것이다. 그 어둠의 세계에 '땅은 혼돈하고 공허'하고 어둠이 깊이 있게 드리워져 있지만, 하나님의 영은 그 세상이라는 어두운 바다 위에 여전히 운행하고 계심을 기록자는 창세기 초입부터 분명히 하고 있는 것이다. 즉, 창세기 이야기는 그 시대를 살아가고 있는 이들에게 하나님의 진리를 이야기로 전하고 있는 것이고, 이를 전하는 기록자의 이야기는 '시작'(詩作)이었다.

오늘을 살아가는 현대인들에게 우리는 이 고대의 이야기를 통해 어떻게 하나님의 진리를 전달할 수 있을까? 특별히 현대 과학의 눈으로 보자면, 존재하는 모든 것은 ─적어도 우리가 살아가는 태양계에서는─ 태양으로부터 도래하는 빛의 에너지로부터 유래한다. 태양으로부터 도래하는 빛의 에너지를 식물이 광합성을 통해 탄소 영양분을 만들어 내고, 이를 지구의 암석류로부터 곰팡이균류가 채취한 미네랄 같은 영양분과 교환하면서 생명이 작용하는 데 필요한 에너지들이 만들어진다.

이 식물들이 광합성을 통해 만들어 낸 탄소 영양분과 곰팡이균류가 교환하면서 습득한 미네랄 같은 영양 성분을 초식동물이 먹고, 그 초식동물을 육식동물이 잡아먹으면서, 처음에 빛의 형태로 도달한 에너지가 수많은 형태의 생명들에게 전해진다. 이 과정에서 동식물을 포함한 거의 모든 존재들은 다른 존재들이 습득한 에너지를 먹음의 행위로 자신의 에너지로 전환하면서…, 말하자면 '에너지를 강도 짓' 하여 살아간다. 그래서 철학자 화이트헤드는 생명을 "강도 짓"(robbery)이라 표현하기도 했다.

우리가 살아가는 세계의 사람들은 이제 창세기의 창조 이야기보다 과학의 생명 진화 이야기에 더 친숙하다. 아울러, 다수의 회중이 공교육의 혜택을 받지 못해 이해의 지평이 넓지 못했던 시절 교의학으로 사람들에게 체계적인 설명을 제시하던 시절이 지나가고, 특별히 대한민국에서는 대학 수준 이상의 교육을 받은 지성인들이 시민 사회 대다수를 형성하는 시대가 되었다.

이제 대한민국 인구의 80% 이상인 대다수는 비기독교인이며, 이들의 다수는 다른 종교인들이 아니라 스스로를 '무종교인'으로 자처하는 무종교의 시대가 도래하고 있다. 이 무종교인들에게 하나님의 창조 이야기를 어떻게 전달할 수 있을 것인가? 이는 곧 우리에게는 창세기 저자/기록자들과는 다른 '시작'(詩作)이 필요하다는 것을 의미한다. 글의 형식과 방식은 다르겠지만, 우리 기독교인들이 믿는 변함없는 하나님의 진리를 새로운 상황과 문제들에 직면하여 전달할 수 있는 방식 말이다.

그래서 창세기의 창조 이야기는 시작(詩作)으로서 시작(始作)을 의미한다. 어둠과 절망의 세계에 하나님의 진리가 어떻게 희망의 빛이 될 수 있는지를 '시작'(始作)하는 시작(詩作)으로서 말이다. 사실 창세기의 본문에는

'무로부터의 창조'라는 말이나 개념이 없다. 기독교 신학에서 '무로부터의 창조'(creatio ex nihilo) 교리를 만들어 내게 된 것은 사실 이단들과의 논쟁들 때문이었다. 말하자면, 하나님의 창조 이야기가 처음 기록되던 때의 상황과 기독교가 로마제국의 종교로서 기득권을 가지게 되었을 때의 상황 차이 말이다.

기독교가 권력의 종교가 되자 그 권력을 탐하는 여러 사이비 이론들이 자신들의 이기적 신념을 신학으로 포장하여 창궐하는 사태가 일어났다. 이제 다른 사이비 창조 이론과 창세기의 창조 이론이 어떤 차이를 갖는지를 설명하게 될 필요성이 생기게 되었다. 그래서 창조신학은 새로운 시작(詩作)을 시작(始作)하게 된 것이다.

21세기 포스트휴먼과 인공지능 그리고 디지털 네트워크로 온 세계와 존재가 연결된 세계에서 우리는 복음을 전하기 위해 어떤 시작(詩作)을 시작(始作)해야 할 것인가. 기후 위기와 생태 위기가 우리의 유일한 집, 지구 위에서 6번째 대멸종을 향하여 나아가는 시대에 우리는 어떤 시작(詩作)을 해야 할 것인가 말이다.

우주에 존재하는 모든 것은, 미국의 종교철학자 클레이튼 크로켓(Clayton Crockett)의 표현을 빌리자면, 에너지의 변(교)환([ex]change)이다. 우주라는 에너지 시스템에서는 엔트로피 법칙을 따라 무질서도가 증가하며, 종국에는 열평형 상태에 이르러 시스템이 붕괴하게 된다. 하지만 생명 시스템은 이 우주라는 시스템 속에 생명 시스템을 구축하여 생명 시스템이 우주라는 시스템 안에서 열린 계(open system) 상태가 될 수 있도록 하고, 우주 전체의 엔트로피 증가를 지연시킨다. 그리고 태양으로부터 빛으로 도래하는 에너지를 받아들여 생명의 시스템들은 에너지를 재활용할 수 있는 순환 시스템을 생명/죽음/부패의 순환 과정을 통해 다시 한번 엔트로피 증가를 지연시킨다. 이 기후 위기, 생태 위기, 에너지 위기 시대의 창조론은 이 당면한 지구적 문제들에 대한 대안을 제시할 수 있는 새로운 설명 방식의 시작(詩作)을 필요로 한다.

신학은 시작(詩作)이다. 하지만 시인의 창조적 영감으로 쓰이는 시가 아니라, 비판과 토론의 열린 과정을 거쳐 인류의 집단 지성(swarm intelligence)을 발휘할 수 있도록 추동하는 시작(詩作)이다. 그렇기에 21세기 신학은 새로운 시작(始作)을 필요로 하고 있다. 따라서 창조신학은 국문이나 영어 번역 성서의 문자를 문자주의적으로 읽으며, 무종교인들에게 믿고 구원받으라는 단순한 방식으로 전달될 수 없는 것이다.

한국의 기독교가 '예수 천당, 불신 지옥'이라는 간결한 메시지로 노방(路傍) 전도를 통해 성장할 수 있었던 시대에는 기독교인이 되는 것이 사회적으로 선한 사람이라는 통념적 믿음, 보다 나은 교육을 통해 깨우친 지성인이 된다는 사회적 공감대가 존재하고 있었다. 하지만 고등학교 졸업자의 거의 모두가 —자신이 대학 진학 의사를 포기하는 경우가 아니라면— 대학에 진학하여 고등교육을 받는 시대의 전도 방식은 우리의 시대적 상황을 읽고, 여기에 기독교적 복음의 진리가 어떤 대안을 제시할 수 있는가를 보여 주어야 하는 시대이다. 즉, 우리가 처한 범지구적 문제들—기후 위기, 생태 위기, 에너지 위기 등—에 대안을 제시해 줄 수 없는 신학은 우리 시대 사람들의 공감을 얻기 어려울 것이며, 시대의 공감을 상실한 신학은 지구촌 학문 시장에서 퇴물로 퇴장을 강요당하게 될 것이다.

신학자들은 하나님이 온 우주와 만물의 창조주이심을 믿는다. 문제는 믿음이 아니라, 이 믿음을 어떤 신학적 언어를 통해 하나님의 진리와 기독교의 복음을 훼손하지 않은 채 시대 정서에 맞는 표현으로 전달할 수 있을 것인가이다. 어떤 표현이 시대적으로 적절한 것인가에 대한 고민이 필요하다는 말이다. 이런 맥락에서 오늘의 신학은 기후, 생태, 에너지에 대한 신학적 통찰을 필요로 하며, 그를 통한 새로운 시작(詩作)이 필요할 것이다.

# 자연의 신학

— 신학과 과학의 대화 방법

이성호

(배재대학교 교수/기독교사회복지학)

## I. 목사님은 왜 과학을 공부하시나요?

필자는 2016년까지 10년의 유학 생활 동안 신학 분야에서 종교와 과학의 대화 혹은 과학신학이라고 불리는 분야를 전공하였다. 오랜 기간이 지났지만 유학을 시작하고 얼마 안 되었을 때 겪었던 에피소드를 지금도 잊을 수 없다. 당시 같은 학교에서 유학을 하던 어떤 목사님으로부터 다음과 같은 질문을 받았다.

"목사님은 왜 과학을 공부하세요?"

당시에 들었던 질문의 뉘앙스를 글로 표현하기는 어렵지만, 정말 궁금해서 물어봤다는 느낌을 받지는 못했다. 오히려 의아스럽다는 느낌을 담은 질문이었고, 그 질문에는 '도대체 무엇 때문에 목사가 신학을 공부하면서 상관없어 보이는 과학을 공부하나?'라는 속뜻이 숨어 있었다.

이 질문은 두 가지 이유에서 큰 충격이었다. 첫 번째 이유는 개인적으로 과학신학을 전공하러 왔지만, 필자가 이러한 질문에 제대로 답하지 못했다는 점 때문이다. 두 번째 이유는 신학을 위해 유학을 왔을 정도라면 종교와 과학의 대화 분야를 어느 정도 알고 있을 거라는 필자의 생각이 깨졌고, 그만큼 한국에서는 이 분야에 대한 인식이 높지 않음을 알게 되었기 때문이다. 이 일을 계기로 필자는 더욱 열심히 공부하여 종교와 과학의 대화 분야를 제대로 알려야겠다고 결심했다.

## II. 질문에 담긴 세 가지 전제

그런데 의문이 섞인 질문을 가만히 곱씹어 보면, 그 질문은 '종교(신학)와 과학의 대화' 분야를 제대로 접해 보지 못한 대부분의 평신도와 목회자의 생각을 드러내 준다. 더불어, 그 생각 속에는 세 가지의 전제들 중 적어도 하나 이상의 전제가 깔려 있다.

첫째, 종교 내지 신학은 과학과 전혀 별개의 학문이고 섞일 수 없기에 과학을 공부하거나, 과학과 대화하는 일은 불필요하다는 것이다.

둘째, 과학신학이 신학이 아니라 과학이라고 의심하는 것이다.

셋째, 과학신학이 과학에 끌려다니고 좌지우지된다고 바라보는 것이다.

## III. 과학과의 대화는 필요한가?

첫 번째 전제부터 살펴보자. 여기에는 학문을 바라보는 전통적 시각이 담겨 있다. 인문사회과학과 자연과학이 철저히 분리되어 있다는 것이다. 고등학교 때부터 인문계와 자연계로 나뉘어 공부했고, 인문계 학생과 자연계 학생은 서로 말이 통하지 않는다는 사회적 통념 속에서 자라났던 세대에게는 이러한 시각이 너무나 자연스러울 수 있다. 하지만 이제 시대가 달라졌다. 더 이상 고등학교도 인문계와 자연계로 나누지 않고, 대학 입시에서도 교차 지원을 허용한다.

4차 산업혁명 시대에 교육계와 산업계 등 사회 전반에 융합이 강조되고 있다. 20세기까지는 학문의 전문성 확보와 산업의 효율성을 위해 인문사회 영역과 자연과학 영역을 나누었지만, 그것은 인위적인 분리였을 뿐 과거의 유물이 되었다. 더구나 인공지능, 데이터 과학 등 새로운 과학기술들이 계속 등장하면서 앞으로 산업계와 교육계의 구조를 변화시킬 가능성이 높아지고 있다. 사회의 일원이자 미래를 준비하는 차원에서 종교계와 종교인들이 과학기술에 관심을 가질 수밖에 없다.

한편, 기독교 신학의 특성에 비추어 봐도 첫 번째 전제는 성립되지 않는다. 신학의 다양한 분야들 중 어떤 분야도 일반 학문 분야와 대화하지 않는 분야는 없다. 성서신학은 언어학, 문헌학, 문학 등과 대화한다. 목회상담학은 심리학, 상담학 등과 대화한다. 조직신학은 철학 공부를 함께 해야 한다. 기독교윤리학은 사회학, 정치학, 경제학 등과 대화한다. 그렇다면 논리적으로 자연과학이 신학의 대화 파트너가 되는 일에 어떤 문제가 있는가? 엄밀히 말해 목회상담학의 대화 파트너인 심리학은 오늘날 자연과학의 한 분과로 분류되고 있기도 하다.

혹자는 기독교 신앙은 특별 계시인 성서와 예수 그리스도면 충분하다고 말할 수도 있다. 하지만 기독교의 오랜 전통은 특별 계시(은총)뿐만 아니라 일반 계시(은총)를 함께 이야기해 왔다. 성서와 예수 그리스도를 통해 직접적으로 하나님을 체험하고 알 수 있는 것은 사실이지만, 우리는 사람을 통해서, 역사를 통해서 그리고 자연을 통해서도 간접적으로 하나님을 체험하고 그분의 뜻을 헤아릴 수 있다. 왜냐하면 그리스도인은 온 우주를 창조하시고 만물의 역사에 관여하시는 창조주 하나님을 고백하기 때문이다.

극단적인 가정이지만, 만일 그리스도인들이 일반 은총을 인정하지 않는다면, 인간의 이성을 사용하는 의학적 치료도 받을 수 없고, 다른 학문을 공부하여 세속적 직업을 갖는 것도 불필요한 일이 될 것이다. 하지만 이는 만인제사장론과 직업 소명론을 제시한 종교개혁의 입장과도 배치되는 모순이 발생한다. 그러므로 그리스도인의 삶에 특별 계시(은총)는 필요조건이지만 충분조건은 아니다.

게다가 첫 번째 전제는 논리적으로도 성립되지 않는다. 백번 양보하여 기독교 신앙과 과학이 아무런 관련이 없다고 하더라도, 기독교인이 과학을 공부할 필요가 없다는 것으로 귀결되지 않는다. 예를 들어, 단순히 개인적 관심으로 자연과학을 공부할 수 있기 때문이다.


## IV. 과학신학은 과학인가, 신학인가

이제 두 번째 전제를 검토해 보자. 어떤 이들은 과학신학이 현대 과학의 흐름을 수용하면서 학문을 전개해 가기에 과학신학을 자연과학의 일부 분야로 오해하거나, 신학을 과학화하는 것 아닌가 하는 의심의 눈초리를 보낸다.

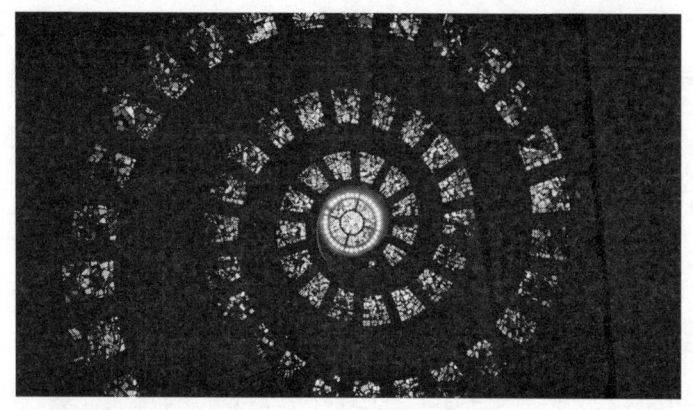

하지만 자연과학의 특성을 조금만 이해해도 이러한 오해들은 쉽게 해결된다.

결론부터 말하면 과학신학은 자연과학이 아니라 신학이다. 과학신학의 신학적 본질은 뒤에서 설명하기로 하고, 여기서는 과학신학이 자연과학이 아니라는 점을 지적하고자 한다. 자연과학과 신학의 가장 큰 치이는 자연과학의 담구 대상은 물질, 생명 등의 형이하학적이고 물리적인 존재들인 반면, 신학의 탐구 대상은 신과 같은 형이상학적 존재라는 점에 있다. 자연과학은 우주에 있는 물리적 존재들의 현상을 기술하고 작동 방식을 인과론적으로 설명하려고 하지만, 물리적 존재 이면에 있는 형이상학적 가치나 존재들을 설명할 수는 없다.

오늘날 종교와 과학의 대화를 추구하는 과학신학자들은 자연과학의 흐름과 연구들을 활용하여 신·인간·교회 등 신학적 주제들에 대한 이해를 추구하지, 물리적 존재들을 설명하는 이론이나 모델을 제시하지는 않는다. 그래서 당연하게도 과학신학자들의 논문은 인문사회 계통 학술지에 발표되고 있다. 적어도 자연과학 논문이라고 하려면 과학 학술지에 동료 과학자들의 검증을 받아 게재될 뿐만 아니라, 게재 후에도 후속 연구들을 통해 검증을 받는 절차를 겪어야 한다. 그러므로 과학신학은 자연과학이 아니며, 스스로를 자연과학으로 규정하지도 않는다.

## V. '자연신학'(natural theology)에서 '자연의 신학'(theology of nature)으로

마지막 세 번째 전제는 보다 '종교와 과학의 대화' 분야에 도전적인 질문이 될 수 있다. 이 분야의 과학신학자들은 특정하고 특수한 자연과학의 이론에 얽매여서 신학이 거기에 의존되거나 좌지우지되는 것을 경계한다. 왜냐하면 자연과학의 특성상 어떤 이론은 다른 과학자들의 검증이나 새로운 과학적 패러다임에 의해 폐기되거나 대체될 수 있기 때문이다.

사실, '종교와 과학의 대화' 분야를 개척한 이안 바버(Ian G. Barbour)와 같은 과학신학자들은 과학신학의 주요 방법론 중 하나를 '자연의 신학'(theology of nature)으로 제시한다. 이 방법은 신학이 자연과학의 특정한 이론에 매이거나 종속되는 위험을 예방하는 역할을 한다.

그러면 자연의 신학은 무엇인가? 자연의 신학을 논하기 전에 자연신학(natural theology)이라는 신학적 담론을 먼저 언급할 필요가 있다. 자연신학은 교부 시대부터 존재했던 오랜 담론으로, 성서 이외에 자연적으로 주어진 이성(reason)과 자연에서 발견되는 법칙을 통해 신의 존재에 대해 유추하고 증명하려는 노력이라고 말할 수 있다. 중세 신학자이자 철학자였던 토마스 아퀴나스(Thomas Aquinas)의 자연신학이 대표적인 사례이다.

아퀴나스의 자연신학을 일부만 간략히 살펴보면, 그는 아리스토텔레스 형이상학에 기대어 신을 증명하고자 했다. 모든 존재에는 원인이 있는데,

그 원인들을 거슬러 올라가다 보면 최초의 원인을 제공한 존재인 신이 있다. 모든 존재가 목적을 지향하도록 하는 존재가 바로 신이다.

근대 시대에는 윌리엄 페일리(William Paley)라는 영국의 신학자가 근대 과학이 전제했던 기계론적 자연 이해를 가지고 자연신학을 수행했다. 페일리는 신은 시계공과 같은 존재로, 자연을 자동 시계처럼 정교하게 창조하여 자동으로 움직이게 만들고, 창조 이후에 신은 개입하지 않는 이신론(Deism)을 제시했다. 이를 거꾸로 말하면 자연이 정교하게 작동한다는 사실은 이를 정교하게 제작하는 신의 존재를 증명한다고 믿는 것이다. 왜냐하면 정교한 존재가 우연으로 발생했다고 보기 어렵기 때문이다. 이것이 설계론(디자인)적 신 존재 증명이다.

물론 이신론적 신앙은 이후 교회 역사에서 그리 환영받지 못했다. 왜냐하면 성서가 증언하는 신의 모습과 거리가 멀었을 뿐 아니라, 나와 상관하지 않는 신은 종교적으로 매력이 없었기 때문이다.

하지만 이러한 자연신학이 가진 이론적인 문제도 드러나게 되었다. 그 이유는 근대 인식론의 등장 이후, 흄과 칸트와 같은 근대 철학자들이 제기하는 심각한 비판에 직면하게 되었기 때문이다. 인식론적 관점에서 인과론적 증명의 경우 원인과 결과를 완벽히 객관적으로 인식할 수 있는지, 최종 원인자가 '부동의 동자'인지에 대한 인식이 가능한지 분명하지 않다. 목적론적 증명의 경우도 신이 모든 존재의 목적을 주관한다면, 명백히 악한 사건도 신이 주관한 것이 되고, 신의 선한 속성과 배치되는 문제가 발생한다는 비판을 받았다.

이러한 맥락에서 과학과의 대화를 시도하는 현대 신학자들은 신을 증명하는 자연신학을 추구하지 않는다. 신은 인식론적으로 그리고 과학적으로도 증명될 수 있는 성질의 개념이 아니기 때문이다. 이는 신의 신비를 인정하고 인간이 완전히 인식할 수도 소유할 수도 없다는 신학의 기본적인 태도와도 연결된다.

오히려 '종교와 과학의 대화' 분야에 속한 현대 신학자들은 자연의 신학 (theology of nature)이라는 방법을 택한다. 이 번역된 용어가 한글에서는 자연신학과 종종 혼동될 수 있는데, 정확한 구분을 위해 '자연의 신학'을 '자연에 대한 신학' 혹은 '자연과 함께 신학하기'로 바꾸어 부를 수도 있다고 필자는 생각한다.

'자연의 신학' 방법은 과학이 아니라 신학의 정체성을 가지고 신학적 과제를 해결하고자 한다. 다시 말해, 성서가 증언하는 하나님을 현시대를 살아가는 사람들이 이해할 수 있도록 해석하려고 한다. 과학신학자 이안 바버는 다음과 같이 설명한다.

"오늘날 자연신학자들은 과학으로부터 논의를 시작하지만, 자연의 신학자들은 과학이 아닌 종교적 경험과 역사적 계시를 바탕으로 한 종교적 전통으로부터 논의를 시작한다."[1]

여기까지는 신학의 다른 방법들과 크게 다르지 않다. 그런데 '자연의 신학'이 보여 주는 독특한 지점은 자연을 창조하신 창조의 하나님을 어떻게 현대인에게 설득력 있게 이해시킬 수 있는가에 초점을 맞추고 있다는 점이다.

성서가 고백하는 창조의 하나님과 창조 신앙의 핵심은 지켜야 하지만,

---

1 이안 바버/이철우 옮김, 『과학이 종교를 만날 때』 (서울: 김영사, 2002), 65.

성서 특히 창세기가 쓰였던 시기의 우주 이해는 고대 근동의 우주관에 근거해 있고, 고대의 자연관과 현대의 자연관에는 분명한 차이가 존재한다. 그러다 보니 과학신학자들은 현시대에 우주 만물을 합리적이며 체계적으로 설명하는 자연과학을 참조하고, 자연과학자들과 대화하면서 신학을 재구성하는 노력을 기울이고 있다.

예를 들어, 현대 과학을 참조한 창세기의 창조 이야기를 세 가지 부분으로 다음과 같이 이해해 볼 수 있다.

첫째, 성서의 창조기사가 고대 근동의 우주관에 근거해 있다고 해서 신의 존재가 부정된다거나, 창조의 이야기가 거짓이라는 결론에 이르지 않는다. 앞에서 자연신학이 보여 준 문제처럼 인식론의 한계 때문에 신의 존재 유무는 증명될 수 없다. 그러므로 어떤 과학자나 무신론자가 현대 과학을 근거로 신의 존재가 없다는 것이 확실하다고 말하는 주장은 철학적으로 불가능하며, 그런 주장 자체는 자연과학이 아니라 또 다른 무신론적 형이상학에 불과하다. 이러한 과학철학적 비판에 근거하여 오늘날 과학신학은 과학(만능)주의나 과학적 무신론들을 비판해왔다.

둘째, 창세기 기자는 고대 시대에 합리적으로 여겨졌던 우주를 설명하는 방식을 활용하여 창조의 신을 고백하고, 만물이 여호와 하나님께 의존되어 있음을 보여 주려 하였다. 어쩌면 창세기 기자는 자신도 모르게 고대 근동의 과학을 가지고 당시에 맞는 자연의 신학을 수행한 것이라 말할 수도 있다. 여기서 주목할 부분은 창세기의 서술 목적과 핵심은 창조주 하나님에 대한 고백이라는 점이며, 창세기 기사를 과학적 사실이나 원리에 대한 설명으로 이해하지 않도록 주의해야 한다.

셋째, 창세기에 담긴 창조기사의 목적이 창조의 하나님에 대한 고백이라는 점이 분명해졌다면, 현대 과학의 언어로 창조의 놀라움과 섭리를 이야기하고, 창조 신앙으로 고백하는 것도 얼마든지 가능하다고 말할 수 있다. 창세기 기자가 고대 근동의 언어로 고백하는 창조의 하나님은 현대 과학 시대를 살아가는 그리스도인이 고백하는 창조의 하나님과 같은 분이다. 다만, 시대가 변하고 시대의 언어가 달라졌기에 현대의 언어 중 하나인 자연과학을 활용할 뿐이다.

예를 들어, 현대 우주론이 보여 주는 137억 년에 달하는 기나긴 우주의 역사와 광활한 우주의 넓이 그리고 지구에서 진행되어 온 생명 및 인간의 역사는 신의 광대함과 창조의 신비를 드러내고, 그 신비 앞에 인간은 자기 중심적 교만함을 버리고 겸손해야 한다는 신학적 가르침에 활용될 수 있다.

지금까지의 글로 "목회자가 혹은 그리스도인이 왜 과학을 공부해야 하는가?"라는 질문에 담긴 세 가지 전제에 대한 답이 되었으리라 생각한다. 정리하자면, 과학기술 시대를 살아가는 그리스도인에게 자신들의 신앙을 성숙시키기 위해 그리고 동시대를 살아가는 이웃에게 기독교를 이해시키고 선교하기 위해 과학을 배우고, 과학과 대화를 시도하는 것은 꼭 필요한 일이다.

더불어, '자연의 신학'을 추구하는 과학신학은 과학이 아닐 뿐 아니라 과학의 시녀가 아니다. 오히려 과학신학은 주체적으로 과학을 활용하여 성서를 이해하고 현대인들이 이해할 수 있도록 재구성하는 신학이다.

# 과학신학을 공부해야 하는 이유

장 재 호

(감리교신학대학교 교수/과학신학)

최근 신학계에서 가장 주목을 받고 있는 분야는 '과학신학'이다. 영국 스코틀랜드의 여러 대학에서는 매년 '기포드 강연'이 열리며, 세계적으로 유명한 학자들이 이 강연의 강사로 초청받는다. 1887~1888년에 시작된 이 강연에서는 자연신학이 중심 주제로 다루어졌으며, 윌리엄 제임스, 화이트헤드, 베르그송, 존 듀이, 슈바이처, 아놀드 토인비, 불트만, 칼 바르트, 폴 틸리히, 리처드 스윈번, 몰트만, 스탠리 하우어워즈, 앨빈 플란팅가 등 저명한 학자들이 강연자로 나섰다. 또한, 하이젠베르크, 에딩턴, 닐스 보어와 같은 과학자들도 여기서 강연한 바 있다. 특히 과학과 신학의 대화를 모색하는 학자들이 종종 강연자로 초대되며, 이안 바버, 아서 피콕, 존 폴킹혼, 알리스터 맥그라스와 같은 과학신학자들도 강연했다. 이와 관련된 연구서인 『신학과 과학의 만남: 기포드 강연을 중심으로』(새물결플러스)가 시리즈로 출간되기도 했다.

과학신학은 진화생물학과 빅뱅 우주론 같은 과학적 이론들이 신학과 어떻게 조화될 수 있는지를 탐구한다. 또한, 가상현실, 인공지능, 유전자 편집,

4차 산업혁명 등 새로운 시대의 도래에 따른 신학적 대응들도 다룬다. 이러한 접근은 미래에 우리가 직면할 다양한 문제와 상황에 대한 신학적 해석과 반응을 제공한다는 점에서 의미가 있다.

'과학과 신학'을 가르치는 강의실(ChatGPT AI로 생성)

## I. 한국 신학대학에서의 과학신학 강의 현황

과학과 신학의 대화가 활발해짐에 따라 신학대학 및 대학원에서 과학신학 전공이 신설되기 시작했다. 미국에서는 GTU를 중심으로, 영국에서는 옥스퍼드대학과 에든버러대학을 중심으로 과학신학 전공자들이 양성되고 있다. 유럽의 여러 학교들도 '과학과 종교'(신학)를 전공 분야로 점차 도입하고 있다. 과학과 신학 분야에서 가장 큰 학회인 '과학과신학유럽학회'(European Society for the Study of Science and Theology)는 2년마다 유럽에서 5박 6일 간 열린다. 아서 피콕이 초대 회장으로 있었던 '과학과 종교 포럼'(Science and Religion Forum)은 매년 2박 3일간 영국에서 개최된다. 미국종교학회(AAR)에서도 매년 과학신학이 중요한 논의 주제로 다뤄지며, 전 세계적으로 다양한 과학신학 센터에서 학회들이 개최되고 있다.

한국 신학계에서는 장로회신학대학교, 한신대학교, 호남신학대학교, 연세대학교, 이화여자대학교 등 여러 대학에서 과학신학 관련 과목들이 조직신학 및 종교철학 분야에서 개설되고 있다. 특히 감리교신학대학교에서는 10개 이상의 과학신학 과목이 개설되어 있다. 예를 들면 '자연과학과 세계관'이 전교생 필수 과목으로 지정되어 있으며, '과학과 영성', '과학과 신앙', '진화론과 기독교', '자연과학과 신학', '인간과 미래', '뇌과학과 종교', '포스트모더니즘', '포스트휴머니즘', '종교와 과학철학', '교양과학' 등의 과목들이 종교철학 전공을 중심으로 개설되고 있다.

일부 사람은 과학과 신학이 상충되는 것처럼 보인다며 과학과 신학의 대화에 의문을 제기하기도 한다. 그러나 만약 누군가 "현대 수학을 받아들이면 신앙을 유지할 수 있을까"라고 묻는다면, 대부분의 사람들은 "수학과 신앙 사이에 무슨 관계가 있기에 그런 질문을 하지"라고 생각할 것이다. 이와 비슷하게 "과학자가 베토벤의 음악을 아름답다고 느낄 수 있을까"라는 질문이 어색하게 느껴진다면, 과학과 신학이 충돌한다는 생각도 마찬가지로 어색해야 한다. 왜냐하면 과학과 신학은 각기 다른 영역을 다루기 때문이다. 과학은 자연 현상의 원리와 법칙을 밝히는 반면, 신학은 인간의 영적 질문과 의미, 목적을 탐구한다. 이 두 분야는 서로 다른 영역의 질문에 답하고 있다.

과학과 신학은 본질적으로 다른 영역을 다루지만, 이 둘 사이의 의미 있는 대화를 추구하는 것이 중요하다. 이런 대화를 통해 두 분야는 서로를 보완하고 더 깊은 이해로 나아갈 수 있다. 사실 많은 근대 과학의 선구자들이 기독교인이었으며, 그들은 하나님께서 창조하신 세계가 질서 정연하고 합리적인 구조를 가지고 있다고 믿었다. 이러한 믿음은 그들로 하여금 과학적 탐구를 수행하는 데 필수적인 동기를 제공했다.

또한, 과학의 발전은 성경의 말씀을 보다 명확히 이해하는 데에도 도움을 줄 수 있다. 과학적 발견들은 종종 성경에 기술된 자연 현상이나, 우주에 대한 설명을 새로운 시각에서 해석할 수 있도록 돕는다. 이로 인해 신학자들은 기독교 교리를 현대적 맥락에 맞게 재해석할 수 있다. 이러한 상호작용은 과학과 신학이 각자의 분야에서 얻은 지식을 통해 서로의 이해를 심화시키고, 보다 폭넓은 진리를 탐구하는 데 기여할 수 있다.

성경은 하나님이 모든 만물의 창조주라는 사실을 당대의 언어로 기록한 책이다. 성경은 '어떻게' 창조되었는지에 대해 설명하기보다는 당시 사람들이 신으로 여겼던 해와 달을 포함한 모든 것들이 하나님의 피조물임을 밝히는 데 중점을 두고 있다. 또한, 세상의 시작과 끝이 하나님의 주권 아래 있다는 것을 강조한다. 앞으로 나올 어떠한 과학 이론도 이 근본적인 진리를 뒤집을 수는 없다. 현대 과학을 통해 우리는 하나님의 위대한 창조사역을 더 생생하게 체감할 수 있으며, 창조 당시뿐만 아니라 지금도 우리와 함께 계시며 창조를 지속하시는 하나님의 존재를 경험할 수 있다.


## II. 신학대학에서 과학신학을 가르쳐야 하는 이유

창조과학이 기독교인들에게 신앙의 깊이를 더하는 것처럼 보일 수 있지만, 이는 더 큰 주의를 요구한다. 과학적 권위가 절대적인 현시대에 과학이 성경을 지지한다는 주장은 기독교인들에게 안도감을 제공할 수도 있다. 그러나 창조과학이 제시하는 내용이 때때로 과학적 근거와 일치하지 않을 때, 이는 거짓된 평안을 줄 수 있으며 진실을 왜곡하는 결과를 낳을 수 있다. 복음을 전파하기 위해서는 진정으로 세상과 소통하는 것이 필요한데, 과학적으로 검증되지 않은 주장은 기독교를 세상과 멀어지게 하고, 결국 조롱의 대상이 되게 할 수 있다. 따라서 신앙과 과학 사이의 대화는 성실하고 정직하게 이루어져야 하며, 진리 탐구에 있어서 양쪽 모두의 견해를 존중하는 태도가 필요하다.

창조과학의 주장은 과학적으로 비판받을 뿐만 아니라, 신학적으로도 문제가 있다는 것을 지적하지 않을 수 없다. 신학을 철저히 공부한 사람이라면 성경이 과학적 사실을 다루기 위한 교과서가 아니라는 것을 이해할 것이다. 성경은 영적인 진리와 초월적인 세계를 다루기에 성경의 목적이 과학적 설명을 제공하는 것은 아니다. 성경의 신뢰성이 과학적 증명에 의존한다면, 그것은 성경의 본질적 가치를 오해하는 것이다. 신앙의 근거는 성경이 전하는 영적 진리에 있다. 과학은 자연 세계를 이해하는 데 필수적인 도구이지만, 과학으로 신앙과 영적 진리를 규명할 수는 없다. 따라서 성경을 과학적으로 입증하려는 시도는 종종 본래의 신학적 맥락을 벗어나는 결과를 초래한다. 성경이 과학으로 증명되기에 믿을 수 있다면, 성경 말씀이 아니라 최첨단의 과학을 믿으면 된다. 실제로 최첨단의 과학을 신봉하는 종교들도 있다(사이언톨로지, 라엘리안무브먼트, 크리스천사이언스 등).

만약 창세기 1장을 과학적 증명으로 믿을 수 있다면, 과학적 방법으로 설명할 수 없는 예수님의 기적과 부활 같은 중요한 사건들은 어떻게 이해해야 할까. 따라서 창세기에 과학적 기준을 적용하는 것은 과학을 초월하는 하나님의 복음의 메시지를 받아들이지 못하게 하는 실수를 범할 우려가 있다.

하나님의 역사는 과학적 원리를 통해 이루어질 때도 있지만, 하나님은 때로는 그 원리들을 초월하여 행하기도 하신다. 인간이 이해하는 과학적 원리들은 하나님께서 세상을 창조하고 세상에 부여해 놓으신 질서를 인간의 눈으로 일부 밝혀낸 것에 불과하다. 예를 들어, 중력을 창조하신 하나님은 물 위를 걸으시며 중력(표면장력)을 초월하실 수 있으며, 질량 보존의 법칙을 정하신 하나님은 오병이어의 기적처럼 그 법칙에 임의로 개입하실 수도 있다.

하지만 하나님은 모든 피조물을 사랑하시며 그들에게 자유를 부여하셨기 때문에, 하나님은 절대 군주로서 자유를 침범하기보다는 설득과 인도를 통해 사람들에게 자신을 드러내신다. 이러한 방식은 하나님의 성품이 사랑과 자유에 기초하고 있음을 보여 주며, 하나님의 통치가 억압적이 아니라 사랑과 자유의 원칙에 입각해 이루어진다는 것을 드러낸다.

창세기 1장이 기록되고 전승된 기독교 초기, 당대의 사람들이 그 내용을 문자적으로 이해하지 않았다는 점은 중요한 사실이다. 당시에는 문자와 문서가 일반화되지 않아 회당에서 성경이 낭독될 때 사람들은 문자보다는 말씀의 깊은 의미에 주목했다. 문자주의적 해석은 텍스트에 대한 직접적인 접근이 가능해진 뒤에 발생한 비교적 최근의 현상이다.

문자에만 집착하면 성경이 전하려는 복음의 본질을 놓칠 위험이 있다. 문자가 보편화되기 이전, 과학적 지식이 부족했던 시대에 살았던 사람들이 경험한 하나님 이야기를 현대 과학의 관점에서 문자적으로 해석하는 것은, 그들의 문화적·역사적 맥락을 무시하는 시대착오적 행위가 될 수 있다. 이는 성경을 이해하는 데 있어서 그 당시 사람들이 어떻게 성경을 경험하고 해석했는지를 고려하는 것의 중요함을 보여 준다. 이런 방식으로 접근할 때에 성경의 진정한 메시지에 더 깊이 다가갈 수 있다.

성경에 대한 정확한 이해는 신학 교육에서 필수적으로 다뤄져야 한다.

신학생들은 성경의 교리뿐만 아니라 현대 과학의 기본적인 지식도 함께 습득하여 과학적 시대에 기독교 신앙을 올바르게 해석하고 전달하는 방법을 배워야 한다. 교회 내에서 비과학적이거나 반과학적인 주장이 '믿음'이라는 이름하에 퍼지는 것을 방지하는 것은 매우 중요하다. 성 아우구스티누스는 『창세기의 문자적 해석』에서 기독교인들이 별의 운동과 궤도, 해와 계절의 순환 등 여러 우주론적 지식에 대해 말도 안 되는 주장을 해서 불신자들로부터 부끄러움을 당치 말라고 권고했다. 나아가, 그리스도인들이 무식하다는 말을 듣지 않도록 모든 수단을 강구하라고 말한다. 아우구스티누스의 이 말은 1600여 년 지난 지금 우리에게도 그대로 적용된다. 따라서 신학 교육은 성경적 진리와 과학적 이해가 적절히 조화되는 방향으로 나아가야 한다. 이를 통해 신학생들은 현대 사회에서 기독교 신앙의 의미와 가치를 보다 효과적으로 이해하고 전달할 수 있을 것이다.

## III. 나가며

복음이라는 씨앗이 풍성한 결실을 맺기 위해서는 적합한 토양에 뿌려져야 한다. 과거에는 해당 지역의 종교와 문화를 이해하는 것이 중요했지만, 현재는 과학기술이 주도하는 시대이기에 과학이라는 토양의 중요성이 부각되고 있다. 과학 시대를 살아가는 사람들에게 복음을 효과적으로 전하기 위해서 신학은 반드시 과학과 대화해야 한다.

이 글에서 필자는 과학신학이 수천 년에 걸친 기존의 신학 담론들을 새롭게 변화시켜야 한다고 주장하는 것이 아니다. 오히려 수천 년의 신학적 논의를 과학 시대를 살아가는 사람들에게 그들이 이해할 수 있는 언어로 전달하자는 것이다. 과학과 직접적으로 관련 없이 살아가는 신앙인들에게는 큰 의미가 없을 수도 있으나, 과학과 신앙 사이에서 고민하고 있거나 무신론의 공격으로 신앙이 흔들리는 사람들에게 과학신학은 하나님의 창조사역을 이해하고 증언하는 데 큰 도움을 줄 수 있을 것이다.

바울처럼 우리들도 유대인들에게는 유대인처럼, 율법 없는 자들에게는 율법 없는 자들처럼, 율법 아래에 있는 자들에게는 율법 아래에 있는 자들처럼 되어야 한다. 그 이유는 "아무쪼록 몇 사람이라도 구원"(고전 9:22)해야 하기 때문이다. 현재 많은 젊은이들이 과학을 근거로 무신론을 주장하는 '과학주의'에 빠져들고 있다. 또한, 한국교회는 과학기술의 발전이 가져오는 다양한 도전들에 직면하게 될 것이다. 생성형 AI, 인공지능, 메타버스, 4차 산업혁명, 인간 복제 등의 주제들에 대해 신학계와 교계가 적극적으로 대화에 참여할 필요가 있다.

이러한 대화를 통해서만 기독교는 한국 사회에서 지속적으로 영향력을 발휘할 수 있을 것이다. 앞으로 과학과 신학 사이의 건전한 교류가 계속해서 활발해지기를 기대한다.

필자 역시 이 시대에 맞는 신학에 대해 더 깊이 고민하고, 기도하며, 연구할 것이고, 그 결과를 계속해서 유튜브 채널 '과학과신학연구소'를 통해 공유할 예정이다.

# 낭비에서 지혜로

신익상

(성공회대학교 교수/종교철학 · 생태신학)

## I. 들어가며

이 글을 쓰는 첫 번째 이유는 우리가 가진 것을 낭비하기 위헤시다. 내로는 이미 대나수에게 당연한 것이라서 굳이 요모조모 설명할 필요가 없을 때도 있다. 예컨대 우리는 지구가 둥글다는 사실을 애써 설명하지 않는다. 이건 현대인이라면 누구나 아는 일이다. 아니, 그렇지 않다. 현대인 중에도 지구는 평평하다고 믿는 사람들이 아주 드물지만 존재한다. 이들에겐 둥근 지구론이 일종의 거대한 음모론이 된다. 하지만 이런 사람들이 있다고 해서 지구가 둥글다는 사실을 입증하기 위해 자신의 시간과 노력을 들이려는 사람은 별로 없을 터다. 당연하다. 이건 시간과 노력을 낭비하는 일이니까. 이럴 시간에 차라리 더 가치 있고 시급한 문제를 해결하는 게 낫지 않겠는가. 피타고라스가 살던 고대 그리스에서라면 지구가 말 그대로 구(球)라는 사실을 애써 설명할 필요가 있었을 테지만 말이다. 그때는 이 사실이 많은 이들에게 충격을 줄 만한 중요한 사실에 속했다.

## II. 과학은 과학이다

그럼 현대 과학이 과학이라는 사실을 현대인에게 호소하는 경우는 어떤가? 이건 낭비이겠는가, 아니겠는가? 기가 막히지만, 일단 현대 과학이 과학이라는 사실을 '현대인'인 여러분에게 열심히 설명해 보자.

이것을 설명하기 위해서는 먼저 도대체 과학임을 판단하는 기준이 무엇인지부터 알아야 한다. 첫째, 과학은 현상만을 상대한다. '이 세계 내에서' 벌어지는 일만이 과학이 이해하고자 하는 유일한 대상이다. 둘째, 과학은 현상을 인식하는 자기만의 방식을 갖는다. 이 방식을 사용해서 현상을 '설명'하고 '예측'한다. 이 설명과 예측이 거듭 성공하면 성공할수록 그 과학은 신뢰를 얻을 것이다.

뉴턴이 가르쳐준 중력의 법칙과 가속도의 법칙을 사용하면, 하늘을 향해 수직으로 던진 돌이 방향을 바꾸어 다시 떨어지기 시작한다는 사실을 '설명'할 수 있다. 어디 그뿐인가? 언제까지 자리를 벗어나야 그 돌에 맞지 않을 수 있는지를 비교적 정확하게 '예측'해서 안전하게 피할 수도 있다. 따라서 뉴턴이 우리에게 알려준 것은 과학이라고 할 수 있다. 비록 뉴턴이 살던 시절에는 아직 과학자라는 말이 등장하기 이전이라 뉴턴 자신은 자신이 자연철학을 하고 있다고 생각했었지만, 오늘날 우리는 잘 안다. 뉴턴은 진정한 과학자였다는 사실을 말이다.

맥스웰의 전자기 이론이나 아인슈타인의 상대성 이론, 보어와 슈뢰딩거 등의 양자 이론, 나아가 혼돈 이론, 복잡성 이론, 빅뱅 이론, 인플레이션 이론 등도 마찬가지 이유로 과학이라고 할 수 있다. 세포 이론, 유전자 이론, 생태 이론도 물론이다. 이 이론들은 모두 자연 현상에 관한 자기만의 설명력을 갖고서 성공적으로 예측한다.

## III. 창조과학과 상대성 이론

그럼 창조과학은 어떤가? 창조과학은 과학인가? 창조'과학'이라고 명명한 것에서 눈치챌 수 있듯이, 처음부터 창조과학은 신학이기보다는 과학이고 싶어 했다. 그러니 창조과학이 과학이려면 자기만의 고유한 방식으로 현상을 설명하고 예측할 수 있어야 한다. 하지만 창조과학은 스스로가 과학임을 입증하기 위해 자신을 이러한 과학의 기준에 내어주는 길을 선택하지 않았다. 대신에 진화론이 엉터리이고 틀린 것이라는 자신의 주장을 입증함으로써 진화론을 현대 과학의 세계에서 내쫓고, 그 빈 자리를 대체할 과학이 되고자 했다.

그런데 여기서 잠시 생각해 보자. 쟤가 틀리면 저절로 내가 맞는가? 정확하게 둘 중 하나만 선택할 수 있는 상황이라면 그럴 수도 있겠다. 하지만 보통은 그렇지 않다. 창조과학과 진화론 사이의 관계는 더욱 그러하다. 예컨대, 만에 하나 진화론이 정말로 엉터리라는 사실이 만천하에 밝혀져서 과학의 세계에서 쫓겨났다고 하자. 자, 그럼 진화론이 과학 분야에서 차지하고 있던 자리가 비게 될 것이다. 그렇다고 저절로 창조과학이 그 빈 자리를 대신할 수 있을까? 그러기에는 하나의 결정적인 절차가 더 필요하다.

상대성 이론이 어떻게 기존의 과학 이론을 대체할 수 있었는지를 살펴보자. 기존의 과학 이론이 설명하지 못하는 일이 생겼을 때 상대성 이론이 등장한 건 분명한 일이다. 하지만 꽤 긴 시간이 지나도 상대성 이론은 쉽게 기존 과학 이론을 대체하진 못했다. 아인슈타인의 상대성 이론은 당대의 과학자들에게서 쉽게 인정받지 못했고, 그래서 과학 전문 학술지에 그 이론이 실리는 것 자체가 어려웠다. 그러다가 이 이론이 기존 과학 이론보다 더 정확하게 현상을 '설명'하고 '예측'한다는 사실이 실험과 관찰을 통해 입증되기 시작하면서 상황이 달라졌다. 그제서야 기존의 물리학 이론을 대체하는 새로운 이론으로 상대성 이론이 과학 분야에 수용될 수 있었다. 이렇게 되는 데까지 수년의 세월이 걸렸다.

사실 상대성 이론의 설명력과 예측력을 평가하기 위해서는 기존 과학 이론이 '설명하지 못하는 일'의 의미를 조금 더 곱씹어 봐야 한다. 기존 과학 이론도 자연 현상을 설명할 수 있었기 때문이다. 따라서 "설명하지 못한다"라는 말의 의미는 서로 비교했더니, 기존 이론이 상대성 이론만 못하다는 의미가 된다. 이 말은 두 경쟁하는 이론을 평가하는 어떤 기준이 있다는 뜻이다. 이 기준에 대해서는 크게 두 의견이 있다. 둘 다 과학계에서 진지하게 받아들여지고 있으니, 두 의견을 사용해서 기존 이론과 상대성 이론을 비교해 보자. 하나는 칼 포퍼(Karl Popper)의 의견이고, 다른 하나는 임레 라카토스(Imre Lakatos)의 의견이다.

포퍼는 '반증 가능성'이라는 기준을 제시했다. 어떤 이론이 과학 이론이려면 검사의 대상이 될 수 있어야 하고, 관찰이나 실험과 어긋날 때는 폐기될 수 있어야 한다는 판단 기준이다. 이 기준에 의하면 기존의 이론과 상대성 이론 모두 제대로 된 과학이다. 다만, 더 대담한 쪽은 상대성 이론이었다. 상대성 이론이 더 크게 반증될 수 있었다. 그도 그럴 것이, 기존 이론은 뭔가 잘 설명이 되지 않는 실험이나 관찰 결과가 나왔을 때, 여기에 자신을 짜맞추기 위해 잡다한 보조 이론을 만들어 붙인다. 설명이 안 되는 부분만 조금 땜질해서 고치는 식이다. 하지만 상대성 이론은 기존 이론 전체를 뜯어고쳐서 새롭게 제시되는 원리만으로도 충분히 설명될 수 있도록 했다. 기존 이론은 반증의 결과가 이론 전체의 위기가 되지 않지만(땜질한 부분만 다시 고치면 된다. 다만, 설명의 일관성을 잃는다), 상대성 이론은 반증이 되면 이론 자체를 폐기해야 할 정도로 실험과 관찰에 딱 맞는 이론을 제시했다. 반증 가능성은 겸손하게 자신의 실패 가능성을 인정하면서도 대담하게 자기를 실현할 가능성이다. 상대성 이론은 이런 반증 가능성이 기존 이론보다 컸다. 이렇듯 겸손한 자신만만함이 얼마나 과학적인가를 판단하는 기준일 수 있다.

라카토스는 과학을 하나의 연구 프로그램으로 보면서 크게 세 가지 판단 기준을 제시했다. 1) 풍부한 새로운 예측이 가능한가? 2) 그 예측이 다른 보조적인 도움 없이 그 프로그램 자체로 확인될 수 있는가? 3) 연구 프로그램의 수정이 새로운 발견을 이끄는 진보적인 방향인가, 아니면 새로운 발견이 있을 때마다 기존 프로그램의 주요 골자를 지키기 위해 사후적으로 땜질하는 데 급급한가? 이 기준에 따르더라도 상대성 이론의 승리다. 상대성 이론이라는 연구 프로그램은 새로운 예측을 내놓는 족족 더 정밀해진 실험이나 관찰로 사실임이 확인됐다. 하지만 기존의 고전 연구 프로그램은 그러한 실험이나 관찰이 나올 때마다 잡다한 보조 가설을 첨가해서 갈수록 지저분해졌다. 새로운 예측은 고사하고 이미 나온 반례를 설명하는 데 급급해야 했다. 상대성 이론은 앞으로 나아갔지만, 기존 이론은 퇴행했다.

이런 기준들을 창조과학은 견뎌낼 수 있나? 포퍼의 기준이든, 라카토스의 기준이든 이런 검증 절차를 통과하지 못하면 창조과학은 과학의 세계로 진입할 수 없다. 그런데 창조과학은 반증 가능성에 자신을 열어두지 않으므로 포퍼의 기준을 통과하기 어렵다. 새로운 예측을 내놓기보다는 기존의 이론(?)을 지키기에 급급하다는 점에서 퇴행적이기에 라카토스의 기준도 통과하기 어렵다. 이런 기준에 창조과학을 넣어본다는 것 자체가 낯뜨거운 일이다. 그러니 진화론이 물러난다고 해도 창조과학은 스스로 얼마나 설명력과 예측력을 갖추고 있는지를 보여주지 못하기에 과학의 세계에서 살아남기 어렵다. 다른 이론이 틀렸다는 사실이 중요한 게 아니라, 자기 이론이 내실 있고 알차다는 사실이 중요하다. 하지만 창조과학은 반대를 더 추구했다. 내실 있는 과학이 아니라 외부의 적이 틀렸다는 점을 지적하는 과학이 되기를 원했다. 하지만 과학이 되기 위한 기준에 그런 건 없다.

오히려 창조과학이 구사하는 이런 전략은 딱 근본주의자가 취하는 전략이다. 근본주의는 보통 자신의 정체성이 위기에 놓여 있다는 감이 올 때 자라난다. 그 방식은 외부의 적을 무너뜨림으로써 자신을 지키는 것으로 나타난다. 이건 정치적인 행위다. 다시 말해, 힘을 차지하려는 행위다. 타자의 붕괴를 통해 자신이 지켜질 뿐만 아니라 더 확고하게 자리매김할 수 있다는 믿음 속에는, 외부에 가상의 적을 만들어 공격해서 한 집단의 내적 결속을 도모하려는 것과 같은 전형적인 정치적 계산이 숨어 있다. 하지만 그런 식으로는 과학에서 정체성을 확립할 수 없다.

그러니 과학에게 창조과학은 무엇인가? 글쎄, 뭐라고 답하기 어렵다. 그것은 과학이 아니기 때문이다. 적어도 아직은 말이다. 그래서 과학은 창조과학에 침묵한다. 수용할 수 없기 때문이다. 그렇다면 우리 기독교인에게 진화론을 이단 사상이라고 하면서 집단적이며 제도적으로 혐오하는 행위는 무엇인가? 글쎄, 이 역시도 뭐라고 답하기가 어렵다. 그것은 전혀 기독교적인 것이 아니기 때문이다. 그것은 정치적인 무엇이다. 억눌린 자에게 해방을 주려는 것이 아니라, 억누름으로써 힘을 과시하려는 그런 정치 말이다. 우리가 아는 한 그런 정치가 예수를 십자가에 못 박았다.

지금 인류가 처한 시급한 과제들을 고려할 때에는 기독교인에게 창조과학 논쟁은 우리의 시간과 노력을 빼앗는 낭비다. 기독교인과 교회가 집중해야 할 더 중요한 일들이 많다. 특히 과학이 이제는 기술에 압도되어 발전하는 시대, 기술과학의 시대다. 기술과학이 만들어내는 급변하는 세계에 대응하기 위해 모아야 할 신앙과 지혜의 역량들이 절실하다. 창조과학 논쟁은 이러한 역량들을 교란하고 무기력하게 만드는 소모적인 낭비다. 자신들의 힘과 욕망을 유지하고 과시하기 위한 정치적인 행위를 '진심을 담아' 학문과 신앙으로 포장하는 이들, 그들에 의해 조장되는 이 낭비에서 단호하게 돌아서자. "메타노이아(Metanoia, μετάνοια) 하자!" 당장 우리는 저 급변하는 세계로 달려 들어가야 한다.

## IV. 기술과학 시대와 기독교의 지혜

그러니 낭비를 요구하는 퇴행적 행태에서 벗어나, 교회가 내놓을 수 있는 신앙의 지혜에 관해 이야기해 보자. 인류가 처한 시급한 문제에 기독교 신앙은 어떤 지혜로 마주할 수 있을지를 조금 스케치해 보려 한다. 이 글을 쓰는 두 번째 이유다. 인공지능으로 대표되는 기술과학의 진보는 두 방향에서 문제를 제기한다. 정치·경제의 문제, 인간의 문제.

챗지피티(ChatGPT)와 같이 언어로 된 건 뭐든 잘 다루는 인공지능은 물론, 오늘날 상품이 돼서 인간 사회에서 활약하고 있는 인공지능의 종류는 생각보다 다양하다. 당장 챗지피티에 물었더니 10종 이상의 인공지능 유형을 순식간에 댄다. 다방면에서 인간 생활과 사회에 진출하고 있다는 얘기다. 게다가 일 솜씨가 탁월하다. 예컨대 인공지능은 단 두 줄짜리 명령어(프롬프트)면 브래드 피트와 톰 크루즈가 빌딩 마천루에서 실감 나게 격투하는 15초짜리 영상을 만들어낸다. 전문적인 기술이 필요한 창작을 인간 전문가보다 훨씬 빠르고 쉽게 해낸다. 인간의 고유 영역이라고 생각했던 일의 상당수를 인공지능이 대체해 가고 있다.

어쩌면 인공지능 '때문에' 인간은 일자리를 많이 잃게 될지도 모른다. 아닌가? 어쩌면 인공지능 '덕분에' 인간은 일에서 해방될지도 모른다. 아마도 이 둘 모두 맞을 것이다. 이건 인공지능이 새롭게 만드는 세상을 떠올려서가 아니라, 여태껏 인류 역사가 보여준 사실 때문에 하는 말이다. 인류는 한 번도 일에서 해방된 다수를 경험한 적이 없다. 일에서 해방되기 위해서는 부의 불평등한 분배 문제를 해결해야 한다. 그런데 인공지능이 해결하는 것은 대개 효율성과 생산성이다. 불평등이 아니다. 근대 역사를 돌아볼 때 효율성과 생산성을 높일수록 불평등이 완화됐다는 증거는 없다. 그래서 조심스레 예측해 보건대, 다수의 누군가에겐 폭망이고, 소수의 누군가에겐 해방일 것이다. 여태 그랬던 것처럼. 인공지능은 이 사실을 여태까지 중에서 가장 효율적이고 생산적인 사회에서 보여주지 않겠는가.

그렇다면 인공지능 시대에 여전히 남는 질문은 윤리적이고 정치·경제적인 것이다. "우리는 어떻게 해방될 수 있겠는가?" 기독교 신앙은 이 문제를 메시아의 지혜로 대답해 왔다. 욕망을 증폭해서 탐욕이 되도록 부추기는 세계에서 "할 수 있음에도 하지 않을 자유"를 기초로 사회를 만들고 삶을 살아가는 지혜 말이다.

인공지능은 인간의 의미도 새롭게 묻는다. 이성을 중심으로 인간의 고유함을 탐색해 온 근대인에게 지능은 인간 이성의 탁월함을 입증할 중요한 소재였다. 하지만 인간의 지능에 관한 연구와 함께 성장해 온 인공지능에 관한 연구가 열매를 맺으면 맺을수록 인간 지능과 이성의 탁월함에 물음표가 생길 수밖에 없었다.

이 물음표에 대한 반응은 크게 세 가지 갈래로 뻗어갔다. 한 갈래는 이 물음표를 무시하려 한다. 인공지능과 같은 결과물의 성과를 애써 부인하는 한편, 인공지능에 대항하여 고유한 인간다움을 지켜내야 한다고 주장한다. 다른 한 갈래는 인공지능과 같은 성과가 인간다움을 더욱 완벽하게 완성하고 향상하게 한다고 주장한다. 마지막 한 갈래는 인공지능의 등장을 인간 문명을 비판적으로 성찰하는 계기로 삼고자 한다. 이들은 인공지능이 가져오는 변화를 기정사실로 받아들이면서도, 이러한 변화가 사람들이 가지고 있는 인간에 관한 통념을 바닥부터 성찰하게 한다고 생각한다. 인공지능이 인간의 의미를 고민하게 하는 지점은 인간다움에 관한 인간의 생각이 얼마나 편협하고 한계가 있는 것인지를 뼈저리게 인식하게 하는 지점이라는 말이다.

그렇다면 이 부족한 생각으로 쌓아 올린 현대 문명 또한 깊이 성찰해서 바꾸어야 할 터다. 사실 인간 개념에 대한 편협한 생각은 인종, 성별, 지역 등의 편견을 강화하거나 조장해 왔다. 인공지능이 던지는 물음, "진정 인간이란 무엇인가?" 하는 물음은 인간이 만들어낸 차별과 배제, 폭력 등을 더욱 깊이 성찰하게 한다.

인공지능의 본격적인 등장이 불러일으켜 온 이 세 갈래의 문제 제기에 대해 기독교는 어떻게 응답해야 할까? 이러한 문제 제기를 이른바 포스트휴먼 상황에 대한 문제 제기라고 할 수 있다. 여기에 적절하게 응답하는 일은 기독교가 새롭게 접어든 문명 상황에 어떻게 적응할 수 있을까 하는 문제이기도 하다. 이것은 기독교의 새로운 토착화 과제다. 지금 우리는 이제껏 경험해 보지 못했던 외계의 시대에 접어들고 있다. 기독교 신앙은 이러한 시대에 걸맞은 방식으로 지혜의 언어를 새롭게 전할 필요가 있다.

아마도 가장 철저하고 깊은 생각의 변화를 요구하는 세 번째 갈래의 문제 제기가 기독교의 지혜에 가장 가깝지 않을까?

전적인 메타노이아. 낭비에서 벗어나려면 필요했던 것이 새로운 지혜의 언어로 나아가기 위해서도 필요하다. 이것은 기독교의 자기 이해가 얼마나 철저한 자기 부정과 연결되어 있는지를 보여준다. 새 술은 새 부대에. 성경의 이 멋진 말에도 불구하고, 오늘 한국의 기독교는 새 술은커녕 술이라는 말만 꺼내도 경기를 일으키느라 성경 본문이 담고 있는 변화의 의지를 외면하고 있지는 않은가? 진정 예수께서 보여주시려던 지혜의 삶을 말이다. 인공지능의 시대에 교회는 또 한 번 예수를 만날 필요가 있다. 마치 예수를 처음 만나는 것처럼….

# 4부

# 지구신학, 우주신학
# 그리고 현상학적 창조신학

# 지구의 신학과 자연의 신학*

전 철
(한신대학교 교수/조직신학)

## I. 들어가며

지구의 나이는 46억 년이다. 인간은 이 지구에 최근 몇십만 년이라는 짧은 시간 거주하고 있다. 인류의 문명은 지구의 역사에 비하면 순간에 불과하다. 그 짧은 시간 거주하는 동안 인류는 놀라운 변화를 일으켰다. 그러나 오늘의 지구는 깊은 신음을 하고 있다. 인류 문명이 지구의 그 깊은 신음을 야기하는 발신자로 주목된다. 코로나와 기후 변화가 우리에게 드러낸 그 엄청난 위력과 역습은 인간의 폐해와 무능을 동시에 드러냈다. 특히 인류에 지질 구분은 아주 오랜 지구 환경의 변화를 야기한 당사자로 인간을 지목한다. 지금 겪고 있는 폭염, 가뭄, 집중 호우, 유례없는 산불은 과거 제시했던 최악의 시나리오보다 더 많은 이산화탄소를 방출한 대가일지도 모르겠다.[1]

---

* 이 글은 전철, "지구의 신학과 자연의 신학," 「신학사상」 203 (2023/겨울): 83-105에 실린 논문임을 밝힌다.

1 정수종, "기후 변화를 이해하는 방법," 『Epi 21: 과학, 지구를 품다』 (서울: 이음, 2022),

이는 지구가 그간 유지해왔던 자율 조절의 총체성이 인간의 행위로 인하여 파괴되었다는 점에 대한 서글픈 증빙이다.

지구의 위기는 지구에서 존속하여 살아가는 인류의 삶의 방식에서 야기된 것이다. 커다란 지구의 표면에 거주하는 인류가 푸른 행성인 지구 환경을 이렇게 변화시켜왔다는 점 자체가 의아스러운 일이다. 그러나 그것은 피할 수 없는 자명한 현실이자 사실이 되어버렸다. 기후 변화의 그 위력과 파괴력은 우리를 깊이 절망하게 한다. 지구의 이러한 변화 앞에서 인간은 다시 거대한 전환을 요청받고 있다. 지구는 한 행성이지만, 동시에 지구 위에 거하는 모든 생명의 터전이자 근거이다. 신학적으로 지구는 신이 창조한 피조 세계이기도 하다. 그러므로 지구의 위기는 신이 창조한 피조 세계의 위기이다.

이 연구는 지구의 위기를 신의 피조 세계의 위기로 인식하고 그 위기를 극복하는 신학적 해석학의 가능성을 탐색한다. 이를 통하여 신의 구원의 해석학이 창조, 인간, 자연, 지구가 처한 문제와 어떻게 연결되는지를 조명한다. 이 연구는 첫째, 현재 지구가 처한 여러 위기의 내용을 다룬다. 둘째, 지구 위기의 극복을 위한 지구의 신학 과제를 모색한다. 마지막으로, 지구 위기의 전환을 향한 자연의 신학을 탐색한다.


## II. 지구의 위기

지구의 위기는 인간과 문화의 위기이다. 이 거대한 지구적 변화와 위기는 무엇인가. 지구의 변화와 위기를 극복하는 인간의 삶의 전환은 어떻게

---

52-53.

가능한가. 지구는 인간의 터전이었지만, 근대의 인간은 지구의 위기를 가속화시켰다. 지구는 인간 시선의 적극적인 관심 대상은 아니었던 것 같다. 지구는 인간에게 너무 광대한 침묵의 배경일 뿐이었다. 그저 공기처럼 당연하였으며, 무대의 주인인 인간만을 위해 존재해왔던 것 같다. 그러나 지구의 인간을 향한 놀라운 역습의 장면들을 인간은 속수무책으로 바라만 보고 있다. 지구와 인간의 새로운 관계 설정과 그에 걸맞는 삶의 방식을 인간은 배우고 구성해야 한다. 지구 위에 존재, 기생·공생하는 인간 생명으로 인하여 지구의 총체적 조절 기능에 영향을 미친 것은 무엇인가. 이는 다음의 네 가지로 요약된다:

## 1) 기후의 변화

인간의 경제 활동과 산업 활동은 대기 중 온실가스 농도를 증가시키고 있다. 이 증가로 인하여 지구의 기후는 변화하고 있다. 극단적인 기상 현상의 증가, 해수면 상승, 극지방의 빙하 감소 등이 그 사례이다. 인간의 활동이 지구의 기후 시스템에 영향을 미치고, 그 변화는 기후의 불안정한 변화로 드러난다.

## 2) 생명 다양성의 감소

지구 표면의 70%인 바다와 해양 그리고 육지, 산맥, 평원, 계곡 등 다양한 땅에서 살아가던 다양한 생명 종이 산업화, 도시화, 농업 등으로 인하여 생존의 큰 어려움과 변화를 겪게 되었다. 인간의 행위로 인하여 그들의 서식지와 환경이 축소, 파괴되었다. 일부 식물과 동물은 기온이나 강수량의 변화에 적응하지 못하고, 서식지가 감소되어 멸종의 위험이 상승하였다. 이러한 이유로 생물 다양성이 감소되고, 지구와 생명 생태계의 균형 파괴와 교란이 발생되었다.

## 3) 에너지 소비

지구에 머문 인간의 역사는 짧지만, 지구의 에너지를 대규모로 소비하고 있다. 산업과 인간의 필요에 의해 목재 및 기타 산림 자원의 소비가 대규모로 이루어진다. 아마존은 지난 50년간 약 17%의 열대 우림이 사라졌다. 대기 중에 산소 생성, 이산화탄소 흡수, 대기의 온실가스를 조절하는 역할이 산림 감소로 인하여 축소된다.[2] 또한, 산업과 농업을 위한 대량의 물 사용은 물 자원의 소모를 증가시키고 있다. 지각 특성의 변화가 일어났다.

## 4) 대기 오염

산업화는 대규모의 생산과 공정을 도입하였다. 이로 인하여 현대의 공장은 미세먼지, 황화물, 이산화질소, 황산가스 등의 수많은 오염 물질을 대

---

2 "안타깝게도 생산성이 높은 서식지가 인류에 의해서 대체 상태로 변환되거나 완전히 붕괴되는 과정은 대단히 가치 있는 생태계 전반에서 일어나고 있다. 깊은 역사를 가지고 여전히 진행 중인 산림 벌채는 중요한 탄소 저장고이자, 토양 안정제이자, 날씨와 서식지의 조절자인 나무 등의 유기체를 제거한다. 2000~2005년 동안 산림은 전 세계적으로 1년에 전체 산림의 0.6퍼센트씩, 150만 제곱킬로미터 이상의 면적이 소실되었다. 별것 아닌 것처럼 보일지도 모르지만, 이는 미국 메릴랜드 주의 면적에 달한다. 아마존 우림은 목축과 콩 농사를 위해서 잘려나가면서 가장 큰 피해를 보고 있다. 세계 우림의 절반을 넘게 차지하는 아마존 우림은 1970년대 이후로 20퍼센트 가까이 사라졌다." 마크 버트니스/조은영 옮김, 『문명의 자연사: 협력과 경쟁, 진화의 역사』 (서울: 까치, 2021), 279-280.

기로 배출한다. 또한, 도시의 확산과 교통의 발전, 자동차와 교통수단에서 발생하는 배기가스로 인하여 도시와 시골을 망라하는 대기 전체의 오염이 증가하고 있다.

지구와 인간이 처한 여러 변화와 위기 상황을 분석한 다양한 과학 자료가 제출되고 있다. 특히 2019년 5월 6일 유네스코에서 발표된 생물다양성 과학기구(IPBES, Intergovernmental Science-Policy Platform on Biodiversity and Ecosystem Services)의 「생물 다양성 및 생태계 평가 보고서」는 생명 종의 위협과 멸종의 수치를 충격적으로 보여준다. 이 보고서에 의하면 평균 약 25%의 종들이 위협을 받고 있으며, 생물 종 가운데 약 100만 종이 이미 수십 년 내 멸종 위기에 처해 있다고 한다. 지난 1천만 년 동안의 평균보다 이미 적어도 수십 배에서 수백 배 더 높은 전 지구적 종 멸종 속도가 더욱 가속화되었다. 종 내, 종 간, 생태계의 다양성인 생물 다양성은 인류 역사상 그 어느 때보다도 빠르게 감소하고 있다.[3] 또한, 세계자연기금(WWF)의 「지구 생명 보고서 2020」(Living Planet report 2020)에 의하면 46년간(1970~2016) 전 세계 동물의 개체수는 68% 감소하였으며, 담수 어류 및 양서류는 84% 급감하였다. 인류 문명 이후 야생 포유류의 83%가 멸종하였다고 한다.[4]

2023년 3월 20일 월요일, 기상청에서는 장기 기후 변화, 2100년까지의 기후 변화에 대한 평가 결과를 제시한다: 1) 지속되는 온실가스 배출로 인해 온난화가 심화되어 거의 모든 시나리오에서 가까운 미래(2021~2040)에 1.

---

3 Sandra Díaz (Ed.), *The Global Assessment Report on Biodiversity and Ecosystem Services* (IPBES, 2019).

4 R.E.A. Almond, M. Grooten and T. Petersen (Eds.), *Living Planet Report 2020: Bending the Curve of Biodiversity Loss* (WWF, 2020).

5℃에 도달할 것이다. 2) 전 지구 지표 온도의 상승을 제한한다고 하더라도 해수면 상승이나 남극 빙상 붕괴, 생물 다양성의 손실 등 일부 변화들은 불가피하거나 돌이킬 수 없으며, 온난화가 심화될수록 급격하거나 비가역적인 변화가 일어날 가능성은 커진다. 3) 단기 대응은 지속 가능한 발전을 향한 적응 행동과 완화 행동을 통합한 기후 탄력적 개발(Climate Resilient Development) 경로의 중요성을 적시한다. 단기(2040년까지)에 적응과 완화 행동 선택 사항들을 평가하고, 이를 확대할 수 있는 방안을 제시한다. 모든 부문 및 시스템에 걸쳐 신속한 전환이 중요하다. 이러한 시스템 전환은 다양한 완화 및 적응 선택 사항을 크게 확대해야 하며, 적합하고 효과적인 저비용 선택 사항이 이미 존재한다. 즉, 오늘 지구가 처한 위기 상황의 핵심에는 온실가스 배출로 인한 온난화가 있으며, 이를 극복하기 위한 중요한 과제가 바로 "탄소 중립"에 있음을 주목한 것이다.

"탄소 중립"은 직관적으로 다가오지 않는 표현이다. 탄소 중립은 탄소 배출량은 최대한 감소시키고, 흡수량은 증대하여 순 배출량이 0이 된 상태를 말한다. 즉, 실질적인 배출량을 0 수준으로 낮추는 상태가 탄소 중립(Net zero) 상태이다. 지구 온난화의 주범인 온실가스는 대기 구성 요소 중 1% 미만에 불과하나, 산업화 이후 온실가스가 계속 늘어나면서 120년간 지구 평균 온도가 약 1.2℃ 상승했다. 2℃ 이상 상승할 시 폭염, 홍수, 해수면 상승 등 기후 재앙이 도래한다. 이에 대항하여 정부는 2020년 12월 7일 발표한 방안인 '2050 탄소 중립 추진 전략을' 밝혔다. 2050 탄소 중립 추진 전략은 코로나19 사태로 기후 변화의 심각성 인식 확대와 '장기 저탄소 발전 전략'(LEDS)의 UN 제출 시한 도래 등에 따라 주요국의 탄소 중립 선언이 가속화되는 등 2050 탄소 중립이 국제적인 패러다임으로 대두되면서 마련되었다. 2050 탄소 중립 달성과 기후 변화 대응을 위한 글로벌 기업의 RE100

이행 요구가 점증된다. RE100은 'Renewable Energy 100%'의 약자로, 기업이 사용하는 전력량의 100%를 2050년까지 풍력·태양광 등 재생 에너지 전력으로 충당하겠다는 목표의 국제적 기업 간 협약 프로젝트이자, 국제 캠페인이다. 즉, 탄소 중립은 환경과 생태 위기를 극복하기 위한 국가, 기업, 사회의 공동의 목표로 점화되고 있다.

지난 100여 년간 지구의 평균 온도는 약 1.1℃ 상승하였다고 한다. 우리가 목도하고 있는 지구의 여러 자연과 환경 위기는 지구 평균 온도 1℃ 상승의 결과이다. 기후 변화에 관한 정부 간 협의체(IPCC)는 향후 100년간 지구 평균 온도가 4~6℃ 상승할 것이라는 연구 결과를 내놓았다. 이충국 한국기후변화연구원 탄소배출권센터장의 비유처럼 향후 100년간 '지구 평균 온도 4~6도 상승'의 시나리오를 '우리의 체온 4~6도 상승'으로 연결한다면 이 수치가 더욱 실감난다. 인간이라는 지구의 체온이 40도가 넘는 위험한 상황이 될 수 있다는 것이다. 이러한 유비(類比)는 탄소 감축의 실패가 인간과 지구에게 얼마나 크고 심각한 파국인지를 실감나게 보여준다. 인간의 체온이 40℃ 이상이 될 경우 잘못되면 의식 소실·경기·정신 착란의 증세까지 발현된다. 또한, 기온 상승은 자동차 속도로 유비되어 이해되기도 한다. 조천호 전 국립기상과학원장은 기온 증가를 차량의 주행 속도와 비교한다. 기온이 3℃ 상승한 상황은 마치 우리가 브레이크 없는 시속 300Km의 차로 고속 주행을 하는 위험을 동반한다는 것이다. 3℃ 이상 기온이 오른다는 것은 문명의 붕괴를 뜻한다.

최근의 인공지능(AI)은 현대 기술 문명의 화려한 진보를 제시하지만, 그 그늘에 대한 주목도 점증된다. 특히 대규모 범용 인공지능의 급속한 발전은 대량 에너지의 소비에 대한 사회적 환기를 가중시킨다. AI는 그동안 우리가 수행하지 못하였던 대량 정보의 통계와 분석을 통하여 인간과 지구가 처한 문제를 해결하는 도구로 사용된다. 그러나 그 연산과 작동 과정에서 소비되는 방대한 에너지는 또 다른 환경의 고민을 사회에 가져다준다. 이는 예를 들어, 온실가스 배출을 모니터하고 추적하며, 기후 변화의 영향을 모델링하고 예측하는 첨단 AI가 역으로 온실가스를 발생시키고 기후 변화에 부정적 영향을 미칠 수 있다는 딜레마적인 상황에 대한 인식이다. 기술 혁신으로 인하여 펼쳐진 디지털 인공지능 문명과 그 산물이 지구에게 도움이 될 것인가, 도전이 될 것인가.

환경의 위기와 기술의 위기는 병존한다. 특히 "비인간 기계들의 공존과 동맹 속에서 구축되는 인공지능의 거대한 몸에 복속되어 그림자 노동으로 채굴당하는 인간"이라는 환경의 심각한 위기 또한 간과할 수 없다. 고도의 신학적 상징체계인 예수 그리스도의 신령한 '몸'(soma, 소마)과는 다른 방식으로 작동하는 다양한 소마에 대한 성찰이 필요하다. 기후 위기를 야기하는 인간/비인간 주체들의 소마, 환경과 인간의 위기를 야기하는 디지털 인공지능의 소마에 대한 비판적 주목이 필요하다.[5] 수많은 인간과 비인간의 '살'(sarx, 사르크스)을 동원하여 거대하게 작동되는 환경/디지털 소마에 대한 신학적 성찰은 매우 중요한 과제임은 분명하다. 동시에 예수 그리스도의 신령한 몸을 기후 위기에 직면한 지구 몸과 신학적으로 연결시켜야 할 과제를 더욱 절실하게 갖는다. 왜냐하면 지구 몸의 위기는 창조주의 피조 세계의 위기로 직결되기 때문이다. 그리스도의 몸을 소중하게 갈망하고 사모하듯이, 자연과 생명, 지구의 미래와 지속 가능성을 향한 갈망과 사모가 또한 필요하다.

---

5 전철, "인공지능과 인간지능의 몸: 몸의 이미지에 대한 종교와 과학의 대화," 「신학사상」 201 (2023/여름): 69-86.

## III. 지구 개념의 재구성

신학은 정치, 생명, 생태, 창조, 구원의 여러 영역에 대하여 그리스도교의 유산과 전승의 빛에서 조명해 왔다. 지구라는 세계의 몸을 신령한 몸의 관점에서 신학적으로 조명하는 것은 지구의 신학이 주요하게 집중해야 할 과제이다. 그 신학의 범위는 인간과 모든 피조물이 살아가는 행성인 지구이다. 그리하여 어느 신학적 관점보다 광범위하고 넓기에 매우 종합적인 성찰이 요구된다. 전통적으로 창조주의 피조 세계는 개인, 사회, 자연을 지시하는 공간이었다. 이제 근대인은 지구가 둥근 행성이며, 이 지구의 위기가 개인, 사회, 자연 모두의 위기임을 인지하게 되었다. 그러므로 하나님의 피조 세계는 지구 행성이라는 점을 명시적으로 인식할 수 있었다. 이렇게 지구는 신학적으로 창조주 하느님의 피조물이 거하는 피조물의 공간이기에 창조와 피조의 관계에 대한 적절한 이해와 인식이 동반된다(창 1:1, 고후 10:26).

근대적 휴머니즘의 관점에서 지구는 하늘과 대비되는 땅의 영역이었다. 또한, 생명의 영역과 대비되는 무생명의 영역이었다. 지구는 생명의 무대이자 배경으로 존재하는 사물의 영역이었다. 특히 존재 그 자체이신 그의 본성과 비존재의 관계 안에서 지구는 무(無) 혹은 신적인 생명의 배경으로서의 소극적인 의미를 부여받기도 하였다. 특히 종교에서 전개되는 자연의 탈신성화6는 이러한 의미 부여의 근거가 되었다. '지구'라는 말은 오랜 시간

---

6 "종교적으로 공고화된 우주론 역시 작별을 고한다. 이미 아주 오랜 전통은 자연을 더 이상 직접적으로 종교적 성질을 가진 것으로 규정하지 않았다. 왜냐하면 이를 포기함으로써만 사회에서 자신을 그 밖의 세계와 구분하는 종교적 특수 형태가 나올 수 있었기 때문이다. 즉, 이미 말했듯이 자연의 탈신성화는 종교적인 것의 특화 조건이었다. 그렇다면 근대 초기에 자연의 이런 탈신성화는 그것의 기본 틀만 바꿀 뿐이다. 즉, 그것은 더 이상 일차적으로 종교적 요구가 아니라, 일차적으로 과학적이거나 경제적인 요구이다. 그런데 종교는 자신도 같은 텍스트를 설교해야 하기

그 존재감 없이 인식된 측면도 있다. 인간 세계와 지구 세계의 특별한 경합이나 긴장이 없이 인간은 그 안에 안온하게 머물렀던 것 같다. 지구는 단지 그 자리에서 언제나 그렇게 존재해 왔던 사물이었던 것이다. 그러므로 지구에 대한 이러한 사유가 지구 존재를 구성해 왔던 세계 안에서 인간 세계와 지구 세계의 모순이나 파열음은 적극적으로 드러나지 않았다. 테레사 수녀는 1988년 이렇게 말했다: "가난한 자와 병자를 돌보는 것이 우리의 의무인 지금 왜 지구를 걱정해야 하나요. 지구는 신이 돌봐주실 겁니다."[7]

점증하는 지구의 위기 앞에서 우리는 인간의 세계가 구성하는 인식론 안에 지구가 온전히 포착될 수 없다는 점을 놀랍게 자각하기 시작한다. 특별한 의미를 얻지 못하였던 '지구'가 인간의 세계에 매우 강력한 방식으로 새롭게 진입한 것이다. 이는 전통적인 인간의 지구 개념이 오늘날 그 개념적 효용성의 경계와 한계에 도달했음을 말해주기도 한다. 환경 문제, 지구 온난화, 기후 변화, 생태계 파괴, 기후 난민 등과 같은 기존에 사유하지 못했던 새로운 문제의 인식과 도전 앞에서 인간은 '지구'를 다시 생각하게 되었다. 이는 지구에 대한 전통적인 이해나 개념을 새롭게 정립하고, 오늘의 위기 상황에서 재구성되어야 한다는 자각이다. 수많은 인간들이 지구 위에서 머물렀지만, 오늘 만큼 인간이 지구를 이토록 골똘하게 집중해 본 적은 없었다. 새로운 지구 개념의 탄생인 것이다. 그 사이 지구와 환경에 대한 다양한 분과들의 인식도 심화되었다. 인간의 행동이 지구의 안전과 지속 가능성에 큰 영향을 미칠 수 있다는 놀라운 자각은 우리 시대의 지구와 인간 관계의 재발견이자 재탄생이다.[8] 그러나 여전히 지구의 미래와 환경 오염의 귀결

---

때문에 이러한 과정에 개입할 수 없다." 니클라스 루만/서영조 옮김, 『생태적 커뮤니케이션: 우리 사회는 생태적 위험에 대비할 수 있는가』 (서울: 에코리브르, 2014), 146-147.

7 제임스 러브록/이한음 옮김, 『가이아의 복수』 (서울: 세종서적, 2008), 23.

에 대하여 불안감을 갖게 되는 커다란 이유 중의 하나는 우리가 범지구적 조절 시스템에 대하여 여전히 무지하기 때문이다.[9] 이와 같은 새로운 인식과 발견은 지구에 대한 더 나은 이해와 관리를 통해 지구의 위기를 극복하고, 지구와 함께 조화롭게 살아가기 위한 책임을 부여하는 데 중요한 출발점을 제공한다. 사실 브뤼노 라투르(Bruno Latour, 1946~2022)의 독법으로 해석한다면 우리가 생각했던 순수한 수동적인 지구 개념[10]이라고 하는 것은 없다.

지구라는 개념이 얼마나 인간에 의해서 왜곡되고 규정되고 짓밟혀 왔는

---

8 제임스 러브록과 린 마굴리스는 1970년대 초에 지구의 생명이 현재 어떤 생물들이 모여 살든 간에 지표면 조건을 늘 그들에게 알맞게 능동적으로 유지한다고 추정했다. 그것은 생명이 자신이 있는 행성 조건에 적응하면서 나름대로 진화한다는 기존 통념에 반했다. 지금 우리는 그 가설이 독창적인 것이며, 기존 통념이 틀렸다는 것을 안다. 그 가설은 지금의 가이아 이론(Gaia Theory)으로 발전했고, 기존 통념은 지구 시스템 과학으로 진화했다. "지구가 어떤 식으로든 살아서 진화하는 시스템이라는 의미를 함축한 가이아라는 개념이 등장한 것은 1970년경이었다. 모든 새로운 이론들이 그렇듯이, 그 개념도 일부나마 받아들여지는 데 수십 년이 걸렸다. 그것을 입증하거나 부정할 증거를 기다려야 했기 때문이다. 현재 우리는 지구가 정말로 자신을 조절한다는 것을 알지만, 증거를 모으는 데 너무 오래 걸린 탓에 그 조절 능력이 약해지고 있으며, 지구 시스템이 모든 생명이 위험에 처할 임계 상태로 빠르게 다가가고 있다는 것을 너무 늦게 발견했다." 앞의 책, 『가이아의 복수』(2008), 27, 242.

9 제임스 러브록/홍욱희 옮김, 『가이아: 생명체로서의 지구』(서울: 범양사, 1990), 186.

10 "학생은 이미 자연이 보편적 도식이라고 생각하면 커다란 과오를 범하게 된다는 것을 알았습니다. 필리프 데스콜라가 보여주듯이 인류학자의 관점에서 보면 '자연주의'는 오히려 이상한 것, 보기 드문 것입니다. 자연주의가 최근에 온 지구로 퍼진 것은 사실입니다만, 그건 어디까지나 근대화, 근대화의 '이념' 혹은 좀 더 정확히 말하자면 근대화의 '도구들'을 중개해서였습니다. 자연을 '보호'한다느니, '수호'한다느니 하는 사람들의 말을 들으면 자연이 어떤 실재의 구간처럼 생각될 수도 있겠지만 자연은 그런 게 아닙니다. 자연은 역사적으로 16세기와 17세기 사이에 비롯되어 19세기에 비로소 실현된 어떤 방식, 즉 '다양한 존재들'의 모든 속성들을 '한데 연결함으로써' 그 존재들에게 '보완적 연속성'을 보장하는 방식입니다. 학생이 나의 네 번째 편지를 기억하고 있다면 이 말이 놀랍지 않을 겁니다. 자연이나 '연장된 실체'나 마찬가지니까요. 그런 것은 다 생각, 도식, 상상적인 것 그리고 앞으로 보겠지만 일종의 확대와 팽창의 '정치'입니다." 브뤼노 라투르/이세진 옮김, 『브뤼노 라투르의 과학인문학 편지』(고양: 사월의책, 2012), 211-212.

지를 성찰하는 것이 지구의 신학의 중요한 해석학적 출발점이다. 이를 기반으로 인간과 지구, 사유와 사물의 관계에 대한 새로운 정립과 재구성이 요구된다. 오늘날 전개되는 신유물론이나 사물에 대한 신학적 관심은 인간의 인식론과 사물의 존재론 혹은 인간 세계와 지구 세계를 둘러싼 기존 사유의 해체와 재구성을 요청한다. 이는 정신 밖에 존재하는 사물들에 대한 새로운 인식의 서막이기도 하다.

지구에 대한 새로운 인식은 지구가 전통적인 정신의 사유 밖에 존재하는 독특한 대상으로 부각되었다는 점 때문만은 아니다. 오히려 지구야말로 그 위에서 살아 있는 모든 지구 생활자들이 함께 지구의 존속을 위해 사색하고 탐색해야 할 중요한 대상이 되어버렸기 때문이다. 지구라는 무대 위와 무대 안에 우리가 수동적으로 기생만 하는 것도 아니고, 그저 우리의 생생한 관념 저편에 희미한 존재감으로만 다가오는 삭막하고 추상적인 개념도 아니다. 오히려 살아있는 모든 것들이 그것과 접속하고, 체험되고, 공존하며 그리고 의존되어 있는 수많은 교차의 집성체를 어쩌면 우리는 '지구'로 통칭하는 것이다: "지구란 무엇인가, 우린 그것이 존속과 생성의 염려를 지닌 모든 자들의 연결, 연합, 중첩, 결합이라고 말할 수 있다."[11]

---

11 브뤼노 라투르/김예령 옮김, 『나는 어디에 있는가』 (서울: 이음, 2021), 41; 캐서린 켈러는 지구에 대하여 다음과 같이 정의한다. "지구는 이 정치신학의 공간을 지칭하지만, 결코 우리가 살아가는 평평한 표면이나 딱딱한 구를 가리키지 않는다. 지구는 통치 권력과 망각의 정신 속에서 그저 당연시되는 세계라는 구체로 매끄럽게 손절되지는 않을 것이다. 지구는 우리가 인간 예외주의라고 부르는 종교적-정치적-경제적 도식주의들로 순순히 대치되지 않을 것이다. 지구는 우리보다 못한 물질이 아니고, 시간 안에 고정된 공간도 아니지만, 무엇보다도 인간들이 바글바글한 영역을 지칭한다. 지구는 우리의 상상을 넘어 그 자체로 다양하고 활기찬 우주 안에 놓여있는 행성의 폴리리듬적 시간성들과 함께 박동한다." Katherine Keller, *Political Theology of the Earth: Our planetary Emergency and the Struggle for A New Public* (New York: Columbia University Press, 2018), 6; 캐서린 켈러/박일준 옮김, 『지구 정치 신학』 (서울: 대장간, 2020), 44-45.

지구 생활자의 입장에서 지구는 순수한 객관적 무대가 아니다. 지구 위에서 우리가 생존하지만, 지구는 생존과 사멸 모두를 품고 있는 장이다. 인간학적인 관점에서 사멸의 영역은 생존의 영역보다 더 넓고 광활하며 깊은 심연이다. 그 사멸의 봉인이 교란되고 풀리면 지구 생활자가 거하는 생존의 공간 또한 가차 없이 흔들릴 수 있음을 오늘 우리는 묵시적인 지구의 여러 재난에서 발견한다. 인류의 생활세계를 강력하게 흔들어버린 코로나 팬데믹은 지구 생활자의 생명이 영위되는 생존의 공간이 얼마나 얇고 연약했는지를 보여준다. 지구 생활자의 입장에서 지구에 거한다는 것은 생각보다 매우 얇은 두께의 생존층 안에서만 거할 수 있다. 파리의 지구과학자인 제롬 가이야르데(Jérôme Gaillardet)는 이러한 얇은 생물막을 임계 영역(zone critique)으로 명명하였다. 이 임계 영역 안에서 산다는 건 이후에 올 생명 형태들의 거주 적합성을 위기에 빠뜨리지 않으면서 조금 더 오래 지속하는 법을 배우는 일이다.[12]

이러한 지속하는 법을 배우고 공유하는 것은 지구가 모든 측면과 연결되어 있는 만큼 전통적인 정치, 경제, 사회, 문화, 종교만의 파편적 작동 방식을 넘어서는 복합적인 문제가 된다. 브뤼노 라투르는 『녹색 계급의 출현』(2022)에서 지구의 위기와 생태학적 위기의 극복이 얼마나 복합적인 문제와 연결되어 있는지를 다룬다. 모두가 지구의 위기와 생태를 이야기하지만, 그것은 순간 출현하고 사라지는 안개들과 같다. 그래서 생태학은 언제나 있는 것 같으면서 동시에 어디에도 없는 신기루 담론이었다.[13] 그는 여기에서 기후 변화의 새로운 정치학적 관점을 제시한다. 즉, 기후 변화가 전통

---

12 브뤼노 라투르/김예령 옮김, 『나는 어디에 있는가』 (2021), 49-50.
13 브뤼노 라투르·니콜라이 슐츠/이규현 옮김, 『녹색 계급의 출현』 (서울: 이음, 2022), 14.

적인 정치 및 경제 등의 파편적 모델을 넘어서는 복잡하고 중층적인 문제이기에 기후 변화가 정치, 경제, 과학, 사회, 문화, 종교 전반에 걸쳐 영향을 미치는 새로운 현상으로 신중하게 인식되어야 한다고 제안한다.

그는 지구 환경의 변화에 대응하는 새로운 행위자들의 집결을 "녹색 계급"으로 정의한다. 이들은 지구상의 다양한 관련 이해관계자들로 이루어진 네트워크를 형성하며, 기존의 사회적 경제 모델에 도전하고 새로운 협상의 공간을 창출한다: "녹색 계급은 지구 차원의 거주 가능성 문제를 떠맡는 계급이다. 따라서 역사와, 심지어는 지구의 역사에 대한 더 넓고, 더 길고, 더 복잡한 시각을 지니고 있다."[14] 이렇게 전통적인 지구 이해의 지평을 새롭게 확장하고, 인간과 지구의 관계의 동역학을 새로운 방식으로 구축하여 건강한 지구 개념을 형성하는 것은 지구 위기 시대 인간 공동체의 중요한 과제이다.


## IV. 지구 신학의 재구성

첫째, 성서 전통에서 전개되는 창조주의 창조의 능력, 즉 사랑의 대상은 인간과 사회의 영역에 국한되지 않고, 오히려 더욱 넓은 범위로, 특히 피조물 전체에 대한 관점으로 패러다임을 전환해야 하는 과제가 있다. 창조주와 피조물 간의 관계는 복잡한 다항 관계를 지닌다. 이는 일대일 상호 관계로 단순히 환원될 수 없다. 따라서 하나님을 사랑하는 것은 단순히 하나님의 뜻을 따르며, 세계, 동료 인간 그리고 동료 피조물과의 관계를 유지하는 것

---

14 앞의 책, 38.

뿐만 아니라, 이러한 관계를 다항의 지평으로 확장하는 의미를 내포한다.

오늘날 전개되고 있는 포스트휴먼의 핵심 논의는 전통적인 인간중심주의적 사고를 넘어 관계의 사각지대를 사상적으로 해명하고, 그 고차 방정식을 풀어 새로운 생명 관계론을 구축한다는 점에서 그 중요성을 지닌다. 포스트휴먼 사유는 자기생성(*autopoiesis*)을 넘어 공생(*symbiosis*), 공생 발생(*symbiogenesis*), 공동 생산(*sympoiesis*)으로 심화된다.[15] 실재하는 하나님과의 사랑의 관계에 참여함은 단순히 인간뿐만 아니라 모든 하나님의 피조물들과의 상호 교류와 공생을 의미한다. 이러한 창조적 변혁은 그리스도교의 창조신학 내 깊은 차원에서 작용하고 있으며, 인간 너머 수많은 타자들에 대한 신의 창조적 변혁에 대한 관심을 반영하고 있다.

둘째, 문화와 자연의 상호 역동적 분석의 과정에서 계시의 인식론이 적극적으로 요구되어야 한다. 창조주의 사역은 문화와 자연 간의 상호 작용에서 뿐만 아니라 상호 작용 너머의 차원에서도 일어난다. 이러한 창조주의 활동은 문화와 자연의 범주로만 환원될 수 없다. 그리스도교 신학의 중요한 명제 중 하나는 창조주와 피조물의 관계에 대한 매우 심화된 이해이다. 새로운 자연의 신학은 단순한 낭만주의적 동경이나 자연화에 대한 수용을 너머, 자연과 지구의 신학의 핵심적인 방법론을 제시해야 할 것이다.[16] 알프레드 노스 화이트헤드(Alfred North Whitehead, 1861~1947)는 "생명은 약탈

---

15 Katherine Keller, *Political Theology of the Earth: Our planetary Emergency and the Struggle for A New Public* (2018), 87-88.

16 "철학과 종교라고 해서 무조건 심오한 의미를 갖지 않는다. 오히려 새로운 생각, 신풍조 따위에 병적일 정도로 집착하는 현상이 심심찮게 나타났다. 역사를 돌이켜보면 자연 사랑, 인간과 자연의 조화, 인간에 의한 자연 파괴를 둘러싼 분노 등은 늦어도 18세기 이후 서구 사상의 주류에 속했지만, 그 같은 사상을 실천으로 옮기려는 구체적 목표, 도구, 제도 및 행동 능력을 갖춘 운동가들의 연합은 턱없이 부족했다." 요아힘 라트카우/김희상 옮김, 『생태의 시대: 다시 쓰는 환경 운동의 세계사』 (서울: 열린책들, 2022), 32.

이다"(Life is robbery)라는 주장을 하였다.[17] 자연 세계를 주도하는 약육강식의 본성에 대한 낭만화보다는 도덕적이며 종교적인 담론을 통한 목적론의 해석학 구축이 필요하다.[18]

이렇게 문화와 생명의 변화의 맥락에서 그리스도교의 신학적 방향성을 명확히 제시하는 것은 매우 중요한 과제이다. 이러한 과제는 생태학적 위기를 단순히 생명의 자연주의적 양상의 발현으로 보는 것을 넘어, 이러한 위기의 배후에 있는 다양한 정치, 사회, 문화적 조건에서 나타나는 창조의 영의 위기를 인식하는 것이다. 피조 세계에 대한 단선적인 이해를 넘어 세계의 혼돈과 죄 그리고 그에 가담하고 있는 자기 안으로 굽어버린 인간(*homo incurvatus inse*)과 사회 양식을 신학적으로 깊이 분석하는 것이 필요하다.

셋째, 피조 세계를 하나님의 형상의 능력으로 회복하는 전환의 과정에서 자발적인 '자기철회'(Selbstzurücknahme)에 대한 신학적 주목이 더욱 이루어진다.[19] 창조 세계의 파탄은 전통적인 땅의 지배와 통치의 결과로 나타나는데, 이는 자기강화와 경쟁의 양식에서 비롯된 총체적인 현상이다. 이와 대조적으로 하나님의 형상 속에서 펼쳐지는 땅의 지배와 통치는 자발적이며 창조적인 자기철회를 통해 새로운 생명의 전환을 이끌어낸다. 자기철회의 능력은 하나님의 비움의 사랑이 빛나는 가장 고양된 방식으로 성취된 생명의 모습을 보여주는 것이다. 이러한 관점에서 자발적인 자기철회는 하나님의 절대적인 사랑의 형상에 부합하며, 피조 세계의 회복과 지속 가능한

---

17 Alfred North Whitehead, *Process and Reality: An Essay in Cosmology* (New York: The Free Press, 1978), 105.

18 Michael Welker, *In God's Image: An Anthropology of the Spirit* (Grand Rapids: Eerdmans, 2021), 27.

19 John Polkinghorne, *The Work of Love: Creation as Kenosis* (Grand Rapids: Eerdmans, 2001).

삶의 가능성을 열어가는 데 중요한 역할을 기대할 수 있다. 피조 세계에 대한 지배적인 접근을 넘어 자기철회를 통해 새로운 공생의 길을 찾아가는 것이 생명의 고양된 지속 가능성 모델의 기초를 제공할 것으로 기대된다.

오늘날 지구 생태계의 위기에 대응하기 위해 이루어지고 있는 여러 제도적·법적 노력은 초국가적 특성을 갖고 있다. 여기에서 개인, 사회, 기업, 국가 간의 자발적인 자기강화로 인해 결국은 이 지구가 공멸할 수밖에 없다는 비관론을 우리가 극복하는 것이 이 초국가적 협력의 출발점일 것이다. 이러한 극복은 각 구성원의 자발적인 자기강화를 넘어 공동의 자기비움으로, 자발적으로 그리고 제도적으로 협력하여 나아갈 때에만 가능할 것이다. 이러한 자기철회는 창조 세계의 공동체적인 삶과 가치의 공유를 지구촌 단위에서 모색하는 데 있어 의미 있는 출발점이자 시도가 될 것이다. 신학적으로 분명한 것은 하나님의 형상의 능력이 그리스도론, 창조론, 성령론에서 제시되는 바와 같이 그의 능력의 장 인에 존재하는 이들의 자발적인 자기철회 속에서 가장 강력하게 드러난다는 점이다. 이러한 신학적 관점은 생태적 위기와 도전에 대한 더 나은 지구신학의 구성과 실천적인 해결책 모색에 기여할 것이다.


## V. 나가며

오늘 우리가 목도하고 있는 기후 변화 사건은 지구에 사는 인간의 오랜 기간에 걸친 모든 행동이 반영된 사건이다. 그래서 그 사건은 "역사의 종착역"의 의미를 지닌다.[20] 신학은 역사의 출발과 종지부를 감싸는 빛으로, 시간의 순환 안에서도 의미와 방향을 부여한다. 이러한 신학의 해석은 창조주의 계시를 통해 우주의 창조와 역사의 목표에 대한 새로운 시각을 제시한다. 그리고 우리가 지구의 위기에 직면했을 때 개인적인 책임이 아닌 보다 큰 연대의 시각에서 이를 바라보고 대처하도록 인도한다. 신학은 우리의 행동이 지구와 다른 이들에게 미치는 영향을 깊이 이해하고, 이를 통해 나아가 지구와의 연관성을 새롭게 성찰하며 해석해야 한다. 이는 더 나아가, 우리가 모두 공동으로 더불어 걸어가는 길을 유용하게 제시할 것이다.

첫째, 지구에 대한 더욱 사려 깊은 새로운 신학적 해석이 필요하다. 창조주의 계시는 우주와 역사를 향한 온전한 성취를 지향한다. 신학은 지구의 위기를 "나"의 문제가 아닌 "너"의 문제로 치부하는 욕망과 연대적 사유의 빈약함을 넘어선다. 신학은 세상의 마지막에 관한 사유를 품고 피조 세계 전체에 대한 통일성과 연대성을 해석학의 핵심 동력으로 삼는다. 신학은 인간의 사고방식과 인식의 한계를 드러내고, 이를 극복하며 인간의 사고 저편에 놓여있는 지구 생태계에 대한 깊은 이해를 도모해야 한다. 생태계를 둘러싼 제도, 권력, 해석의 갈등 속에서 이러한 신학적 전망은 중요한 의미를 지닌다. 그레고리 베이트슨(Gregory Bateson, 1904~1980)은 "자신이 가지고 있는 생각이 틀릴 수도 있다는 관념"이 생태계적 사유의 중요한 출발점이라고 하였다.[21] 생태계 위기의 발원이 바로 파편적 관점에만 귀속된 인식론적 위기라는 점을 주목하는 것은 지구 행성을 향한 새로운 인식의 과제와 만난다.

현존하는 체제에 대한 제도적 변화의 시작은 기후 위기를 극복하는 데 중요한 거시적 출발점으로 간주된다. 뿐만 아니라, 미시적인 측면에서도 신

---

20 아미타브 고시/김홍옥 옮김, 『대혼란의 시대』 (서울: 에코리브르, 2021), 155.

21 전철, "계시와 인식의 생태적 관계론 연구: 그레고리 베이트슨의 마음의 생태학을 중심으로," 「신학연구」 77 (2020/12), 31-55.

학의 중요한 과제가 함축되어 있다. 정의, 사랑 그리고 인간 존재의 변화에 중점을 두는 신학은 이러한 과제에 대한 탐구를 위해 광범위한 학문적 협력이 필수적이다. 이러한 신학적 지향은 오늘 지구 위기의 본질을 통전적으로 조망한다. 현재의 문화적 작용 방식을 토대로 체제의 변화를 탐구할 수 있다. 신학은 인간의 사유의 경계를 넘는 메타적 사유의 정점이다. 신학의 상상력을 통하여 형성되는 메타 공간의 조성은 체제 변화를 모색하고 유도하기 위한 필수적인 단계이다. 정치·경제적인 문제만이 아니라 문화적, 내적, 영적 측면과도 연계된 체제 변화는 그리하여 신학적 개입을 더욱 필요로 한다. 사회적 공론장에서의 새로운 체제와 종말론적 사유에 대한 신학적 통찰은 보다 광범위하게 전파되어져야 한다. 교회는 진리를 탐구하고 공동체로서의 역할을 수행해 왔다. 피조계의 위기를 극복하기 위한 이 과제는 피조계를 아우르는 진리와 계시에 대한 그리스도교의 증언에서 비롯된다. 이를 통해 신학은 지구 전반에 걸친 지적 탐구를 이끌어내며, 지속 가능한 미래를 모색하는 데 일조한다.

지구의 신학은 이 땅 위 모든 생명의 지위에 대한 새로운 인식, 각성 그리고 제도적 성찰을 강조한다. 현재 지구 전역에서는 다양한 생명체들이 멸종하고 있으며, 건강하고 새로운 생명력을 얻을 수 있는 기회가 점차 사라져 가고 있다. 이에 대한 사회, 환경, 법, 제도, 종교, 과학의 성찰은 우리 사회에서 긴요한 과제로 부각되고 있다. 생태적 전환은 범담론적인 보편성을 가진다는 특징이 있다. 인간과 지구를 아우르는 위기 극복의 숙제 앞에 종교와 과학의 학제적 대화가 더욱 중요한 사회적 동력을 발휘할 것으로 예상된다. 종교와 과학 간의 학제적 대화는 이러한 종합적인 변화의 중요한 원천으로 작용할 것으로 기대된다. 종교적인 관점과 과학적인 분석이 결합함으로써, 생태적 전환에 대한 깊은 이해와 실질적인 행동 방안을 모색하는 데에 기여할 것이다. 이는 사회적인 차원에서 지속 가능한 미래를 향한 길을 개척하는데 유용한 실험이 될 것이다.

종교는 이 세계의 지속 가능하고 누적된 가치 그리고 공동체적 유산과 오랜 세월에 걸쳐 축적된 지혜에 뿌리를 두고 존재한다. 위기에 몰린 지구에 대한 '종교적 성찰'은 지구 신학을 탐구하는 현실적인 조건이다. 생태적 사유의 전환을 향한 '신학적 제안'은 기독교의 소중한 유산을 현재의 지평을 향하여 창조적으로 재해석하는 것이다. 미래 세대에 대한 고민은 생태적 사유의 기초이자, 미래를 현재에서 종말론적으로 사유하는 종교와 신학의 근본적인 방법론이기도 하다. 특히 비움의 방식으로 존재하는 자연과 생태에 대한 문명적 사유와 그 지혜로운 결합은 아마도 신학의 중요한 제안이자, 복합적인 과제가 될 것이다. 이러한 관점에서 우리는 종교의 미래적 역할에 대한 혁신적이고 진취적인 고민이 필요하다. 지구의 위기 속에서 종교는 단순한 과거의 유산이 아닌, 현대 사회에서 새로운 방향성을 제시하고 인류의 지속 가능한 미래를 위한 동력으로 기여해야 할 것이다.

브뤼노 라투르는 현재 지구가 진행 중인 기후 변화, 온난화 그리고 오염으로 인한 불안정한 상태 속에서도, 구제의 목적보다는 생산과 발전의 논리에 더 큰 중점을 두는 경향이 있다고 지적한다. 비록 지구는 심각한 기후 위기에 직면해 있으며, 지구인과 지구 생활자 그리고 ―예를 들어 갑자기 자취를 감춘 꿀벌과 같은― 생명체들에게 죽음의 그림자가 드리워진지 오래임에도, 이를 막기 위한 대규모의 전환은 아직도 이뤄지지 않고 있다고 지적한다. 《오징어 게임》의 1번 참가자가 남긴 "제발 그만해, 이러다가는 다 죽어"와 같은 절박한 절규가 여전히 부재하다.

신학 또한, 인간 종에 대한 신학적 관점에서 다른 생명 종과의 관계에 대한 깊은 이해를 요구한다. 인간 종은 이제 다른 생명체와 서로 존속 가능하게 하는 공존의 양식을 제공하면서, 다른 생명 형태와의 상호 작용에서 발전시켜야 할 새로운 관계 형성의 필요성에 직면해 있다. 종간의 호혜적 협력과 지속 가능한 공존에 대한 신학적 고찰이 절실한 지점이다. 신이 부여한 인간의 역할과 책임을 다양한 생명체와의 상호 작용에서 새롭게 재정의할 필요성이 부각된다. 이러한 측면에서 라투르의 주장은 인간과 자연 그리고 모든 생명체 간의 교류에서 새로운 통찰을 모색하고, 지속 가능한 미래의 모색에 중요한 방향성을 제시한다.

지구 위기의 시대에서는 종교와 신의 개념에 대한 영성적 재해석과 육화의 문화가 더욱 깊이 이루어져야 한다. 현재 펼쳐지고 있는 생태와 지구 위기는 복합적이며 총체적인 국면에서의 미증유의 위기이다. 이 문제는 인간의 영적 문제의 전환과 깊은 유기적 연결성을 지닌다. "영적"(spiritual)인 것의 의미는 개인성을 넘어서, 전체성과 총체성의 심층적인 관점을 내포한다. 인간의 영과 그 지능은 생명 현상의 복잡한 체계 속에서 종합적 활동으로 해석된다. 인간의 지능은 우주와 자연에서 생명을 유지하는 체계적 본질의 구현으로 이해된다. 환경의 적응 체계로서의 지능 그 자체가 인간의 인간 됨이다.[22] 종교는 이러한 생명 현상의 복잡한 체계에서 가장 고양된 지능적 형태와 지혜를 나타낸다. 종교가 지닌 중요성과 그 사회적 과제는 여전히 중요하다. 지능과 영성에 대한 심화된 이해가 더욱 필요한 시대이다. 종교는 지구 위기에 대한 지속 가능한 대응과 긍정적 영향력을 발휘할 수 있는 중요한 도구로서 그 역할을 다해야 한다. 지구 생태계에 대한 새로운 통찰과 접근을 모색하는 과정에서 종교의 기여가 분명히 있다고 생각한다.

---

22 서울대·한신대 포스트휴먼연구단, 『인간 너머의 인간: 포스트휴먼 시대의 신, 인간, 자연』 (고양: 사월의책, 2021).

그리스도의 거룩한 몸은 생명의 독성을 야기하는 탄소로는 절대로 형성되지 않을 것이다. 우리는 신음하는 지구와 그리스도의 몸 사이의 연속성과 불연속성에 대한 보다 심층적인 과학적, 신학적 그리고 영적 이해를 모색해야 한다. 이는 인간, 생명 그리고 지구의 미래에 새로운 가치와 대안적 패턴을 구축하기 위해 과학, 교육, 정치, 사회, 종교가 공동으로 추구해야 할 해석학적 과제이다. 생명 위기의 시대, 하나님의 피조 세계에 대한 회복의 모색에서 지구 생존자들은 특히 중요한 역할을 맡고 있다. 이는 지구를 위한 자연의 신학(*theologia naturae*)의 과제이다. 지구 생태계의 회복을 향한 이러한 노력은 과학적 연구, 교육적 환기, 정치적 거버넌스, 사회적 협력 그리고 종교적 통찰을 유기적으로 연결하는 과정에서 이루어져야 한다. 지구 생존자라는 공통분모에 대한 깊은 의식은 그 출발점이 될 것이다. 이를 바탕으로 각자 다양한 영역에서의 개방적 대화와 공동의 미래를 향한 협력에서 "지구의 신학"이라는 새 희망이 열릴 것이다.

# 참고문헌

고시, 이미타브/김홍옥 옮김. 『대혼란의 시대』. 서울: 에코리브르, 2021.

라투르, 브뤼노/김예령 옮김. 『나는 어디에 있는가?』. 서울: 이음, 2021.

_____/이세진 옮김. 『브뤼노 라투르의 과학인문학 편지』. 고양: 사월의책, 2012.

라투르, 브뤼노·슐츠, 니콜라이/이규현 옮김. 『녹색 계급의 출현』. 서울: 이음, 2022.

라트카우, 요아힘/김희상 옮김. 『생태의 시대: 다시 쓰는 환경 운동의 세계사』. 서울: 열린책들, 2022.

러브록, 제임스/이한음 옮김. 『가이아의 복수』. 서울: 세종서적, 2008.

_____/홍욱희 옮김. 『가이아: 생명체로서의 지구』. 서울: 범양사, 1990.

루만, 니클라스/서영조 옮김. 『생태적 커뮤니케이션: 우리 사회는 생태적 위험에 대비할 수 있는가』. 서울: 에코리브르, 2014.

버트니스, 마크/조은영 옮김. 『문명의 자연사: 협력과 경쟁, 진화의 역사』. 서울: 까치, 2021.

서울대·한신대 포스트휴먼연구단. 『인간 너머의 인간: 포스트휴먼 시대의 신, 인간, 자연』. 고양: 사월의책, 2021.

전철. "계시와 인식의 생태적 관계론 연구: 그레고리 베이트슨의 마음의 생태학을 중심으로." 「신학연구」 77 (2020/12), 31-55.

_____. "인공지능과 인간지능의 몸: 몸의 이미지에 대한 종교와 과학의 대화." 「신학사상」 201 (2023/여름), 69-86.

정수종. "기후 변화를 이해하는 방법." 『Epi 21: 과학, 지구를 품다』. 서울: 이음, 2022, 42-53.

켈러, 캐서린/박일준 옮김. 『지구 정치 신학』. 서울: 대장간, 2020.


Almond, R.E.A., Grooten, M. and Petersen, T. (Eds.). *Living Planet Report 2020: Bending the Curve of Biodiversity Loss*. WWF, 2020.

Díaz, Sandra (Ed.). *The Global Assessment Report on Biodiversity and Ecosystem Services*. IPBES, 2019.

Polkinghorne, John. *The Work of Love: Creation as Kenosis*. Grand Rapids: Eerdmans, 2001.

Welker, Michael. *In God's Image: An Anthropology of the Spirit.* Grand Rapids: Eerdmans, 2021.

Whitehead, Alfred North. *Process and Reality: An Essay in Cosmology.* New York: The Free Press, 1978.

# 외계인 논쟁과 우주신학의 전망*

김 정 형

(연세대학교 교수/종교철학)

## I. 들어가며

그리스도교 전통은 코페르니쿠스 이후 출현한 광대한 시공간의 우주(이하, '새로운 우주')를 품을 수 있는가? 그리스도교는 새로운 우주의 의미를 신학적으로 적절하게 해명하고 전유할 수 있는가? 그리스도교는 유대교와 이슬람교 등 아브라함 전통의 다른 유일신교와 마찬가지로 창조자에 대한 믿음을 고백한다. 이 창조 신앙은 유일한 창조자와 다른 모든 피조물 사이의 존재론적 차이를 강조하는 한편, 피조물이라는 범주 안에 세계와 세계의 모든 존재자를 포함하고 있다. 창조신학의 이 같은 논리는 현대 과학이 밝혀내는 우주에도 똑같이 적용될 수 있다. 말하자면, 그리스도교 신학은 창조자에 대한 고백을 통해서 이미 우주 전체를 그 안에 품고 있다고 말할 수 있

---

* 이 글은 필자가 최근 "새로운 우주의 출현과 포괄적 우주신학의 전망"이라는 제목으로 국내 학술지 「신학사상」 212집(2026년 3월)에 게재한 논문을 편집 취지에 맞추어 수정한 것이다.

다. 하지만 그리스도교 사상의 역사를 자세히 들여다보면, 이러한 주장은 형식 논리 차원에서만 타당하다. 그리스도교의 독특한 구원론은 물론이고, 창조론까지 포함하여 그리스도교 신학의 실질적인 내용은 최근까지도 다분히 지구중심적 관점을 고수하고 있기 때문이다. 진정한 의미에서 우주 지평의 그리스도교 신학은 여전히 앞으로의 과제로 남아 있으며, 이 글은 이 과제 수행을 위한 작은 한 걸음이다.

　사실 지구중심적 담론은 그리스도교 신학에만 국한된 것이 아니다. 최근 들어 인문학과 사회과학 전반에서 근대 인간중심주의에 대한 비판적 성찰이 봇물이 터지듯 하고 있지만, 상대적으로 더 오랜 역사를 가진 지구중심주의에 대한 비판적 성찰은 미미한 상황이다. 자연과학은 이미 오백 년 전부터 지구 밖 우주에 대한 새로운 관측과 이론을 내놓고 있고, 항공우주공학은 지구 대기권 안팎을 오가는 수만 개의 우주선과 인공위성을 개발함으로써 '우주 시대'로 성큼 다가서고 있지만, 인문학과 사회과학의 논의는 여전히 지구 대기권 아래의 인간 문화를 중심으로 이루어지고 있다. 필자가 판단하기에 인문학·사회과학과 자연과학·공학 담론 사이의 이러한 거리는 당장은 아니더라도 조만간 중요한 화두로 부상할 것으로 보인다. 이런 점에서 현대 과학이 밝혀주는 광대한 우주 모습과 첨단 기술이 가능하게 만드는 우주 문명에 대한 인문학적, 사회과학적 담론이 더 많이 요청된다.

　다른 한편, 전반적으로 여전히 지구중심적 관점을 벗어나지 못하고 있는 인문학과 사회과학 분야 중에서 우주적 지평의 담론이 가장 두드러지게 발전한 분야는 단연코 그리스도교 신학이다. 우주 지평의 신학적 논의는 국내에는 아직 낯설게 들리지만, 영미권에서는 최근 수십 년간 관련 연구가 상당히 쏟아져 나왔다.[1] 다만, 아쉬운 점은 기존 연구 대부분이 외계 지적 생명체(이하, '외계인')의 존재 가능성에 초점을 맞추고, 외계인의 존재가 내포하는 신학적 함의를 탐구하는 데 집중하고 있다는 사실이다. 이에 비해 외계인의 부재 가능성을 고려하거나, 외계인 문제를 떠나 우주적 지평에서 전개되는 신학적 성찰은 미미한 실정이다. 말하자면, 지금까지의 우주신학 논의는 지구인을 넘어 외계인을 다룬다는 점에서 지구 혹은 지구인중심적 관점을 극복한다는 장점이 있지만, 외계인의 부재 가능성이 내포하는 신학적 의미를 포함해서, 오늘날 우주신학이 고려해야 할 더 많은 문제를 충분히 고려하지 못하고 있다는 한계가 있다.

이와 관련해 이 글에서 필자는 코페르니쿠스의 혁명이 가져온 세계관 변화의 핵심 내용을 새롭게 들여다 봄으로써, 지금보다 더 포괄적인 우주신학으로 나아가는 디딤돌을 놓고자 한다. 흔히 과학 혁명의 세계관적 의의에 대해서 지구가 우주의 중심에 있지 않다는 사실을 보여주었다거나, 지구 바깥에 지구인과 비슷한 외계인의 존재 가능성을 시사했다는 점에서 평가가 이루어진다. 하지만 필자가 볼 때 과학 혁명의 더 큰 의의는 지구 바깥에 지구와 유사한 '많은 땅'(many worlds)[2]이 존재한다는 것을 입증했다는 사실에 있다. 지구가 우주의 물리적 중심이 아니라도 지구 밖에는 지구와 같이 생명체가 거주할 수 있는 다른 땅이 존재하지 않는다면, 코페르니쿠스의 새

---

1 대표적인 예로 다음 두 단행본에 기고한 다양한 전문가들의 글을 참고하라. Steven J. Dick (ed.), *Many Worlds: The New Universe, Extraterrestrial Life & the Theological Implications*, ed. Steven Dick (Radnor: Templeton Foundation Press, 2000); Ted Peters (ed.), *Astrotheology: Science and Theology Meet Extraterrestrial Life* (Eugene: Cascade, 2018).

2 스티븐 딕이 편집한 제목(*Many Worlds*)에서 보듯이 외계 지적 생명체에 관한 영미권의 논의에서 '많은 세계' 개념이 자주 등장한다. 하지만 '많은 세계'라는 한글 표현은 다중 우주 등 다른 뜻으로 오해될 소지가 있다. 그래서 필자는 이 글의 논의가 초점을 두고 있는 바 지구처럼 생명체가 거주할 가능성이 있는 영역에 대한 초점을 흐리지 않고 혼동을 미연에 방지하는 차원에서, 이 글 전체에 걸쳐 'world'를 '세계'가 아니라 '땅'으로 번역하기로 했다. 다만, '세계관', '창조 세계' 등 거주 가능한 땅이 초점이 되지 않는 경우 '세계'라는 표현을 그대로 둔다.

로운 우주는 전통적인 지구중심적 관점에 별다른 충격을 주지 못할 것이다. 설사 외계인이 존재하지 않더라도 지구 밖에 많은 땅이 존재한다는 과학적 관측 사실은 그 자체로 중요한 실존적 도전이 될 수 있다.

이러한 문제의식에서 필자는 앞으로 우주신학이 다루어야 할 핵심 문제의 하나로서, 새로운 우주 속 많은 땅의 발견이 내포하는 신학적 함의를 제시하려고 한다. 구체적으로는 코페르니쿠스 시대의 신학자 필립 멜랑히톤이 새로운 우주 그림에 반대한 신학적 논리를 비판적으로 소개하면서 문제 상황을 명료하게 재기술한다. 그리고 포괄적인 우주신학의 발전을 위해 외계인의 존재를 가정한 경우와 외계인의 부재를 가정한 경우를 구분해서, 각각의 경우 새로운 우주를 품는 신학의 가능성을 탐색할 것이다. 결론적으로 필자는, 성서 시대의 사람들은 전혀 상상할 수도 없었던 광대하고 새로운 우주 그림의 출현 앞에서, 그리스도교 신학이 전례 없던 대담하고 과감한 상상력을 통해 신과 우주의 관계에 대한 새로운 이야기를 쓸 필요가 있다고 주장할 것이다.


## II. 문제의 발단: 많은 땅의 발견

그리스도교 사상사를 돌아보면, 대부분의 교리 담론이 지구의 울타리 안에 갇혀 있다는 사실을 부인하기가 어렵다. 필자가 볼 때 전통적인 그리스도교 신학이 지구중심적 한계에 갇혀 있는 가장 근본적인 이유 중 하나는 무엇보다도 그리스도교 경전에서 창조신학의 가장 대표적인 근거 본문으로 활용되는 창세기 1장이 지구 중심의 세계를 그리고 있기 때문이다. "처음에 하나님이 하늘과 땅을 창조하셨다"(창 1:1, 새한글성경). 이 구절에서 신이 창조한 세계 전체를 '하늘'과 '땅'이라는 두 개의 범주로 요약해서 기술하고 있다는 사실은 의미심장하다. 물론 여기서 '땅'은 인간이 지금 거주하는 지구 혹은 지구의 한 부분을 가리킨다는 사실도 함께 기억해야 한다. 고대 근동 문화의 창조 신화에서 이미 활용된 이 두 범주의 구분은 구약 성서 전통과 그것의 영향을 받은 그리스도교와 이슬람교에서 그대로 받아들여졌다. "나는 전능하신 아버지 하나님, 하늘과 땅의 창조자를 믿습니다"(사도신경). "인간이여! 네 주를 예배하라. … 그는 땅을 네 거처로 만드시고 하늘을 덮개로 만드신 한 분이시다"(쿠란). 전통적으로 사람들이 창조를 '천지(天地) 창조'와 같은 의미로 이해하는 경향도 이러한 전승사와 무관하지 않다. 여기서 하늘과 땅의 범주 구분이 중요한 이유는 이 범주 구분이 유대-그리스도교 전통과 그리스-로마 전통이 합류한 중세 시대 이후로 오늘날까지 이어온 많은 사람들의 지구중심적 세계관의 근본 구조를 형성하고 있기 때문이다.

구약 성서에 반영된 고대 근동의 세계관에 따르면, 평평한 땅 위를 둥근 지붕('궁창')이 덮고 있고, 해와 달, 별들이 둥근 지붕에 붙어서 움직이고 있다. 이 둥근 지붕은 '하늘'이라고 불린다(창 1:8). 둥근 지붕 위에는 '하늘 물' 층이 있고(창 1:7), 다시 그 위에는 '하늘들의 하늘'(heaven of heavens), 곧 신의 보좌가 있는 또 다른 '하늘'이 있다(시 103:19). 이것은 하늘이 이질적인 여러 층으로 구성되어 있음을 암시한다. 사도 바울이 언급한 '셋째 하늘'(고후 12:2-4)도 이와 비슷한 세계관을 암시하고 있다.

궁창이 평평한 땅을 덮고 있는 고대 근동의 이러한 우주 그림은 헬레니즘 시대 천문학의 발달과 함께 다른 우주 그림으로 대체되었지만, 하늘과 땅의 이중 구조는 그대로 유지되었다. 헬레니즘 시대 사람들은 둥근 땅을 중심에 두고 여러 층의 하늘들이 그 땅을 감싸고 있는 우주를 상상했다. 말하자면, 둥근 구 모양의 고정된 지구를 중심으로 달, 수성, 금성, 태양, 화성, 목성, 토성이 차례로 동심원을 그리며 움직이고, 그 바깥에 '고정된 별들'의 천구가 있다. 이후 중세 그리스도교 전통은 고정된 별들의 하늘 밖에 신이 거주하는 또 다른 하늘을 상상하는 방식으로, 아리스토텔레스의 자연철학에 기반한 '프톨레마이오스 천문학의 우주 그림'을 변형해서 수용했다.

이처럼 천문학이 점점 발달하면서 땅과 하늘의 구체적인 모습에 대한 그림이 바뀌기는 했지만, 고대 근동 문화에서나 헬레니즘 문화에서나 중세 그리스도교 문화에서나 우주 전체가 하늘과 땅의 두 범주로 구분되는 이중 구조를 가진다는 점에서는 근본적인 변화가 없다. 오히려 헬레니즘 사상의 영향으로 달의 궤도를 중심으로 달 위의(superlunary) 영역과 달 아래(sublunary) 영역 사이의 질적 차이가 더욱 강조되었다. 하늘, 곧 달 위의 영역은 영원불변을 상징하는 원운동의 완전한 세계이고, 땅, 곧 달 아래 영역은 무상한 시간의 흐름 속 고통과 죽음이 있는 불완전한 세계다. 하늘에는 신과 천사들, 성인들과 같은 영적인 존재들이 거주하고, 땅에는 죽음을 피할 수 없는 인간과 동식물이 거주한다. 그렇지만, 아니 바로 그 이유 때문에 땅, 곧 달 아래 영역에 속한 지구는 모든 동심원적 천체운동의 하나뿐인 중심이다. 지구는 유한하고 불완전한 피조물이 거주하는 유일한 영역이고, 그래서 신의 구원 역사가 펼쳐지는 유일한 공간이다.

여기서 우리가 주목할 점은 하늘과 땅을 구분하는 우주 그림에서 땅은 오직 하나밖에 없다는 사실이다. 고대 근동과 헬레니즘의 세계관은 하나의 땅을 가진 하나의 우주를 상정하고 있었다. 이러한 세계관은 하나의 원리를 강조하는 그리스 고전 철학을 통해 이론적 지지를 얻었다. 특히 아리스토텔레스는 물, 불, 공기, 흙 등 네 원소의 각기 고유한 운동 방향에 관한 자연철학 이론에 기초하여 오직 하나의 땅만 존재하는 고대 우주 그림에 과학적,

철학적 정당성을 부여했다.[3] 이 우주 그림은 유일한 신이 온 세계를 창조했다는 성서 이야기와 조화를 이루면서, 자연스럽게 중세 시대 그리스도인들 사이에 널리 받아들여졌다.

결과적으로 달 위의 하늘과 달 아래 땅 사이의 질적 차이를 강조하면서, 오직 하나의 땅만 상정하는 이러한 세계관에서 지구는 영원히 유일한 중심으로 남게 되었다. 하늘과 땅의 이중 구조를 가진 하나의 우주 그림을 고수하는 한 천지의 창조자에 대한 그리스도교의 믿음은 형식적으로는 우주적 지평을 갖지만, 실질적으로는 지구중심적 관점을 벗어나기 어렵다. 오직 하나뿐인 이 땅, 곧 달 아래 지구에 모든 신학적 관심이 집중될 수밖에 없기 때문이다.

우주에 오직 하나의 땅, 곧 지구밖에 존재하지 않는다는 오랜 지구중심적 세계관에 결정적인 충격을 가져온 것이 바로 '코페르니쿠스의 혁명'이다. 코페르니쿠스 이후의 새로운 우주 그림은 여러 측면에서 전통적인 지구중심적 세계관의 붕괴를 가져왔다.

이와 관련해서 가장 흔히 언급되는 것은 천동설에서 지동설로의 전회다. 지구가 우주(태양계)의 중심이 아니라는 사실, 지구가 다른 중심, 곧 태양을 공전하고 있다는 사실은 물리적 차원에서 지구의 중심적 위치를 박탈했다. 물리적 차원의 중심 이동은 상징적 차원에서 전통적인 지구중심적 세계관에 상당한 도전을 내포하기는 했지만, 그것만으로는 지구중심적 세계관이 무너지지 않았다. 예를 들어, 다윈과 함께 진화론을 정초한 알프레드 월리스(Alfred R. Wallace)는 1903년 출간한 책에서 여전히 지구가 거의 우주 중

3 Steven J. Dick, *Plurality of Worlds: The Origins of the Extraterrestrial Life Debate from Democritus to Kant* (New York: Cambridge University Press, 1984), 14-17.

심에 위치한다고 주장할 수 있었다.[4] 혹은 지구가 우주의 물리적 중심에 있지 않더라도 지구에 사는 인간의 독특한 지위가 인정되는 한 지구는 우주의 실질적인 중심으로 남을 수 있었다.

지구중심적 세계관의 붕괴와 관련하여 새로운 우주 그림이 가지는 더 중요한 의의는 하늘과 땅의 이중 구조를 붕괴시킨 데 있다. 새로운 우주 그림에서는 달 위의 하늘과 달 아래 땅 사이의 질적 차이가 더 이상 존재하지 않는다. 이것은 흔히 '코페르니쿠스 원리'라고 불린다. 우주의 어떤 곳도 다른 곳에 비해 특별하지 않다. 달 아래 지구는 우주의 물리적 중심이 아니고, 우주에 존재하는 수많은 땅 중 하나에 불과하며, 달 위의 하늘 역시 달 아래 영역과 마찬가지로 생성과 소멸, 변화가 있는 불완전한 세계임이 드러났다. 달 위의 하늘은 더는 신과 천사들의 거처가 아니다. 달 아래 땅은 이제 신의 역사가 펼쳐지는 유일한 공간이 아니다. 이제 지구는 우주에서 특별하게 구별된 유일무이한 땅이 아니다. 지구 밖에도 지구와 비슷한 많은 땅이 존재한다. 만약 '천지창조'가 하늘과 땅의 이중 구조를 가진 우주의 창조를 의미한다면, 이 문구는 새로운 우주의 창조를 적절하게 표현하지 못한다. 이제 우리는 하늘과 땅의 이중 구조가 사라진 균질적인 광대한 시공간의 우주 창조, 특히 많은 땅의 창조를 진지하게 고려해야 한다. 그리스도교 전통은 과연 많은 땅이 있는 새로운 우주를 품을 수 있을까?

흥미롭게도 새로운 우주에서 많은 땅의 창조가 내포하는 신학적 도전은 많은 경우 외계인의 존재 가능성과 관련해서 이해되었다. 여기서 땅은 지구와 같이 생명체가 거주할 수 있는(habitable) 땅으로 인식되었다. 따라서 시

---

4 월리스가 출간한 책의 제목은 『우주 속 인간의 위치: 세계(땅)의 단수성 혹은 복수성과 관련한 과학적 연구 결과에 관한 연구』이다.

구 밖 많은 땅의 발견은 그 땅들에 다양한 생명체들이 거주한다는 생각을 자연스럽게 불러일으켰다. 하지만 여기에는 논리의 비약이 숨어있다. 지구와 달리 지구 밖 다른 땅들에는 지적 생명체는 물론이고, 아무런 생명체도 거주하지 않을 가능성을 배제할 수 없기 때문이다. 말하자면, 우리는 많은 땅들의 창조가 제기하는 신학적 도전을 외계인의 존재 가능성이 제기하는 신학적 도전과 구분해서 이해할 필요가 있다. 전자는 후자를 포함하지만, 후자와 동일시될 수는 없다. 따라서 우리의 논의는 서로 다른, 하지만 동시에 서로 보완적인 두 방향에서 전개될 필요가 있다. 하나는 지구 밖 다른 땅들에 외계인이 존재할 가능성을 염두에 두고서 새로운 우주 그림을 품는 그리스도교 신학의 가능성을 모색하는 것이고, 다른 하나는 지구 밖 다른 땅들에 외계인이 부재할 가능성, 곧 온 우주에서 오직 지구에만 지적 생명체가 존재할 가능성을 염두에 두고서 우주신학의 가능성을 모색하는 것이다.

## III. 필립 멜랑히톤의 반론

그리스도교 창조신학의 형식 논리를 따르자면, 많은 땅을 가진 새로운 우주는 '신의 창조 세계'라고 간단히 말할 수 있다. 하지만 신이 하나의 땅이 아니라 많은 땅을 창조한 목적에 대해 누군가 질문한다면, 창조론의 관점에서 그리스도교 신학이 많은 땅의 창조 이론을 받아들이는 것은 처음 생각했던 것보다 쉬운 일이 아니다. 그뿐 아니라, 그리스도교의 고유한 구원론적 관점에서 보자면 더 큰 어려움이 있는 것처럼 보인다.

어떤 신학자들은 코페르니쿠스가 제시하는 새로운 우주 그림이 전통적인 그리스도교 신앙 체계에 중대한 위협이 된다고 판단하고 그것을 거부했다. 그중 가장 대표적인 신학자는 루터파 종교개혁자 필립 멜랑히톤(Philip Melanchton, 1497~1560)이다. 그는 그리스도교 신학이 많은 땅 사상과 양립할 수 없으며, 따라서 새로운 우주 그림을 품을 수 없다고 판단했다. 단순히 형식 논리의 관점에서 새로운 우주를 적극적으로 수용한 다른 그리스도교 사상가들과 달리, 멜랑히톤은 일찍부터 코페르니쿠스 우주 그림 속 많은 땅의 존재가 내포하는 신학적 함의를 상당히 정확하게 간파하고, 그것을 적극적으로 반박했다. 그는 자연철학적 근거에서 그리고 무엇보다도 신학적 근거에서 오직 하나의 땅만 존재한다고 주장했다.

> 땅이 하나이고 다수가 아니라는 것을 어떻게 확신할 수 있을까? ⋯ 그러므로 땅의 단일성에 대한 앞선 ─물리적인(필자 주)─ 논증에 더하여 이것을 추가하자. 이것은 매우 강력한 확증이다. 하나님의 아들, 우리 주 예수 그리스도는 한 분이시다. 그분은 이 땅에 오셔서 단 한 번 죽고 부활하셨다. 따라서 땅이 다수라고 상상해서는 안 된다. 그리스도가 한 번 이상 죽고 부활했다고 상상해서는 안 되기 때문이다. 또한, 다른 땅에서 하나님의 아들을 알지 못하는 사람들에게 영원한 생명이 주어졌다고 생각해서도 안 되기 때문이다. 이것은 물리적인 논증은 아니지만, 우리는 이것을 고려해야 한다. 많은 수의 땅을 상정하고, 그것과 더불어 다른 종교들과 다른 인간 본성을 지지하는 일이 있어서는 안 되기 때문이다.[5]

이 인용문은 1543년 코페르니쿠스의 『천구의 회전에 관하여』가 처

---

5 Philipp Melanchthon, *Initia dotrinae physicae: dictate in Academia Vvitenbergensi* (Lipsiae: Iohannes Rhamba excudebat, 1563[1549]), 34-35. 이 인용문에서 '땅'이라고 번역한 라틴어 단어는 'mundus'이다.

음 출간된 이후, 얼마 지나지 않은 시점에 멜랑히톤이 하나의 땅을 강력하게 옹호하며 쓴 글의 한 부분이다. 이 인용문에서 멜랑히톤은 땅의 다수성을 둘러싼 당시 과학적·신학적 논쟁에 참여하면서, 단 하나의 땅을 변호하는 신학적 논리를 제시하고 있다. 주목할 점은 멜랑히톤이 그리스도론과 구원론의 관점에서 많은 땅 사상을 거부하고, 한 분이신 예수 그리스도가 태어나고 죽고 부활한 하나의 땅만을 주장한다는 사실이다. 멜랑히톤의 전제에 따르면, 그리스도교 신학은 이 땅 외에 다른 땅을 인정할 수 없는데, 이것은 반대로 지구 밖 다른 땅의 존재가 확인되면 그리스도교 신학이 부정될 수 있음을 내포한다.[6]

하지만 모든 신학자가 멜랑히톤의 결론에 동의하는 것은 아니다. 이와 관련해서 우리는 멜랑히톤이 이 결론을 도출하는 과정에서 당연하게 받아들이고 있는 다음 네 가지 전제들이 아직 충분히 검증되지 않았다는 점을 주목할 필요가 있다.

① 지구 밖의 땅에도 지구인과 비슷한 지적 생명체(외계인)가 존재한다.
② 지구 밖의 외계인도 지구인과 비슷하게 죄를 지어 구속이 필요하다.
③ 신의 아들의 성육신과 십자가는 지구인의 구속을 위해서만 유효하다.
④ 신의 아들이 지구 밖의 다른 땅에서 다시 육화해서 죽는다는 것은 상상할 수 없다.

만약 이상 네 가지 전제 중 하나라도 설득력을 잃는다면, 멜랑히톤의 전체 논증은 타격을 입게 될 것이다. 예를 들어, 외계인이 존재하지 않는다면,

---

6 Thomas Paine, *The Age of Reason* (Toronto: W. B. Cooke & W. M. Scott, 1887), 58.

멜랑히톤의 문제 제기가 처음부터 성립하지 않게 될 것이다. 혹시 외계인이 존재하더라도 외계인이 지구인과 달리 죄가 없어 구속이 필요하지 않거나, 지구에서 발생한 성육신과 구속 사건의 효력이 아담의 후손에 국한되지 않고 지구 밖에서도 적용될 수 있거나, 혹은 지구 밖에서도 별도의 구원 사건이 일어날 수 있다면, 많은 땅의 창조 사상을 그리스도교 신앙 체계 안에 받아들이는 데 큰 걸림돌이 사라지게 될 것이다.

## IV. 외계인이 있는 우주를 품는 신학의 가능성

멜랑히톤의 논의는 코페르니쿠스의 새로운 우주 그림이 내포하는 신학적 함의와 도전을 나름 정확하게 포착하고 있지만, 새로운 우주 시대를 사는 현대 그리스도인들이 당연하게 받아들일 수 있는 신학적 모델은 되지 못한다. 오히려 멜랑히톤의 검증되지 않은 전제들을 다시 검토함으로써, 우리는 코페르니쿠스 이후 출현한 새로운 우주 그림을 품는 신학의 다양한 가능성을 모색할 수 있다. 우리는 포괄적이면서, 동시에 효과적인 논의 전개를 위해서 우주에 외계인이 존재할 가능성과 부재할 가능성을 구분한 다음, 각 경우에서 우주신학의 구체적인 가능성을 살펴볼 것이다.

먼저 이 단락에서는 외계인이 있다고 상정하고, 그리스도교가 외계인이 존재하는 우주를 그 신앙 체계 안에 품을 수 있는지 살펴본다. 앞서 멜랑히톤의 논리에 관한 논의에서 지적했듯이, 우리는 그의 논리 속에 숨어있는 전제들에 대한 비판적 고찰을 통해 그러한 가능성을 타진해 볼 수 있다.

## 1. 외계인이 죄가 없는 경우

외계인의 본성에 관한 한 현재로서는 외계인들이 아담의 후손처럼 죄를 범해 구속이 필요한 상태에 있는지, 혹은 그렇지 않은지 판단할 결정적 근거가 없다. 따라서 새로운 우주를 품는 신학은 외계인이 존재하지만, 죄가 없을 가능성을 고려해야 한다. 만약 외계인이 죄가 없다면, 그리스도교 신앙 논리에 따라 외계인에게는 성육신과 십자가의 구속 사건이 필요 없게 될 것이다. 죄와 악의 기원을 지구인의 조상인 아담에게서 찾는 전통적인 그리스도교 사상가들 중 일부는, 외계인은 아담의 후손이 아니기 때문에 죄가 없을 것이라고 추론한다.[7] 다만, 이러한 견해는 오늘의 성서학과 과학의 지지를 받기 어렵다. 흥미롭게도 최근 외계인 탐사에 열의를 가진 여러 과학자 역시 외계인이 신의 은총을 통한 구속이 필요하지 않을 것으로 본다. 그들의 추론에 따르면, 외계인은 지구인보다 월등한 과학기술은 물론이고, 더 뛰어난 도덕의식과 정치의식을 소유하고 있다. 그래서 외계 문명은 지구인이 상대적으로 아직 문명의 초기 단계에서 겪고 있는 다양한 사회적, 행성적 문제들을 이미 스스로 극복했을 것이라고 그들은 생각한다. 신학적 용어로 말하자면, 외계인은 자력 구원의 능력을 갖추었다. 「삼체」(2024년 넷플릭스 개봉)와 같은 영화에서 지구 문제의 해결을 위해 외계 문명에 도움을 요청하는 줄거리는 이러한 인식을 배경으로 한다.

이처럼 외계인이 애초부터 죄를 범하지 않았거나 스스로 구원을 성취했을 경우, 곧 외계인이 구속이 필요 없는 경우, 멜랑히톤의 우려는 근거를 상

---

7 대표적인 예로 갈릴레오 갈릴레이의 동시대인으로『갈릴레오를 위한 변명』(*Apologia pro Galileo*)라는 책을 출간한 톰마소 캄파넬라(Tommaso Campanella, 1568~1639)를 들 수 있다.

실한다. 다만, 신이 창조한 많은 땅 가운데 왜 이곳 지구에만 유독 죄와 악이 존재하는지와 관련해서 신정론적 질문이 날카롭게 제기될 수 있고, 죄가 없어 구원자가 필요하지 않은 외계인에게 그리스도교 신앙의 핵심인 그리스도가 어떤 의미가 있을지 의문이 제기될 수 있다. 이와 관련해서 자칫 그리스도교 신앙이 많은 땅의 우주를 품기보다, 오히려 지구 중심의 종교로 축소될 수도 있고, 초월적 신의 은총에 의한 구원 사상이 외계인의 과학기술과 선의를 통한 구원 사상으로 왜곡되는 결과가 초래될 수도 있다. 따라서 외계인이 존재하지만 지구인과 달리 죄가 없을 경우, 새로운 우주를 품는 우주신학이 가능하기 위해서는 창조 세계 내 악의 기원과 본성에 관한 우주 지평에서의 새로운 논의와 더불어, 그리스도의 우주적 의미를 근본적으로 새롭게 검토하는 작업이 요청된다.

## 2. 외계인이 죄가 있는 경우

다른 한편, 멜랑히톤이 가정한 대로 외계인이 죄를 지어 구속이 필요한 상태에 있을 가능성도 존재한다. 흥미롭게도 과학자들 중에도 외계인의 본성이 지구인의 본성과 별반 다르지 않을 것으로 예상하는 이들이 적지 않다. 외계 지적 생명체를 구속이 필요한 죄인으로 보는 이러한 생각의 가장 큰 동기는 아마도 코페르니쿠스 원리다. 우주의 어느 곳도 특별하지 않다. 지구도 특별하지 않다. 지구 밖 다른 땅도 지구와 비슷할 것이다. 지구 밖 땅의 거주자들 역시 지구인과 본성이 비슷할 것이다. 지구인이 죄를 피할 수 없듯이 그들 역시 죄를 피할 수 없을 것이다. 어떤 과학자들은 적자생존의 법칙을 따르는 생명의 역사와 열역학 제2법칙('엔트로피 법칙')을 따르는 우주의 역사를 언급하며, 인간의 폭력성이나 죄성, 곧 인간적 악의 기원이 첫 번째 인류의 범죄보다 더 먼 과거로 올라가 우주의 구조 자체에 뿌리를 내리고 있다고 주장한다. 말하자면, 생명과 우주의 보편적인 법칙 때문에 외계 지적 생명체 역시 완전하지 않고 죄를 피할 수 없다는 것이다.

이러한 주장처럼 외계인이 지구인과 같이 죄 가운데 있어 구속이 필요한 경우라면, 새로운 우주를 품기 위해 외계인의 구속 가능성을 설명하는 신학적 논리의 개발이 필요하다. 이것은 일단 두 방향으로 시도해 볼 만하다. 말하자면, 멜랑히톤의 논리로 다시 돌아가서, 세 번째와 네 번째 숨은 전제들을 뒤집어 생각하면서 외계인을 품는 우주신학의 가능성을 타진해 볼 수 있을 것이다.

세 번째 전제와 관련해서 그리스도의 구속 효력이 아담의 후손에게만, 곧 지구 안에만 제한된다는 생각은 그리스도교 전통 안에 널리 퍼져 있기는 하지만, 오늘날 그 타당성을 주장하기가 어렵다. 이러한 생각은 아담과 타락의 역사성을 전제로 로마서 5장에 서술된 아담과 그리스도의 관계에 대한 문자주의적 해석에 주로 근거하고 있는데, 최근 성서학과 인류학은 모두 이러한 해석의 정당성에 의문을 제기한다. 반면, 최근 다시 주목받고 있는 우주적 그리스도에 대한 성서학적, 신학적 논의는 멜랑히톤의 선입견과 달리, 그리스도의 성육신이 지구에서 단 한 번 일어난 사건이라 할지라도 창조 세계 전체에 효력을 가질 수 있다는 주장에 힘을 실어주고 있다. 물론 과거의 우주적 그리스도 사상은 대체로 하나의 지구중심적 우주 그림을 전제하고 있었기 때문에, 코페르니쿠스 이래로 많은 땅의 우주가 등장한 지금에는 과거 통찰의 재해석과 확장이 요구된다. 그럼에도 창조 지평에서 성육신의 동기를 해석하는 우주적 그리스도론의 핵심 사상은 많은 땅의 우주 이론에도 그대로 통용될 수 있다. 간단히 말하면, 성육신의 동기를 단순히 죄의 구속과 더불어 창조의 완성이라는 더 큰 맥락에서 찾는다면, 창조의 완성은 당연히 인간 외 다른 피조물들과 지구 밖 다른 땅을 포함하며, 이러한 맥락에서 죄의 구속 역시 인간의 죄뿐 아니라 지구 안팎의 모든 죄의 문제를 다룰 수 있을 것이다.[8] 성육신의 동기를 이렇게 포괄적으로 이해한다면, 지구 밖의 다른 땅들과 거기에 거주하는 외계인들의 존재를 부정할 필요도 없고, 그리스도교의 신앙 체계가 지구·인간 중심이라고 비판하고 조롱할 근거도 사라진다. 다만, 창조 지평에서 성육신의 의의를 재조명하는 이러한 시도를 통해서 우주적 구속의 객관적 차원에 대한 설명은 가능하지만, 죄 가운데 있는 각각의 외계 문명에서 구속 활동이 실제로 어떻게 이루어지는가 하는 주관적 차원의 문제가 남는다.

외계인이 존재하고 또 외계인이 구속이 필요한 경우, 우주를 품는 신학의 또 다른 가능성은 성육신이 가능한 횟수를 제한하지 않는 데서 찾아볼 수 있다. 말하자면, '지구 밖에서 별도의 구원 사건이 일어날 수 있다'라는 생각이 신학적으로 절대 용납할 수 없는 것인지 질문해 볼 수 있다. 이것은 멜랑히톤의 네 번째 전제를 뒤집는 것이다. 그리스도교 신학에 비판적인 학자들이 이러한 생각의 불합리성을 입증하려고 시도했지만, 필자가 보기에 그들은 신학적 상상력의 부재로 인해 결정적 한계가 있다.[9] 신의 속성과 활동, 신과 세계의 관계에 대한 전통적인 생각을 고집하지 않는 한, 무소부재한 신이 지구를 포함한 많은 땅에서 동시에 구원 활동을 펼치는 것을 상상하

---

8 필자는 다른 글에서 이러한 논증을 발전시킨 바 있다. Junghyung Kim, "The ETI Hypothesis and the Scandal of Particularity," *Theology and Science* 19/4 (November 2021): 333-334. 외계인과의 접촉이 그리스도교뿐 아니라 세계 종교에 미칠 영향에 관한 필자의 다른 글도 참고하라. 김정형. "외계 지적 생명체와 종교의 운명: 외계인의 발견은 종교의 붕괴를 가져올 것인가?" 「종교연구」 84-2 (2024.10): 121-145.

9 이러한 시도에 대한 미국의 철학자 어난 맥뮬린(Eman Mcmullin)의 비판적 논의를 참고하라. Eman McMullin, "Life and Intelligence Far From Earth: Formulating Theological Issues," in *Many Worlds*, 164-167.

는 것은 사실 그렇게 어려운 일이 아니다. 이 경우 그리스도교 신앙은 광대한 우주의 많은 땅을 창조했을 뿐 아니라, 그 땅 하나하나를 동일한 사랑으로 돌보고 섭리하는 신의 은혜를 찬양하는 우주신학을 발전시킬 수 있을 것이다. 다만, 여러 번의 성육신을 신학적으로 상상하는 것이 가능하다고 하더라도 그것이 꼭 필요한지 여부는 별개의 문제다.

## V. 외계인이 없는 우주를 품는 신학의 가능성

앞서도 언급했지만, 최근까지도 우주신학의 논의 대부분은 외계인의 존재 가능성을 가정한 상황에서 이루어지고 있다. 하지만 포괄적인 우주신학의 발전을 위해서는 외계인의 부재 가능성을 가정한 신학적 논의도 함께 발전시킬 필요가 있다. 외계인의 존재 여부는 아직 과학적으로 결론이 나지 않았을 뿐 아니라, 섣부른 예단을 거부하는 문제이기 때문이다.

코페르니쿠스 이후의 새로운 우주와 그리스도교의 신학이 양립 불가능하다고 보는 멜랑히톤의 주장에서 가장 중요한 전제는 지구 밖에 지구인과 비슷한 이성적 생명체가 존재한다는 가정이다. 새로운 우주 그림은 우리에게 많은 땅들의 존재를 확인시켜 주지만, 지난 오백 년이 지난 지금까지도 외계인의 존재를 확인시켜 주는 결정적 증거는 하나도 없다. 결정적 증거가 전혀 없음에도 불구하고, 코페르니쿠스의 새로운 우주 그림이 출현한 직후부터 많은 사상가가 다른 땅에도 다른 '사람들', 혹은 사람과 비슷한 다른 지적 생명체들이 존재할 것이라고 자연스럽게 추론했다는 사실은 중요한 의미가 있다.[10]

외계인의 존재 가능성과 관련해서 어떤 사람들은 우주의 어느 곳도 예외적이거나 특별하지 않다는 코페르니쿠스 원리에 호소하기도 하고('평범성의 원리'), 또 어떤 사람들은 신(혹은 자연)이 다른 땅들을 그냥 비워두지 않았을 것이라는 자연신학적 이유('충만의 원리')를 내세우기도 하며, 또 어떤 사람들은 특정한 물리화학적 조건만 갖추어진다면 광대한 우주 어디에서든 생명체, 나아가 지적 생명체가 출현할 수 있다는 우주생물학적 혹은 자연철학적 주장('드레이크의 방정식')을 펼치기도 한다. 이러한 논리는 매우 강력해서 결정적 증거가 전혀 없음에도 불구하고, 때로는 반대되는 결론을 시사하는 증거가 있음에도, 오랫동안 많은 사상가의 마음을 사로잡았다. 그래서 19세기 초반에는 토마스 페인(Thomas Paine)과 같이 전통적인 그리스도교 신념 체계에 비판적인 이신론자들뿐 아니라, 토마스 드와이트(Thomas Dwight)와 토마스 찰머스(Thomas Chalmers), 토마스 딕(Thomas Dick)과 같은 당시 영향력 있던 복음주의 사상가들 역시 지구 밖 다른 땅들의 존재뿐 아니라 그곳에 사는 지적 생명체의 존재도 당연하게 받아들였다.[11]

하지만 외계 지적 생명체의 존재 가능성을 지지하는 이러한 철학적, 신학적, 과학적 논증에도 불구하고, 지구 밖에 어떠한 이성적 생명체도 존재하지 않을 가능성은 여전히 남아 있다. 흥미롭게도 최근 이백 년 동안 상황이 많이 바뀌었다. 오늘날 많은 지성인은 수많은 은하계와 태양계로 이루어진 우주의 모습을 당연하게 받아들이지만, 외계 지적 생명체의 존재 여부에 관해서는 다양한 의견을 갖고 있다. 아마도 그동안의 가장 큰 변화는 우주 내 생명체, 특히 지적 생명체가 존재할 수 있는 조건이 과거에 생각했던 것

---

10 Michael J. Crowe, "William Whewell, the Plurality of Worlds and the Modern Solar System," *Zygon* 51/2 (June 2016), 431-449.

11 Michael J. Crowe, "A History of the Extraterrestrial Life Debate," *Zygon* 32/2 (June 1997), 155-156.

보다 더 까다롭고 희귀하다는 인식의 확산이다. 19세기까지만 하더라도 많은 사람들이 태양계 내 행성들과 위성들은 물론이고, 심지어 태양까지도 다른 지적 생명체들로 가득 차 있다고 믿었지만, 20세기 이후 관측 기술이 더 고도로 발달하면서 태양계 내 다른 어느 곳에도 지적 생명체가 존재하지 않는다는 사실이 확인되었다. 또한, 태양계 내 천체의 질량 차이에 따른 천체별 중력의 차이, 태양과 행성의 거리에 따른 태양 빛과 열의 영향 차이, 생명체 존재와 대기 조건 사이의 상호 관계 등에 관한 연구가 축적되면서, 각 태양계 내 흔히 '골디락스 존'(Goldilocks zone)이라고 불리는 생명체가 거주할 수 있는 구역이 생각보다 넓지 않다는 결론에 이르렀다. 그럼에도 여전히 우주의 광대함에 호소하면서('드레이크 방정식') 외계인의 존재 가능성을 높게 보는 학자들이 많지만, 일부 학자들은 이들의 주장이 과장되었다고 평가히면서 외계인을 발견할 가능성을 낮게 본다.[12] 말하자면, 우주의 어떤 곳도 특별하지 않다는 코페르니쿠스 원리에 근거해서 이상의 관측 결과와 연구 결론을 해석한다면, 지구와 같이 생명체가 존재하는 행성이 다른 태양계에 있을 수 있다고도 추론할 수도 있지만, 그와 반대로 다른 태양계의 천체 대부분도 우리 태양계와 마찬가지로 생명체가 거의 살 수 없는 척박한 환경일 것이라고 추론할 수도 있다. 지구 밖 다른 천체에는 지적 생명체가 존재하지 않는다는 사실이 입증된 것은 아니지만, 생명에 다소간 적대적인 우주 환경에 근거한 이러한 추론은 18~19세기 코페르니쿠스 원리가 태양계의 다른 천체들은 물론, 다른 태양계의 천체들도 지구와 마찬가지로 지적 생명체로 가득할 것이라는 결론의 도출을 이끌었던 상황과 전혀 반대된다.

만약 지구 밖 다른 땅에도 인간과 비슷한 지적 생명체가 있다는 멜랑히

---

12 Howard Smith, "Alone in the Universe," *Zygon* 51/2 (June 2016), 509.

톤의 첫 번째 전제를 거부한다면, 코페르니쿠스의 새로운 우주와 그리스도교의 신앙 체계의 관계에 관한 우주신학의 논의는 새로운 국면에 접어든다. 외계인이 존재하지 않는다는 가정만으로도 인간의 특별 창조, 아담의 타락, 그리스도의 성육신을 통한 인간의 구속 등 지구인에 초점을 맞춘 그리스도교의 핵심 교리에 대한 신학적 도전은 상당히 힘을 잃게 될 것이기 때문이다.13

하지만 그렇다고 해서 새로운 우주 그림과 그리스도교 신앙 체계 사이의 모든 긴장이 단번에 해소되지는 않는다. 오히려 지구를 중심으로 하는 하나의 땅을 상정한 프톨레마이오스의 우주와 달리, 많은 땅이 공존하는 코페르니쿠스의 새로운 우주에서 '왜 지구에만 유일하게 지적 생명체가 존재하는가'에 관한 또 다른 질문이 심각하게 제기된다. 이것은 많은 땅 사상의 동기 중 하나였던 충만의 원리, 곧 신이 창조한 모든 땅을 비워두지 않고 다양한 생명체들로 가득 채울 것이라는 기대와 충돌하기 때문이다. 또한, 오늘날 천체 망원경이 우리에게 보여주는 헤아릴 수 없이 많은 천체 가운데 지구에만 지적 생명체가 존재한다는 생각은, 우주 안에서 인간의 특별한 위상을 지지하기보다 오히려 위협하는 방향으로 발전할 수 있다. 예를 들어, 한 물리학자가 인간 존재를 "무의미한 우주 속에서 의미를 지닌 고립된 섬"이라고 묘사했듯이, 우주 속 인간 존재는 신의 특별 창조보다 순전히 우연의 산물로서 이해될 수도 있기 때문이다.14 광대한 우주의 규모뿐 아니라 138억

---

13 이러한 이유에서 19세기의 윌리엄 휴웰은 자신의 종교적 신념에서 출발해서 외계인의 존재 가능성을 낮게 만드는 다양한 증거들을 수집해서 출간하기도 했다. Crowe, "William Whewell, The Plurality of Worlds, and the Modern Solar System," 442-443.

14 브라이언 콕스·앤드루 코헨/노태복 옮김, 『인간의 우주: 우리의 기원과 운명, 존재에 관한 근원적 질문들』(서울: 반니, 2018), 12. 콕스가 이 표현을 외계인의 존재를 부정하면서 사용한 것은 아니다. 그는 다른 은하에 지적 생명체가 있더라도 현실적으로 거리가 멀어

년의 우주 역사 그리고 45억 년의 지구 역사를 되돌아볼 때도, 기껏해야 20만 년에 전에 출현한 인류의 존재 의미에 관하여 의구심이 생길 수 있다. 나아가 다양한 위기에 직면한 인류가 지구상에서 멸종할 가능성과 관련해서 인류의 멸종에 무관심한 혹은 오히려 그것을 반기는 우주를 신학적으로 어떻게 해석할 것인가 하는 문제도 제기된다. 요컨대 광대한 우주 안에 지구인만 존재한다는 생각은 생명에 호의적이지 않은 우주 이미지와 함께 모종의 불안감을 동반하며, 창조주의 존재와 의도, 인간의 존재 의미와 목적 등에 관해 전혀 새로운 논의를 촉발할 수 있다.

## VI. 마무리하며: 우주신학 재구성을 위한 신학적 상상력의 요청

결론적으로 외계인이 존재하든, 존재하지 않든 새로운 우주 그림과 그리스도교 신앙 전통의 양립 가능성 문제는 섣불리 결론을 내릴 수 없다. 오히려 지금까지의 논의는 하나의 확정된 결론보다 앞으로 우주신학이 다루어야 할 새로운 많은 질문을 제시한다. 이와 관련해서 우리는 지금까지 그리스도교 사상가들이 대체로 여전히 지구 중심, 인간 중심의 신학적 사고 틀에 갇혀 새로운 우주가 제기하는 신학적 문제를 충분히 다루지 못했다는 사실을 인정할 필요가 있다. 그리고 새로운 우주를 품는 그리스도교 우주신학의 발전을 위해서는 과거에 묻지 않았던 질문을 던지고, 그 질문에 답하는 담대한 상상력이 필요하다는 점을 강조할 필요가 있다. 아직 확인되지

---

지구인과 소통이 불가능할 것이기에 "고립된" 섬이라는 표현을 사용했다.

않은, 혹은 앞으로도 확인되기 어려운 가정들을 전제하는 우주신학의 발전을 위해서는 기존에 볼 수 없었던 과감한 상상력이 요청된다. 하나의 땅에 익숙한 전통적인 사고를 고수하는 한 많은 땅들의 새로운 우주에 관한 창의적이고 생산적인 사고는 사실상 거의 불가능하다. 예를 들어, 인류 역사의 마지막과 창조 역사의 마지막을 동일시하지 않고, 공룡의 멸종과 같이 인류 멸망 시나리오를 우주 창조 역사에서 과도기적인 과정의 하나로 받아들일 수 있을까? 혹은 '충만의 원리'를 문화명령(창 1:28)의 관점에서 재해석해서 '적극적인 우주 개척을 통해 우주 전체에 지적 생명체를 확산하는 일'을 신이 인류에게 맡긴 과제로 볼 수 있을까? 앞으로의 우주신학은 이와 같은 다양한 신학적 사고 실험을 요구한다.

이와 관련해서 우리는 코페르니쿠스 이전에 활동했지만, 많은 땅 사상을 신학적으로 전유하는 모범을 보여준 중세 말기의 사상가 한 사람의 경건한 상상력을 주목할 필요가 있다. 그의 신학적 상상력은 후대 멜랑히톤이 당연하게 가정했던 여러 전제들을 당연한 것들로 받아들일 필요가 없음을 보여줌으로써, 코페르니쿠스 전회 이후 새로운 우주신학이 나아갈 방향을 미리 보여준다는 점에서 중요한 의의가 있다. 그 사상가의 이름은 윌리엄 보릴롱(William Vorilong, 1390~1463)이다. 국내 학계에서는 낯선 인물인 보릴롱은 멜랑히톤보다 한 세기 전에 활동한 프랑스의 철학자이자 신학자이다. 보릴롱은 멜랑히톤과 달리, 거주 가능한 많은 땅 사상과 그리스도교 구원 교리가 조화를 이룰 수 있다고 생각했다.[15] 이와 관련해서 그는 지구 밖의 다른 땅에 거주하는 사람들은 아담의 죄로 오염되지도 않고 죄를 짓지

---

15 Grant McColley and H. W. Miller, "Saint Bonaventura, Francis Mayron, William Vorilong, and the Doctrine of a Plurality of Worlds," *Speculum* 12-3 (1937), 388.

도 않았을 가능성을 언급하는 한편, 지구상에서 일어난 그리스도의 구속 사건이 지구 밖에서도 효력을 가질 가능성 또한 고려한다.

> 만약 그 땅에 사람들이 존재하는지, 그들이 아담처럼 죄를 지었는지 누군가 질문한다면, 나는 아니라고 대답할 것이다. 왜냐하면 그들은 죄 가운데 있지 않을 것이며, 아담으로부터 유래하지 않았기 때문이다. 하지만 그들은 지상의 천국에 있는 에녹과 엘리야처럼 그 땅으로 옮겨져 신의 덕으로 존재하고 있을 것이다. 그리스도가 이 땅에서 죽음으로써 다른 땅의 거주자들을 구속할 수 있는지에 관한 질문에 대해서는, 땅들이 무한할지라도 그가 그 일을 할 수 있다고 나는 대답할 것이다. 하지만 그가 다시 죽기 위해 다른 땅으로 가는 것은 적절하지 않을 것이다.[16]

언뜻 보면 여기서 보릴롱이 두 가지 서로 모순되는 주장을 하는 것으로 오해할 수 있다. 한편, 그는 다른 땅의 사람들은 죄를 짓지 않아 구속이 필요 없을 것이라고 주장하면서, 다른 한편으로는 다른 땅의 사람들이 죄를 지어 구속이 필요하다고 하더라도 이 땅 지구에서 일어난 구속 사건이 우주적 효력을 가질 것이라고 말하고 있기 때문이다. 하지만 보릴롱의 주장은 자기모순적인 주장과 다르다. 다른 땅에 거주하는 이들의 상황을 전혀 모르는 상황에서 보릴롱이 여러 가능성을 고려하여 포괄적인 주장을 하고 있다고 볼 수 있다. 말하자면, 지구 밖의 땅에 거주하는 자들이 죄인이든 아니든, 구속이 필요하든 필요하지 않든 그들의 존재가 그리스도교 신앙 체계를 위협하지 않으며, 따라서 그리스도교가 많은 땅 사상을 포용하는 데 있어 걸림돌

---

16 앞의 글, 388에서 재인용.

이 없다는 것이 그의 결론이다.

보릴롱은 코페르니쿠스가 새로운 우주 모델을 내어놓기 이전 사상가이지만, 많은 땅 사상과 그리스도교 교리의 관계에 관한 한 코페르니쿠스 이후 등장한 사상가들의 혁신적인 생각들을 앞서 보여주고 있다. 가장 주목할 점은 고정관념에 매이지 않는 그의 경건하면서 동시에 과감한 상상력이다. 이러한 경건하고 과감한 상상력은 광대한 우주를 품는 그리스도교의 출현을 위해서 가장 필요한 덕목이다. 다만, 보릴롱의 논의는 코페르니쿠스 이전 프톨레마이오스의 우주를 상정하고 있다는 점에서, 성서 비평 이전의 순진한 성서 해석을 전제하고 있다는 점에서 외계인의 존재 가능성만 고려하고, 외계인의 부재 가능성을 고려하지 못했다는 점에서 다소간 한계가 있다. 외계인이 부재한 우주의 모습을 상상하고 그것의 신학적 함의를 추론하고 해명하기 위해서는 보릴롱보다 더 담대한 상상력이 필요하다. 아울러, 이처럼 새롭고 광대한 우주의 모습을 대면하며 신과 우주의 관계를 새롭게 상상하는 능력을 배양하기 위해서는, 신학 공동체 안에 새롭고 창의적인 생각들을 경계하고 정죄하기보다, 오히려 격려하고 지지하는 토론 문화를 활성화할 필요가 있다.

# 참고문헌

김정형. "외계 지적 생명체와 종교의 운명: 외계인의 발견은 종교의 붕괴를 가져올 것
인가?" 「종교연구」 84-2 (2024. 10): 121-145.

브라이언 콕스·앤드루 코헨/노태복 옮김. 『인간의 우주 : 우리의 기원과 운명, 존
재에 관한 근원적 질문들』. 서울: 반니, 2018.

Crowe, Michael J. "A History of the Extraterrestrial Life Debate." *Zygon* 32/2
(June 1997). 147-162.

Crowe, Michael J. "William Whewell, the Plurality of Worlds and the Modern
Solar System." in *Zygon* 51/2 (June 2016). 431-449.

Dick, Steven J. *Plurality of Worlds: The Origins of the Extraterrestrial Life Debate
from Democritus to Kant.* New York: Cambridge University Press,
1984.

Dick, Steven J., ed. *Many Worlds: The New Universe, Extraterrestrial Life & the
Theological Implications.* Radnor: Templeton Foundation Press, 2000.

Kim, Junghyung. "The ETI Hypothesis and the Scandal of Particularity."
*Theology and Science* 19/4 (November 2021): 332-342.

McColley, Grant. and H. W. Miller. "Saint Bonaventura, Francis Mayron,
William Vorilong, and the Doctrine of a Pluraity of Worlds." *Speculum*
12/3 (1937): 386-389.

Melanchthon, Philipp. *Initia dotrinae physicae: dictate in Academia
VVitenbergensi.* Lipsiae: lohannes Rhamba excudebat, 1563.

Paine, Thomas. *The Age of Reason.* Toronto: W. B. Cooke & W. M. Scott, 1887.

Peters, Ted, ed. *Astrotheology: Science and Theology Meet Extraterrestrial Life.*
*Eugen*: Cascade, 2018.

Wallace, Alfred Russel. *Man's Place in the Universe: A Study of the Results of
Scientific Research in Relation to the Unity or Plurality of Worlds.*
London: Chapman and Hall, 1904 [1903].

# 창조 질서 안에서의 삶에 대한 현상학적 이해*

## — E. 레비나스의 창조 담론을 중심으로

신용식

(부산장신대학교 교수/조직신학)

## I. 들어가기: 창조를 다루는 맥락적 다양성

이 글은 에마뉘엘 레비나스(Emmanuel Levinas, 1906~1995)의 현상학을 해석학적 방법 및 틀로 활용하여 창조가 우주론적 세계기원 담론이 아니라, 창조 질서 안에서의 삶이라는 실천적, 윤리적 의미 담론으로 다루어져야 함을 해명하고자 한다. 창조는 하나님의 사건임에도 우리는 그것을 물리적 세계의 기원에 대한 담론으로 환원하려는 유혹에 쉽사리 넘어간다. 또한, 창조를 하나님께서 세상을 만드셨다는 교리적 진술로 축소시켜서도 안

---

* 이 글은 필자의 졸고, "과학주의적 창조 이해에 대한 현상학적-신학적 비판," 「한국조직신학논총」 제80집 (2025. 09.), 119를 수정, 보완한 것이다. 조직신학논총의 연구에서는 과학주의적 창조 이해 그 자체가 지닌 오류를 현상학적으로 비판하는 데에 집중하였다면, 본 글에서는 창조신학이 본질적으로 지시하는 의미를 현상학적 관점에서 해명하고자 한다.

된다. 창조 담론과 관련하여 우리 신학은 다양한 위기에 노출되어 있다. 하나는 과학주의적 오류이고, 그 다음은 성서 문자주의일 것이다. 이 둘은 사실상 공통된 문제의식을 공유하고 있지만, 창조 담론을 심화하고 확장하기에는 근원적인 한계를 안고 있다.

자연과학은 신학과 학제적 연구의 재료를 제공하지만, 과학주의는 왜곡된 현실 인식을 야기한다. 과학주의(Scientism)는 자연과학적 방법만이 참된 학문의 길이라고 여기는 협소한 이념적 태도이다. 과학주의는 일종의 학문적으로 왜곡된 이념형들 중의 하나에 불과하다. 특히 교회 내에서 여전히 유효하게 자리하고 있는 창조와 진화의 대립 전선은 결코 기독교 신앙에 유의미한 지평을 열어줄 수 없다.

과학신학자 존 폴킹혼(John Polkinghorne, 1930~2021)에 따르면, 신학과 과학은 현실을 각기 다른 맥락에서 다룰 뿐이지 결코 양립 불가한 학문이 될 수 없다. 그래서 그는 그의 신학을 맥락신학(Contextual Theology)이라고 불렀다.[1] 과학과 신학이 서로 다른 맥락에 서 있음을 전제하지 않으면, 과학적 방법을 통해 신학적 진술을 검증하고 증명하려는 시도를 과학적이면서도 신학적인 정당성을 지닌다고 고집하게 된다. 신학적 진술은 과학적 진술을 통해서 검증할 수 없으며, 그 역도 마찬가지이다. 하지만 이 둘의 맥락적 상이함에 대한 그 어떠한 고려 없이 과학을 신학적 맥락을 검증 및 증명하기 위한 렌즈로 활용하는 오류를 창조과학 진영에서 쉬이 찾아볼 수 있다. 창조과학은 창조 자체를 과학적 관찰과 검증의 대상으로 삼아야 하며, 그러한 방식을 통해서야 비로소 창조의 의미가 확보된다고 본다. 이는 맥락적 다양성에 대한 이해에 실패한 것이다.

---

1 John Polkinghorne/신익상 역, 『과학으로 신학하기』 (서울: 모시는 사람들, 2015), 35-56.

우리는 맥락의 서로 다름에 대한 인식을 분명히 하면서, 과학과 신학의 상호작용을 들여다보는 것이 오늘 우리에게 필요한 신학적 역량이라 할 수 있다. 그럼에도 불구하고 성서 문자주의는 창조에 대한 협소하고 왜곡된 상을 보여준다. 성서가 증언하는 창조는 우주 기원에 대한 과학적 진술과 다르다. 오늘날 충분히 연구된 성서 비평 작업을 통해서도 확보될 수 있는 문헌적 증거들이 이를 뒷받침할 수 있다. 또한, 성서가 증언하는 그 창조의 의미가 과학적 기원 사실에 대한 이야기가 아니라면, 우리는 그것이 담고 있는 성서학적 함의를 통해서 그것이 지향하고 있는 신학적 지평이 어떠한지를 들여다 봐야한다. 우리는 이에 대한 구체적인 예를 이스라엘 지혜문학에서 찾아볼 수 있다. 또한, 이 지혜문학에서 보여주는 창조신학의 지평 속에서 드러나는 창조의 본질은 창조 사건 그 자체가 아니라, 창조 질서 안에서의 삶, 곧 창조주의 뜻 가운데 살아가는 인생을 지시하고 있음을 들여다 볼 수 있다.

위와 같은 문제의식을 가지고서 본 연구는 성서가 증언하고 지시하는 창조와 이에 대한 신학적 진술로서의 창조신학이 근원적으로 해명하고자 하는 바를 논증하고자 한다. 그래서 아래의 II장에서는 우선적으로 창조에 대한 현대 조직신학자들의 일반적인 논의들을 간략히 살펴봄으로써 창조신학은 피조 세계의 기원적 사건으로서의 창조에 토대를 둔 것이라기보다는, 창조주와의 관계 안에 있는 인간의 삶이라는 존재론적 지층 위에 자리하고 있음을 간략히 살펴볼 것이다(II.1). 그리고 성서신학적 관점에서 창조와 창조신학의 의미를 지혜문서에서 드러난 창조를 조명할 것이다. 이를 통해 지혜문학에서의 창조 이해는 철저하게 창조 질서 안에서의 삶을 지향하고 있음을 제시할 것이다(II.2).

III장에서는 지혜문학을 통해 조명된 창조 질서 안에서의 삶이라는 실존적 주제를 존재론적이고 윤리적인 지평으로 확장하고자, 오늘날 타자의 현상학(Phenomenology of Alterity/Other)이라고 불리는 현상학의 한 지류를 살펴볼 것이다.

특히 본 연구는 자신의 연구 곳곳에서 창조를 주제화했던 에마뉘엘 레비나스의 견해를 단순히 신학에 적용하는 것이 아니라, 창조신학에 대한 심층적 논의를 위한 해석학적 방법 및 틀로 활용할 것이다.

유대철학의 토양 위에서 레비나스는 창조를 피조물에 대한 무한 책임, 곧 그저 있음을 넘어서는 존재로의 부르심을 위하여 자기 자신을 제한하고 수축하는 하나님의 행위로 묘사하였다. 이는 하나님의 사건임과 동시에 피조물을 향한 촉구 및 촉발의 사건이기도 한 것이다. 다양한 현상학의 지층이 있지만, 레비나스는 창조를 단순한 인식 대상 곧 의식 현상으로 다루지 않고, 윤리적 결단을 촉구하는 하나님의 현현 방식으로 본다는 점에서 신학적 지평을 열어 보여준다고 볼 수 있다. 창조는 단순한 교리적 명제의 대상으로서가 아니라, 지속적으로 주체와 연관되고 경험됨으로써 다양하고 심층적인 인식의 양상 안에서 새로이 의미 부여되는 그 "창조주" 하나님의 현현 방식으로서 해명되어야 한다.

레비나스의 현상학은 하나님의 존재가 창조주로서 우리에게 어떻게 의미 부여될 수 있는지 그리고 그 타자로서의 하나님이 어떻게 우리를 촉발하시는지를 입체적으로 진술할 수 있는 틀을 마련해 준다. 이에 본 연구는 창조신학이 하나님의 창조 사건 그 자체가 아니라, 창조의 경험 구조와 그 창조 질서 안에서의 구체적인 삶을 지시하고 있음을 현상학적 관점에서 다루고자 한다.

## II. 창조와 창조 질서

### 1. 창조 사건 vs. 창조의 의미

캐서린 손더레거(Catherine Sonderegger)는 창조론의 폭 넓은 스펙트럼을 "창조 안에 계신 하나님을 아는 문제, 자연과 종 안에서의 발전 이론 그리고 창조와 창조자 자신의 행동에서 비롯된 원인과 시간성의 탐구"에 대한 연구로 구분하여 약술하기도 했다.[2] 이를 다른 말로 표현하면, 창조론은 창조주 하나님의 존재와 사역에 대한 논의, 피조 세계의 기원에 대한 논의 그리고 피조 세계의 존재론적 한계에 대한 논의를 포괄한다는 것이다. 그만큼 신학적으로 창조를 한 마디로 규정하고, 그것의 의미를 단언적으로 표현하기란 불가능에 가깝다고 볼 수 있다.

그럼에도 관점에 따라서 다소간 차이는 있겠으나, 대부분의 현대 신학자들은 우주의 기원에 대한 확고부동한 논거를 확보하는 것이 창조론의 핵심 과제가 아니라는 점에는 동의하고 있다. 존재의 근원이신 하나님께서 존재를 일으키시려는 결단과 그 이행의 과정을 다루는 것이 창조신학이다. 독일 하이델베르크 대학의 비교종교학자이며, 철학자였던 그레고르 안(Gregor Ahn)은 단선적인 시간의 진행 과정에 입각하여 기원환원적 담론으로 창조를 다루는 것은 지극히 서구중심적인 자세에서 기인함을 지적한 바 있다.[3] 이는 문화에 따라 창조에 접근하는 유형들이 각기 다름에도 창조를 유독 기원 사건의 관점에서 다루려는 시도는 성서의 본질적인 의도와는 다른 결론

---

2 켈리 M. 케이픽·브루스 L. 맥포캑 편/박찬호 역, 『현대 신학 지형도. 조직신학 각 주제에 대한 현대적 개관』(서울: 새물결플러스, 2023), 175.

3 Gregor Ahn, "Schöpfer/Schöpfung, I. Religoinsgeschichtlich," *TRE* 30, 250-251.

으로 유도할 가능성이 크다는 것이다.

하나님의 존재와 그분의 창조는 증명이 불가하기에 자연과학적 증명의 대상이 될 수 없다는 것이다. 하지만 과학적 증거와 그 논의는 창조에 대한 심층적인 논의점을 제공해 줄 수 있다. 그렇기에 그리스도인들은 창조와 과학을 양자택일로 보지 않아야 한다. 창조를 학문적으로 해명하는 와중에 자연과학적인 객관적 자료들은 신앙적 이해를 위해 충분히 활용될 수 있다. 그럼에도 왜 일부 신앙인들은 창조의 6000년사를 과학적으로 증명한다고 하는 창조과학 작업에는 환호하면서, 자연과학적으로 이미 해명된 우주와 생명의 신비는 신앙의 이름으로 거부하는가? 그리스도인들이 하나님의 창조에 대해서 찬미하는 자세를 견지하되, 과학적 연구 성과들이 그분의 창조 세계를 노래하는 도구가 될 수 있음을 거리를 두고 지켜볼 수 있어야 한다.

신학적으로 창조는 단순히 우주론적 기원에 대한 논의로 환원될 수 없는 피조물의 존재론적 근거에 대한 논의를 함축한다.

빌프리드 헤를레(Wilfried Härle)에 따르면 하나님의 창조를 세상의 기원 담론으로 다루는 것은 지나치게 단조롭다.4 그의 눈에 창조론은 피조 세계의 현실이 하나님 안에 있음을 인식하는 현상학적이고 인식론적인 지평에서 다루어져야 한다. 신학은 하나님 인식을 다루지만, 이는 필연적으로 세계 인식이라는 구체성을 담보해야 하는 것이다. 창조 역시 마찬가지이다. 창조론은 그 자체로 창조주 하나님과 피조 세계의 관계를 변증법적으로, 곧 한편으로는 양자의 본질적 다름으로, 또 다른 한편으로는 사랑 안에서 연합되어 있음으로 다루어야 한다.5

---

4 Wilfried Härle, *Dogmatik* (Berlin: Walter de Gruyter, 2007), 415. 이와 관련하여 필자의 이 글에서 다양한 현대 조직신학자들의 견해들을 간략히 소개하였다.

5 Ibid., 418-419.

특히 헤를레는 여기에서 하나님과 세상의 관계를 "구성적 관계"(kon-stitutive Relation), 곧 "세상의 하나님의 본질에의 참여"라고 표현했다. 또한, 그는 "세상이 창조되어 있음은 그 세상이 하나님에게 (그 현존재) 구성적으로 결부되어 있음으로 이해될 수 있다고" 그리고 "세상과 하나님의 본질적 상이함과 결부되어 있음이 그 참여 사상 속에서 통일성으로 간주"될 수 있다고 밝힌다. 세상이 하나님과 맺고 있는 관계는 단순히 자연과학적인 우주론이 말하는 기원 담론으로 환원될 수 없으며, 철저하게 그 세상의 현존재를 구성하시는 하나님의 은혜의 행위 속에서 이해될 수 있다는 의미이다. 시간이라는 자연과학적 한계가 하나님의 사역의 한계가 될 수 없다. 만물이 피조되었다는 진술은 그 자체로 하나님과의 구성적 관계에 놓여있음에 대한 신앙고백인 것이다.[6] 헤를레는 '언약은 창조의 내적 근거이며, 창조는 이 언약의 외적 근거'라는 칼 바르트(Karl Barth)의 명제를 변용하면서, "자연과학이 어느 정도는 완벽하게 설명할 수 있는 세상 기원이 창조의 외적 근거라면, 창조는 그 세상 기원의 내적 근거"라고 표현하였다.[7] 이는 자연과학은 세상 기원의 본질적인 원인에 대해서는 설명할 수 없음을 내포한다.

또한, 폴 틸리히(Paul Tillich)의 견해도 이와 맥을 같이 한다. 틸리히에게 있어서도 창조는 하나님과 피조물의 본질적인 관계에 대한 물음과 결부된 항목이다.[8] 비본질적인 실존의 영역에서 본질적인 존재와 맺는 관계에 대한 질문은 필연적으로 창조주 하나님으로부터만 해명될 수 있다.

본회퍼(Dietrich Bonhoeffer)는 창조를 전적으로 하나님 자신이 피조 세

---

6 Ibid., 419f.

7 Ibid., 424; Karl Barth, *Kirchliche Dogmatik* III/1, 261.

8 Paul Tillich, *Systematische Theologie* I (Stuttgart: Evangelisches Verlagswerk, 1983), 291.

계와 맺으시는 사역으로 이해하고자 했다. 그리고 창조에 있어 핵심적인 것은 창조를 통해서 하나님은 그분 스스로를 피조 세계에 결부시키셨다는 것이다. 그는 이렇게 언급한다:

하나님은 말씀하신다. 곧 그분은 전적으로 자유로이 창조하셨으며, 그분의 사역에 대해서 그분의 창조하심 안에서 여전히 전적으로 자유로우시다. 그분은 그 사역에 얽매이시지 않지만, 그러나 그분은 그의 사역을 그 스스로에게 결부시키신다. 그는 결코 물질적으로 그분의 사역에 관여하시는 것이 아니라, 오히려 그 사역에 대한 자신의 관계가 그의 명령이었다. 이는 곧 그분은 전적으로 그 세계 너머에 계심으로써 세계 안에 계시다는 것과 진배 없다. 그분은 전적으로 피안적이신 존재이기에 말씀으로서 이 세계 안에 계시며 그리고 그분은 말씀 안에서 이 세상 속에 계시기에 전적으로 피안적이시다.[9]

물론 하나님이 피조물적 현실에 얽매이시는 분이 아니라는 것이 전제되어 있다. 하나님이 말씀으로 세상을 창조하셨다는 것은 이미 하나님 스스로가 피조물과 연합하겠다는 그분의 의지를 함축하고 있다. 창조에 대한 성서적 증언은 시종일관 창조주와 피조물의 관계, 피조물과 연합하시려는 창조주의 의지와 뜻을 표현하고 있을 뿐이다.

---

9 Bonhoeffer, *DBW* Band 3., 39.

## 2. 지혜의 관점에서의 창조 — 창조 질서 안에서의 삶

창세기의 창조기사는 세계 및 우주의 기원에 대한 실체적 증언이 아니라, 세계 현실 속에서 마주하는 하나님의 경험 및 하나님 인식에 대한 성찰적 진술이다. 그래서 한스 발터 볼프(Hans Walter Wolf)는 성서비평적으로 제사장 문서에 해당하는 창세기 1장은 "인간이 처음부터 자기의 인간됨을 깨달아야 했다는 점"을 지시하고 있음을 강조했다.[10] 창조기사의 본질적인 의도는 관계성 안에 놓여있는 인간성의 다양한 면모를 보여주는 것에 있었던 것이다. 그리고 이를 포괄하는 심층적인 관계성이 하나님과 인간의 관계인 것이다.

창조신학은 기원 담론이 아니라, 하나님 안에서의 삶과 그 원리에 대한 담론으로서 다루어져야 한다. 이러한 관계 담론으로서의 창조신학은 지혜문서 전통 속에서 생생하게 살아 숨 쉰다. 하나님과 인간의 관계 뿐 아니라, 인간과 인간의 관계 역시도 창조 질서 안에서 다루는 것이 지혜문서의 신학적 주요 관심 중 하나이다. 특히 잠언의 경우에 하나님을 창조주로 명시적으로 적시하는 경우는 아주 드물며, 언급되는 경우는 창조 질서에 대한 지혜적 첨언과 결부된 채로 등장한다(잠 14:31, 17:5, 22:2).[11]

구약신학적으로 볼 때에 창조는 구약 전체와 언약 신학을 지탱하는 기둥역할을 한다. 그것은 최후의 편집층의 서론격인 창세기 1:1-2:4a가 연대기적으로 후대의 자료이기 때문만은 아니다.[12] 제사장 문서(P)의 주된 신학적

---

10 H. W. Wolff/문희석 역, 『구약성서의 인간학』(왜관: 분도출판사, 1996), 169.

11 이에 대해서는 James L. Crenshaw, "Schöpfung. 2. Altes Testament," *EKL* 4, 99; Reinhard G. Kratz, Hermann Spieckermann, "Schöpfer/Schöpfung, II. Altes Testament," *TRE* 30, 274를 참고할 것.

지향, 곧 자손의 번성과 땅의 언약은 땅을 만드신 엘로힘이 아브라함을 통해 이스라엘과 연합하고 계시다는 창조신학적 반향을 함축한다. 물론 창세기의 본문에는 창조의 목적이 정확하게 기록되어 있지 않지만, 인간 창조가 그것의 한복판에 있다는 것 하나만으로 창조가 단순히 우주론적 기원을 이야기하는 것이 아님을 알 수 있다.[13]

조셉 블렌킨소프(Joseph Blenkinsopp)에 따르면, 바벨론적인 이 창세기 1:1-2:4a와는 달리 팔레스타인 기원의 야휘스트 문서에 해당하는 2:4b-3:24의 창조는 지혜전승의 영향 아래에 있음을 보여준다. 와이브레이는 블렌킨소프를 다루면서, J문서의 창조 이야기는 피조물을 포기하지 않으시는 하나님이 "그들의 미래적 삶을 위한 특별한 일들을 준비하신다"라는 사실을 지적함으로써, 구약은 창조를 교훈적이고 교육적인 차원으로 확장시키고 있음을 지적했다.[14] 그리고 신학적으로 창세기 1장과 제2 이사야는 그들의 구원자이신 야훼를 세상의 창조자라는 것에 근거해서 구원을 대망한다.[15]

---

12 가령, 제사장 문서(P)가 기본적으로는(PG) 포로기에 생겨났고, 포로기 이후에 보충되었다는 것(PS)은 비평적으로 널리 알려져 있다. 슈미트는 제사장 문서의 근원적 기원이 팔레스타인인지, 혹은 바벨론포로기인지에 대해서는 여전히 논쟁적이지만, 포로 시기의 경험을 과거의 전통적 자료를 바탕으로 재해석했다고 본다. 슈미트는 P문서에서 창조는 분명히 언약과 범주적으로 구분되고 있음을 지적한다. P문서는 오직 노아와 아브라함에 대한 언약만을 보고한다. P기자의 관점에서 하나님이 땅을 창조하셨지만, 여전히 족장들은 그 땅 위에서 방랑하고 있다. 창조 그 자체가 피조물에 대한 축복의 약속은 아닌 것이다. 단지 P문서 속에서 하나님은 땅에 대한 저주를 내리지 않겠다는 약속, 함께 하시겠다는 약속은 출 6:4-9; 29:45-46의 '나는 너의 하나님이 되리라'라는 "영원한 언약"이 주요하게 부각된다. 그래서 슈미트는 땅과 자손에 대한 약속을 통해서 영원히 그들의 하나님이 되겠다는 아브라함 언약이 다른 언약들의 기초가 되었다고 언급한다. Werner Hans Schmidt/차준희·채홍식 역, 『구약성서입문 I』 (서울: 대한기독교서회, 2002), 150-154, 특히 154를 참고할 것. 문서의 연대적인 것은 146을 참고할 것.

13 R. N. Whybray/차준희 역, 『오경입문』 (서울: 대한기독교서회, 2005), 76-77.

14 Whybray, 『오경입문』 (2005), 79.

15 B. W. Anderson/강성열·노항규 역, 『구약성서이해』 (고양: 크리스챤다이제스트, 2006), 569를 보라. 특히 앤더슨은 이사야 40장에 묘사된 창조주 하나님에 대한 시는 하나님께서 그들을

이는 창조에 대한 성서적 기록이 단순히 창조주와 피조물의 관계를 서술하는 것에 그치지 않고 피조물에 대한 구원 의지와 그 뜻을 함축하고 있음을 의미한다. 또한, 창조기사는 그 의미의 장을 단순히 창조주의 구원에만이 아니라, 창조주에 대한 피조물의 실천적인 순종으로까지 확장시킨다. 우리는 실제로 창조를 창조주의 약속과 의지에 대한 피조물의 순종으로까지 확장하여 다룬 예를 이스라엘의 지혜전승에서 찾아볼 수 있다.

이스라엘의 지혜전승은 다른 어떠한 책보다 창조를 교훈적이고 교육적인 차원으로 확장시킨 것이다. 노만 K. 갓월드는 야훼를 믿는 신앙과 삶이 그 밖의 모든 지식과 진리를 통달하고 통합하는 것임이 삶의 경험을 통해 알게 된다는 것이 지혜문학의 가장 큰 특징이라고 보았다. 물론 갓월드는 신명기적 개혁이 단행되기 이전, 이미 토라 종교가 성숙되기 이전인 가족·부족적 환경일 때부터 지혜에 대한 사회·종교·윤리적 관심이 존재했으며, 이것이 이후 토라에 반영되었다고 본다.[16] 그리고 게어하르트 폰 라트 (Gerhard von Rad)에 따르면, 잠언 8장, 특히 8:22-31에 등장하는 지혜는 세상의 창조 질서에 대한 인정과 기쁨과 깊이 관련이 있다. 예를 들어, 일반적으로 잠언 8:30의 ammān(אָמוֹן)은 "창조자"로 번역이 되어왔는데, 그것

---

구하실 것이라는 선포에 대한 신학적 근거를 제공한다고 지적한다. 이는 곧 "인간사는 오로지 영원하신 하나님이 다스리시는 것"임을 잊지 말라는 실제적 권면을 함축한다는 것이다(앞의 책, 571).

16 이에 대해서는 Norman K. Gottwald/김상기 역, 『히브리성서 2. 사회·문학적 연구』 (서울: 한국신학연구소, 2001), 299-305를 참고할 것. 그리고 고대 근동의 지혜에 상응하여 이스라엘 궁정 내의 지혜 전통의 유래에 대한 역사적 가설에 대해서는 베르너 한스 슈미트, 『구약성서입문 III』 (서울: 대한기독교서회, 2002), 50-52를 참고할 것. - 사회사적 배경이 포로기 이전이든지 또는 신명기 개혁 이전이든지, 혹은 포로기 이후이든지 중요한 것은 그 지혜에 대한 이스라엘의 관심은 그들의 신앙적 지향과 결부되어 그들의 현실 인식 및 윤리적 가르침으로 확장되었다는 사실이다.

이 뒤이어 나오는 표현들과 일치하지 않는다고 지적한다. 폰 라트는 이것을 필히 "어린 아이" 혹은 "사랑하는 사람"으로 번역해야 뒤의 내용과 상응한다고 강조했다.[17] 마치 누군가의 양육을 통해서 자라나야 하는 아이가 그 보호 속에서 삶의 기쁨을 경험하며 사는 것처럼, "그(창조자)가 거하는 땅에서 즐거워 함"(מְשַׂחֶקֶת בְּתֵבֵל אַרְצוֹ [잠 8:31a])이 그 지혜 안에서의 삶이라는 것이다.

땅 위에서 창조주의 질서 안에서 기쁨과 즐거움을 누리며 사는 것이 지혜로운 삶이라는 것은 지혜문학에서 시종일관 관철된다. 욥기 28:23은 지혜가 머무는 곳, 그곳이 바로 하나님이 있는 곳이라고까지 했다. 잠언 11장, 28장은 그 창조 질서로부터 벗어난 악인의 삶, 곧 가난한 자를 학대하는 이들의 삶을 고발하기까지 한다. 특히 잠언 14:31, 17:5에는 창조주 하나님이 궁핍한 이들의 하나님으로 묘사된다. 창조주에 대한 신앙은 철저하게 신앙인에서 지혜로운 삶을 추구하는 것이며, 이는 곧 종말론적 신앙을 견지하며 "창조주를 기억"(전 12:1)하는 삶을 추구하는 것으로 확장된다. 이것이 고대 근동의 신화적 배경과는 직접적 연결고리가 없는 히브리 지혜 전통의 독특성이다.

히브리 지혜 전통은 창조주 하나님에 대한 신앙을 창조 질서 속에서의 그분의 은혜의 행위에 대한 삶의 반응과 관련짓는다. 하나님이 곧 지혜자이며, 지혜를 선사하시는 분이신 것이다. 창조 신앙은 단순히 세상의 기원 담론으로 환원될 수 있는 것이 아니라, 그 속에서의 질서에 대한 신앙적 담론

---

17 Gerhard von Rad, Wisdom in Israel (Nashville: Abingdon, 1981), 152. 여기에서 폰 라트는 히브리어 ammān(אָמוֹן)을 창조자 및 장인으로 읽은 이유를 아카드어 ummanu에서 차용하였고, LXX의 솔로몬의 지혜 7:2, 8:6에서는 실제로 이를 technītis로 잘못 번역했기 때문이라고 보았다. 그 대신 폰 라트는 이를 tithēnoumenē(피후견인, 어린 아이)로 번역한 아퀼라역을 모범으로 따라야 한다고 보았다.

을 지향하는 것이어야 한다. 이와 유사한 의미에서 안근조는 지혜전승이 보존하고 있는 구약 성서의 창조 신앙은 "여타 피조 세계와 인간이 온전한 질서와 조화를 이루고 있는 세계"를 지시하고 있다고 지적하였다.[18] 그리고 그는 "지혜문학은 특수한 계약신학 대신에 보편적 창조신학에 관심"을 가진다는 발터 침멀리(Walther Zimmerli)의 연구를 수용하면서, 케서린 델(Katharine J. Dell)과 더불어 이스라엘의 지혜전승이 율법전승과 예언전승의 구원신학적 원리의 근거를 제공해주었다고 주장한다.[19] 결국 히브리 지혜전승의 핵심은 "창조자 하나님의 창조 질서의 보존과 회복의 문제"인 것이다.[20] 그렇다면 히브리 지혜전승이 곧 창조신학 그 자체라고 해도 과언은 아닐 듯싶다.

## III. 창조 질서 안에서의 삶에 대한 담론으로서의 창조신학 ─ 레비나스의 『전체성과 무한』을 중심으로

지금까지는 현대 조직신학 및 성서학에서 창조가 어떤 의미를 지니고 있는지를 살펴보았다. 이제 여기에서는 앞선 논의들을 기초로 그 창조가 지닌

---

18 안근조, 『히브리 지혜전승의 변천과 기독교의 기원』 (서울: 동연, 2016), 19.

19 앞의 책, 26.

20 앞의 책, 65. - 지혜문서는 바벨론 포로기를 거치면서 (물론 지혜가 포로기 이후의 산물이 아니라, 초기 왕정시대로부터 소급됨을 간과해서는 안 된다) 세상 현실 속에서의 법적 질서를 유지하는 것과 신앙적 정체성의 관계를 형성하는 것 사이의 간극을 매우는 현실적 방안이었다. 이를 두고 요한네스 피히트너(Johannes Fichtner)는 잠언이 "고대 근동의 지혜가 이스라엘적-유대적으로 각인된 것"이라고 표현하기도 했다. 이에 대해서는 J. Fichtner, *Die altorientlaische Weisheit in ihrer israelitisch-jüdischen Ausprägungen*, W. H. Schmidt, 『구약성서입문 III』, 51에서 재인용.

실천적 지평을 현상학적으로 다루어보고자 한다. 창조의 실천적, 윤리적 의미를 살펴보고자 본 연구는 에마뉘엘 레비나스의 현상학을 해석학적 틀로 제안하고자 한다. 본 연구가 레비나스의 논의를 수용하는 방식은 그의 사상을 신학적으로 '적용'하는 것이 아니라, 창조가 주체에게 어떻게 경험되고 의미화되는지를 기술하는 현상학적 방법을 차용하는 데 있다. 따라서 여기에서의 창조 이해는 존재론적 명제의 확장이 아니라, 창조주 하나님이 타자로서 주체 앞에 어떻게 현현하는지에 대한 기술로 이해되어야 한다. 우선은 그의 사상의 현상학적 특징을 에드문트 후설과 대비시킴으로써 조명하고, 이어서 창조에 대한 그의 논의를 현상학적으로 분석하고자 한다.

## 1. 후설의 현상학과 레비나스의 현상학

현상학은 본래 실증주의로 인하여 철학의 학문성과 객관성 등이 위협받던 시절, 에드문트 후설(Edmund Husserl, 1859~1938)에 의해서 탄생하였다. 후설은 데카르트와 칸트의 철학을 넘어서는, 곧 존재론과 인식론의 새로운 종합적 지평을 확보하고자 했다. 데카르트는 순수 자아를 위하여 구체적인 세계 현실에 눈을 감았다면, 칸트는 순수 자아가 경험하는 대상적 세계의 확실성을 위하여 순수 자아에게 절대성을 부과해 버렸다. 하지만 후설은 세계를 경험하는 자아가 그 세계의 객관적 본질을 어떻게 마주할 수 있을지를 논하는 것이 철학의 과제라고 보았다. 세계는 자아를 초월하여 있지만, 철저하게 자아와 관계를 맺음으로써 존재한다. 자아 역시도 마찬가지이다. 후설에게 중요한 것은 세계의 존재 자체가 아니라, 주체에게 의미로서 다가오는 그런 세계의 객관성을 확보하는 것이었다. 후설은 결코 세계와 자아를 독립적으로 보려고 하지도, 그렇다고 그 세계를 재구성하는 자아의 인식론적 독립성에 과도한 권위를 부여하지도 않았다. 오로지 세계가 자아에게 어떠한 의미로서 드러나는지 그리고 자아는 그러한 세계의 본질을 어떻게 왜곡 없이 의식에 적합하게 재구성할 수 있을지를 논하고자 했다.

후설은 눈에 보이는 대상으로서의 세계와 의식이 마주하는 본질로서의 세계를 구분하였으며, 후자를 "현상"이라고 칭했다. 애당초 주체는 세계를 있는 그대로, 곧 그 앞에 놓인 세계 자체를 수용할 수도 없을 뿐 아니라, 그의 시각에 보여지는 모습으로, 세계를 내적 의식으로 구현할 뿐이다. 그래서 후설은 대상의 본질을 들여다보기 위해서는 우리가 마주하는 그 물리적인 대상이 그 대상 자체라고 여기는 자연적 태도를 멀리하고, 내적 의식으로 구성되는 대상의 본질적 요소에 집중해야 한다고 보았다. 그는 이를 "현상학적 환원"(Phänomenologische Reduktion)이라고 칭했다. 그는 그렇게 환원을 통하여 대상의 본질을 들여다보는 의식의 활동을 "노에시스"라고, 그러한 노에시스를 통해서 의식 속에서 재구성된 대상의 본질을 "노에마"라고 칭했다.[21]

하지만 레비나스는 후설의 현상학이 말하는 주체성이 결국 자아중심적으로 구현되는 인식론의 전형이라고 판단했다. 레비나스의 철학이 유대철학 및 유대-기독교적 전통과 맞닿아 있기도 하지만, 그의 사상은 현상학 없이는 올바로 이해될 수 없다.[22] 그는 1930년 스트라스부르 대학에 제출한 박사학위 논문 『후설 현상학에서의 직관이론』에서 후설 현상학의 한계를 주지주의라고 지적한 바 있다.[23] 또한, 그는 후설의 현상학이 "의식을 통한

---

21 후설 현상학에 대해서는 신용식, "과학주의적 창조 이해에 대한 현상학적-신학적 비판"(2025): 127-140을 참고할 것.

22 특히 Michael Fagenblat, *A Covenant of Creatures. Levinas's Philosophy of Judaism* (California: Stanford University Press, 2010), xii-xvii를 참고할 것.

대상의 구성의 문제"[24]를 해명함에 있어, '지향성 안에 현존하는 본질을 직관'하는 의식 활동의 구조[25]를 간파하고 있었지만, 실제로는 대상의 현존을 단지 "이론적으로 인식하는 차원에서 존재한다"[26]라고 봄으로써 "현상학적으로 환원된 의식의 반성"에 국한된 존재론[27]으로 머물렀다고 비판한다. 물론 레비나스는 후설의 현상학이 그리고 그의 현상학적 환원이라는 작업이 "진정한 구체적인 삶을 발견"하게 해 줌을 인정하면서도[28], 다른 한편으로는 "지향성, 사회성, 인격성과 의식의 역사성의 관계에 대해서 묻지 않는다"[29]라고 비판한다.

지향성 개념을 고려해 보면, 의식의 지향성은 임의로 대상의 본질을 창조하는 것이 아니라, 대상이 현상하는 바를 본질로 정립한다. 그렇기에 지향성은 근원적으로 주체 앞에 등장한 대상에 의해서 촉발된 사건을 마주하는 의식의 결단적 행위이다. 달리 표현하자면, 후설 현상학에서조차 지향적 의식 활동은 능동적이기 이전에 수동적인 것이다.

박인철에 따르면, 이러한 수동적 지향성의 중요성을 간파한 이가 레비나스였다.[30] 레비나스는 후설의 수동적 지향성 속에서 노에마를 정립하는

---

23 Emmanuel Levinas/김동규 역, 『후설 현상학에서의 직관이론』 (서울: 그린비, 2014), 214: "…우리는 후설이 주지주의에 가까이 다가설 수 있다는 점을 보아야 한다. 존재론적 질서 안에서 심오한 이념에 이른다고 할지라도, 과학의 세계는 지각의 구체적이고 모호한 세계에 후행하며, 오히려 이러한 세계에 의존한다. 그것은 이 구체적 세계, 모든 것에 앞서 지각되는 대상 세계 안에서 오류로 보일 수 있다."

24 앞의 책, 223.

25 앞의 책, 224, 231.

26 앞의 책, 235.

27 앞의 책, 236.

28 앞의 책, 259.

29 앞의 책, 267.

30 박인철, "타자성과 친숙성": 5-7.

주체와 그 노에시스를 촉발하는 대상의 비동일성을 눈여겨본 것이다. 레비나스는 후설의 이러한 지향적 의식 활동에 대한 논의를 비판적으로 수용하지만, 노에시스-노에마 구조를 통해서만 초월을 지향할 수 있다고 보지는 않는다.[31] 그는 노에시스-노에마를 의식 활동에 대한 담론으로 다룬 후설을 넘어, 이를 철저히 윤리학적 지평에서 다루고자 했다. 타자는 노에시스를 통해 포착되는 대상이 아니라, 주체로 하여금 그 주체가 놓인 전체성을 초월하도록 이끄는 존재이다. 그에게 타자는 의식 활동을 통해 구성되는 대상이 아니라, 계시를 통해 주체를 해방으로 이끄는 외재적 지평인 것이다. 대상과 노에시스를 통해 정립된 노에마는 존재론적으로 같은 것이 아니듯, 타자는 그 타자를 조우하는 주체가 의식에 적합하게 정립한 타자와 같을 수 없다. 타자 경험을 다루는 지향성은 철저히 수동적이기 때문이다.

레비나스에게 타자 경험이야말로 존재 경험이며, 이는 결코 주체 의식으로 환원되어 다루어질 수 없는 초월적 지평의 경험이다. 그래서 그의 관점에서 타자의 얼굴을 보는 것, 그 자체가 곧 계시이다.[32] 그렇기에 그는 타자를 주체의 지향적 의식 활동을 통해서 현상학적 합치에 도달해야 하는 대상으로 볼 것이 아니라, 환대를 통해서 무한의 지평으로 들어가야 한다고 강조한다.[33] 그에게 후설의 현상학은 여전히 전체성의 그늘 아래에서 타자를 다루려는 시도로 보였을 것이다.

이런 맥락에서 그는 "어떤 내용으로 환원할 수 없는 타자 또는 무한으로서의 타자"를 강조했다.[34] 무한이라는 초월적 지평을 향함으로써 전체성에

---

31 Emmanuel Levinas/김도형·문성원·손영창 역, 『전체성과 무한』 (서울: 그린비, 2018), 20.
32 Levinas, 『전체성과 무한』, 83, 104-106.
33 앞의 책, 16.
34 Levinas, Emmanuel/김도형·문성원·손영창 역, 『신, 죽음 그리고 시간』 (서울: 그린비, 2013),

똬리를 틀고 있는 주체의 폐쇄적 인식론적, 윤리학적 양태를 비판하고자 한 것이다.

이를 두고 강영안은 후설 현상학이 데카르트를 비판하면서 등장했음에도, 여전히 데카르트가 그토록 천착했던 주체의 절대성에 머물렀다는 사실이 레비나스에게 큰 걸림돌이었을 것이라고 지적한다.

강영안의 분석에 따르면, 레비나스에게 후설 현상학은 "자기 밖에 어떤 다른 것의 존재를 남겨두지 않으며 다른 것을 의식 안에서 포괄하려고" 했던 "자기 충족적인 내재성", 곧 "자기 자신을 스스로 설정하는 전체성"을 지향하고자 했다.[35] 그래서 레비나스의 관점에서 타자 경험 역시도 주체의 의식 활동(노에시스-노에마)으로 환원하여 다루려는 후설이 여전히 독아론적이었을 것이다.

레비나스는 타자 경험은 결코 환원 불가한 사건이기에 타자에 대한 환대야 말로 주체에게 현현하는 무한의 계시라고 보았다.[36] 그에게 상호 주관적인 만남인 타자 경험은 철저하게 윤리적인 요청의 관점에서 다루어져야 했던 것이다.[37] 그의 관점에서 타인은 결코 "나의 신체와의 유비적인 현존의

---

209. 그리고 레비나스는 후설 현상학과 자신의 현상학의 차이를 이 타자성을 다루는 방식에 있음을 이렇게 진술하기도 한다: "내재성에 머무는 후설의 초월로부터 타자를 향한 초월로 이행하는 반억견적 방식이 있게 될 것이다. 타자는 비가시적이어서 채우기를 기대할 수 없다. 그것은 담을 수 없는 것이고, 주제화할 수 없는 것이다. … 윤리는 타인과의 관계, 이웃과의 관계다. 이웃이란 우선 이러한 관계의 우연적인 특성을 강조한다. 왜냐하면 타인, 이웃은 최초로 온 자이이기 때문이다. 이 관계는 타인에 대한 책임인 근접성이다. … 오늘의 도덕 위기 가운데 유일하게 남아 있는 것은 타인에 대한 책임이라는 점이다"(205-206).

35 강영안, "레비나스 철학에서 주체성과 타자: 후설의 자아론적 철학에 대한 레비나스의 대응," 「철학과 현상학」, 제4집(1990): 249.

36 Levinas, 『전체성과 무한』, 83: "존재는 이러한 현현 자체를 이끄는 것으로서 현전하며, 오직 존재를 드러내는 현현 앞에 현전한다. 절대적 경험은 탈은폐가 아니라 계시다. 표현된 것과 표현하는 자의 일치다. 그러므로 그것은 타인의 특권적 현현, 형식 저편의 얼굴의 현현이다."

37 앞의 논문, 251-256을 참고할 것. - 하지만 이남인은 레비나스가 후설의 상호주관성을 지나치게
오해하고 있다고 비판한다. 후설에 대한 레비나스의 비판은 일면 타당해 보이지만, 달리 보면
후설의 상호주관성 자체에 대한 불완전한 이해에 기초한다고도 볼 수 있다. 이남인은 레비나스
가 후설의 지향성 개념을 오로지 이론적 지향성, 표상적 지향성으로 축소하여 오해한 나머지
후설의 현상학적 환원의 초월론적 이행, 곧 "초월론적 환원"(transzendentale Reduktion)을
철저히 간과했다고 비판한다. 이에 대해서는 이남인, "상호주관성의 현상학 – 후설과 레비나
스," 「철학과 현상학 연구」 제18집(2001): 22-24를 참고할 것. 필자 역시도 레비나스가 후설의
상호주관성을 충분히 그리고 정당하게 이해하는 데에 실패했으며, 오히려 '후설의 상호주관성
의 존재론적 현상학에서 다루는 타자 경험이 레비나스의 그것과 유사하다'는 이남인의 견해에
전적으로 동의한다. 이에 대해서는 이남인의 앞의 논문, 30을 보라. - 레비나스가 후설을 오해했
다는 취지의 이남인의 견해보다 더 강한 어조로 박인철은 레비나스의 타자 이해가 현상학을
넘어 형이상학적으로 정초하고자 함으로써 구체성을 상실해 버렸다고 비판한다. 타자 경험의
직접성과 신체성을 중시하면서도 그 타자를 무한자로서 정립함으로써 관념의 영역으로 넘겨버
렸다는 것이다. 박인철의 관점에서 레비나스의 타자의 현상학은 다소간 존재론에 머물러 있는,
그래서 충분히 현상학적으로 정립되지 못한 타자이론으로 보여질 수밖에 없다. 이에 대해서는
박인철, "타자성과 친숙성. 레비나스와 후설의 타자이론 비교," 「철학과 현상학 연구」 제24집
(2005): 1-31을 참고할 것.

레비나스와 마찬가지로 후설 역시도 타자를 결코 사물처럼 인식하고자 하지 않았음이
분명하다. 이남인의 평가에 따르면, 후설은 『데카르트적 성찰』을 통해서 그저 "자아가 타인
과 맺을 수 있는 모든 가능한 관계의 유형을 그 본질적인 구조에 따라 분석"하고자 했을 뿐이다(이
남인, 앞의 논문, 36). 다만, 타자 및 상호주관성에 대한 후설의 현상학적 분석에 있어 문제될
것이라면, 그것이 충분히 체계화되지 못한 것일 것이다. 후설에게도 타인은 주체가 자의적으로
다룰 수 있는 대상이 아닐 뿐 아니라, 주체의 의식 활동의 결과물로서 존재하는 것이 아니라,
주체 앞에 현존하는 또 다른 주체이다. 주체와 같은 또 다른 주체이기에 주체와 닮은 그러한
유비적 존재로서 주체 앞에 현현하는 존재인 것이다. 특히 여기에서는 후설의 타자 경험이 타자에
대한 주체의 감정적 투사, 곧 "감정이입"(Einfühlung)을 통해서 이루어지기에 일종의 유비적
한계를 지닌다는 오해를 바로잡는 것이 중요하다. 실제로 레비나스의 비판과 유사하게 베른하르
트 발덴휄스는 후설의 타자 이해가 "근원적 유비"(Ur-Analogie)에 기초하였기에 타자에 대한
주체의 존재론적 우월이 기저에 깔려있다고 비판하기도 했다. 이남인에 따르면, 『데카르트적
성찰』에서 다루는 "감정이입"(Einfühlung)이라는 개념은 주체의 심리적 상태를 타인의 것에
투사하는 것이 아니라, '주체를 초월하여 존재하는 타인을 서로가 서로에게 영향을 줌으로써
현존하는 존재로 다루기 위한 확증양식'을 지칭한다고 지적한다. 그래서 그는 감정이입을 "타자
경험"으로 바꿔 읽어야 한다고 강조한다. 이에 대해서는 이남인, 앞의 논문, 40-41을 보라. 그리고
상호주관성 및 타자 경험과 관련한 후설에 대한 발덴휄스의 비판은 이에 대해서는 Bernhard
Waldenfels, *Topographie des Fremden* (Frankfurt am Main: Suhrkamp Verlag, 2020),
94; 신용식, "폴 틸리히의 문화신학에 대한 상호 문화적 비판 ─ 베른하르트 발덴휄스의 타자
현상학을 중심으로," 「한국조직신학논총」 제71집 (2023. 06): 113-116을 참고할 것. 앞선 논의들

형태"로 환원될 수 없는 초월적 존재인 것이다.[38] 이 타자 경험 속에서야 비로소 주체의 존재로의 초월이 가능하다면, 신학은 하나님 경험을 이러한 타자 경험의 지평 속에서 다룰 수 있어야 한다. 현상학적으로 보면, 하나님은 노에시스의 노에마이지만, 노에시스가 재구성한 노에마는 아니다. 주체와 타자, 곧 나와 하나님 혹은 하나님과 나에 대한 엄밀한 인식론적 구분이 전제되어 있어야만 타자 경험이 가능하다는 것이 아니다. 오히려 레비나스에게 타자와의 맞닥뜨림 후에서야, 비로소 주체의 주체됨이 확연히 드러날 수 있기에 하나님이라는 무한한 타자와의 만남이, 곧 우리의 자기 이해의 근간인 것이다.

## 2. 하나님의 자기 타자화 및 자기 수축으로서의 창조

만일 후설의 상호주관성 및 타자에 대한 현상학적 분석에 대한 레비나스의 비판을 정당하게 수용할 수 있다면, 우리는 레비나스의 논의를 창조신학으로 확장해 볼 수 있다.

창조주 하나님을 타자의 얼굴로 마주함으로써야 비로소 우리는 피조물로서의 모습을 확인할 수 있다. 창조신학은 단순히 하나님의 창조 사역에 대한 진술 그 이상이다. 그것은 창조주 하나님이 피조물과 맺으시는 관계를 기술하는 것임과 동시에 피조물이 그 창조주를 마주하면서 경험하는 새로

---

을 토대로 정리하자면, 후설에 대한 발덴휄스의 비판 역시도 레비나스의 경우와 마찬가지로 후설 현상학에 대한 불완전한 이해 및 오해에서 비롯된 것이라고 볼 수 있다. 하지만 필자의 앞의 논문에서는 발덴휄스의 후설 비판의 정당성에 대한 평가는 다루어지지 않았다. 이 역시 본 연구논문의 한계를 넘어서기에 이 역시도 추후 연구로 넘기고자 한다.

38 Levinas, 『후설 현상학에서의 직관이론』, 261.

운 자기 이해의 존재론적 지평을 기술하는 것이기도 하다.

위에서 약술되었듯이 레비나스는 타자를 통해서 주체가 조명되고, 그 타자를 향한 주체의 윤리적 결단이 철학이 지향하는 궁극적인 목표라고 본다. 인간이 창조주를 마주함으로써 그 창조 질서 안에서 살아가기로 결단하는 것만큼 근원적인 결단을 견인하는 사건이 어디에 있겠는가.

우리는 1961년에 집필된 그의『전체성과 무한』, 1974년에 출판된『존재와 달리 또는 존재성을 넘어』, 1967~1989년에 발표된 글의 모음집인『타자성과 초월』, 1975~1976년에 했던 두 강의의 모음집인『신, 죽음 그리고 시간』등에는 창조에 대한 현상학적 이해의 단초들을 발견할 수 있다. 비록 그의 사상이 타자 담론을 중심으로 형성되어 있기는 하지만, 그 무한한 하나님이 자신을 곧 타자로서, 우리 앞에 다가오시는 얼굴로서 현상하신다는 의미의 진술 속에서 창조신학에 대한 또 다른 사유의 지류를 확인해 볼 수 있다.

창조는 단순히 하나님의 제작 행위가 아니라, 하나님이 피조 세계에 대해서 자기 스스로를 타자로서 규정하고, 또한 타자로서 우리에게 다가오시는 분으로서 존재하기로 선언한 사건이다. 피조물에 대한 하나님의 무한 책임에 대한 상징으로서 창조가 이해되어야 한다는 것이다. 창조 사건 안에서 하나님은 철저하게 창조주이심과 동시에 피조물에 대하여 이웃이 되시기로 하셨다. 하나님의 창조는 자기 자신을 철저하게 외재화하는 사건이다. 창조 이전에는 즉자적으로 존재하던 하나님이 스스로를 대자적 존재로 결단하고, 피조물에 대해서는 타자적 존재가 되기로 결단하셨다. 창조 속에서 인간은 전적 타자로서의 하나님을 만나지만, 이는 철저하게 그분을 마주하는 주체로 하여금 전적으로 새로운 존재론적 지평을 마주하게 된다는 의미에서의 전적 타자이다. 그 전적 타자는 결코 존재론적인 이질성을 지니신 절대적으로 초월하여 존재하시는 신적 존재를 상정하는 표현이 될 수 없다.

창조주 하나님은 전통 신학적 의미의 전적 타자로서의 하나님으로만 상 정될 것이 아니라, 지금도 피조 세계를 향해서 윤리적 결단을 촉구하시는 타자적 존재로서 자신의 얼굴을 드러내 보이시는 분이신 것이다.

그렇기에 레비나스의 타자성 기반의 창조 이해는 그저 있음을 넘어서는 존재로의 부름이라는 존재론적인 차원을 지닌다. 단순히 표현하면, 창조는 말씀으로부터 촉발되었다. 하나님으로부터 시작된 이 말씀하심이 창조의 전 과정을 이끈다. 이는 창조를 통해서 피조물이 조명되듯이 말함을 통해서 말해진 것이 조명됨을 의미한다. 말해진 것은 언표 행위를 통해 의미 부여 된다. 하지만 레비나스는 말함은 단순히 발화적 사건을 의미하는 것이 아니 라, 말함의 대상을 향한 화자의 결단, 곧 타인을 책임지는 행위를 수반한다 고 했다.[39] 그러므로 말씀으로 창조하심은 단순히 대상을 창작한 사건이 아 니라, 존재의 의미를 부여한 사건이다. 그렇기에 피조물은 그저 단순히 여 기 있는 존재일 수 없다.

레비나스는 공허 속에서 그저 있음의 상태를 "무"라고 지칭했는데,[40] 바로 이 허무한 존재 양태로부터 벗어나도록 한 것이 곧 창조인 것이다. 레 비나스에게 무로부터의 창조에서의 이 무는 물리적 실체라기보다는 그저 있음에 놓여있음으로 아직 의미가 부여되지 않은 존재 상태를 지칭한다. 그 에게 존재의 문제는 있음과 없음이라는 소박한 양자택일의 구조 속에서가 아니라, 그저 공허하게 여기 있음 안에 있을 것인가 혹은 "존재를 무로부터 분리하는 차이 너머"를 지향할 것인가라는 물음 속에서 다루어져야 하는

---

39 Levinas, Emmauel/문성원 역, 『존재와 달리 또는 존재성을 넘어』 (서울: 그린비, 2013), 105: "말해진 것 이전에 이 말함에 이르는 것이, 또는 말해진 것을 말함으로 환원하는 것이 중요하다."

40 앞의 책, 17.

주제이다.[41] 이는 곧 우리의 존재를 넘어서 다가오시는 그 하나님을 맞닥뜨림 속에서 우리의 주체성을 확인함으로써 우리가 피조물임을 자각할 수 있다는 말과 다르지 않다.

그는 "초월 및 신의 문제와 존재성으로 환원할 수 없는 주체성의 문제는 함께 간다"라고 언급했는데, 이는 곧 주체성의 문제를 해명하는 길은 초월, 곧 하나님의 문제를 다룰 때에야 가능함을 의미한다.[42] 주체와는 질적으로 완전히 다른 존재, 그 절대적 타자로서의 하나님에 의해서 주체가 해명될 수 있다는 것은 주체가 그 타자를 완전히 소유하거나 소진할 수 없음을 전제한다.[43] 주체와 타자의 상관관계는 이미 양자의 질적인 분리 및 차이를 전제하고 있다.[44]

레비나스는 무로부터의 창조가 중요한 이유가 "창조에 의해 분리되어 창조된 존재가 아버지에게서 유래했을 뿐 아니라, 아버지와 절대적으로 다르기 때문"이라고 지적한다. 그리고 이 무로부터의 창조에 대한 기억이 없이는 우리는 진정한 타자가 될 수 없다고까지 했다.[45] 이는 그저 있음, 곧 어

---

41 앞의 책, 17.

42 앞의 책, 45를 참고할 것. 하지만 레비나스는 전통적인 "신학은 신과 피조물 사이의 관계 관념을 신중하지 못하게도 존재론적인 용어로 다룬다"라고 비판한 바 있다. 이에 대해서는 Levinas, 『전체성과 무한』, 439을 참고할 것.

43 Levinas, 『전체성과 무한』, 144: "동일자와 타자는 관계 속에서 스스로를 유지하는 동시에, 그 관계로부터 스스로를 방면하여 절대적으로 분리된 채로 머문다. 무한의 관념은 이 분리를 요구한다. 분리는 존재의 궁극적 구조로서 존재의 무한함 자체의 생산으로서 정립되었다."

44 이와 유사하게 레비나스는 『전체성과 무한』에서 이렇게 이야기하기도 했다. "무한관념은 타자와 관련한 동일자의 분리를 전제한다. 그러나 이 분리는 타자에 대한 대립에 근거한 것이 아니다. … 타자에 대한 자아의 분리는 실정적 운동의 결과여야 한다. 상관관계는 초월을 충족시키는 범주가 아니다. 자아의 분리는 나에 대한 타자의 초월에 상호적인 것이 아니다. … 자아의 분리가 성찰되는 것은 구체적인 도덕적 경험의 이름으로서다"(61-62).

45 앞의 책, 79.

떠한 의미 부여도 되지 않은 순전히 중립적이고, 무미건조한 존재 양태에 머물러 있음을 넘어 존재로 부르신 하나님의 창조 사건은 피조물로 하여금 끝없이 하나님을 타자로서 직면하도록 추인한다.

그래서 그는 진정한 피조물의 욕망은 "타자에 대한 욕망"이며, 이 욕망이야 말로 "행복 위에서 이 행복을 요구"하는 행위라고까지 말했다.[46] 이러한 의미에서 그는 창조에 대해서 아래와 같이 진술한다.

> 무한은 분리된 존재에게 자리를 내어 주는 수축 속에서 전체성이 파고드는 것을 거부하는 가운데 생산된다. 이렇게 하여 존재 바깥의 길을 여는 관계들이 그려진다. 그 자신에 대해 순환적으로 닫혀 있는 것이 아니라 존재론적 외연에서 물러서서 분리된 존재에게 자리를 내어주는 무한은 신적으로 실존한다. 무한은 전체성 너머에 핀 사회를 촉발시킨다. 분리된 존재와 무한 사이에 수립되는 관계들은 무한의 창조적 수축에서 감소로 있었던 바를 만회한다. 인간은 창조를 만회한다.[47]

자신의 얼굴을 타자로서 우리에게 드러내 보이신 하나님의 창조 행위는

---

46 앞의 책, 77. - 레비나스는 삶의 필요를 채움으로써 획득하게 되는 행복을 향유라고 했다. 그래서 그는 향유를 타자 곧 신적 초월자를 전제하지 않고도 달성될 수 있는 순전히 개인적인 만족감이라고 본다. 이러한 향유를 기반으로 삶과 타자를 볼 경우에 그러한 타자는 결국 주체에 의해 착취되는 존재에 불과하다. 이러한 의미에서 그는 "향유는 무신론적 분리를 성취"하며, "향유는 타자에 대한 무지가 아니라 타자의 착취"라고 말하기도 했다. 그리고 "자기로 향하는 향유와 행복의 운동은 자아의 충족"에 불과하다고 목소리를 높인다. 이에 대해서는 Levinas, 『전체성과 무한』, 163, 208을 볼 것. - 이에 반해 그는 욕망은 "전적으로 다른 것, 절대적으로 다른 것을 향한다"(앞의 책, 27)고 주장한다. 그에게 무한 곧 타자, 하나님은 단순한 "인식의 대상—숙고하는 시선의 척도로 무한을 환원해 버린 것—이 아니라 욕망 가능한 것이다. 무한은 욕망을 일으키는 것"(앞의 책, 76)이다.
47 레비나스, 『전체성과 무한』, 147.

단순히 만물의 존재론적 근원을 선사한 사건에 그치는 것이 아니라, "창조적 수축", 곧 피조물과의 만남을 통해서 "만회"되어야 하는 자기 제한의 사건이다.

무로부터 창조하셨다는 선언 속에 담긴 의미는 하나님은 피조 세계에 통합되지 않으시는 분이시지만, 스스로 세계와 관계하신다는 하나님의 결단이다.[48]

## 3. 타인을 대신 짊어짐과 창조 질서 안에서의 삶

지향성과 관련하여 한 번 더 대비적으로 요약하자면, 후설의 지향성은 의식철학적 지향성이라면, 레비나스의 것은 —물론 형이상학적인 측면에 기반하지만— 실천적, 윤리적 지향성이라고 할 수 있다. 그에게 지향성은 단순한 의식 활동을 지칭하는 것이 아니라, "타자에 대한 책임으로 충만한 자기 헌신"이다.[49]

레비나스가 볼 때에 후설의 지향성은 여전히 노에시스와 이를 통해 의식 내적으로 정립된 노에마 사이의 관계를 지시하는 개념으로 비쳐졌다. 하지만 그는 지향성 개념 안에 자리한 가장 근원적인 "근접성"의 문제를 간파했다. 주체가 조우하는 타자와 의식 활동을 통해 정립된 그 타자(노에마)가 동

---

48 가령, 유대교의 중세 신비주의 전통 중의 하나인 이삭 루리아의 카발라에서는 한계가 없으신 하나님께서 "무"를 먼저 만드시고, 그 무를 통해서 창조를 이어나가셨다고 본다. 그리고 그 "무"를 만드신 하나님의 행위는 자기 제한 혹은 자기 수축, 곧 침춤(צמצום)이라고 표현된다. 미시적으로는 이 침춤으로서의 하나님의 자기 제한이 창조의 근원적 모습이라는 카발라적 해석은 여러모로 레비나스의 창조 이야기를 연상케 한다. 유대 카발라 전통에서의 창조 이해에 대해서는 Norbert M. Samuelson, Günter Stemberger, "Schöpfung. IV. Judentum," *TRE* 30, 295를 참고할 것.

49 레비나스, 『전체성과 무한』, 151.

일하지 않고 그저 근접해 있다는 것은 그 주체가 타자를 향해 응답해야 한다는 명령 앞에 놓여있음을 의미한다.

레비나스에게 타자는 결코 의식으로 환원될 수 없는 무한자인 것이다. 그래서 그의 철학은 타자에 대한 윤리적 책임으로 흘러간다. "타자"라는 개념에는 하나님과 이웃이 모두 포함되어 있다. 레비나스는 우선 하나님이 우리에게 타자로서 현현하시는 바를 창조를 통해 조명하지만, 이를 넘어 우리와 타자로서의 이웃 사이에 벌어지는 윤리적 상관관계를 해명하고자 했다.

이는 피조 세계에 대한 하나님의 약속 및 결단을 상기시킨다. 앞서 이야기 된 바, 하나님의 창조는 전적으로 피조 세계에 대한 하나님의 책임을 가리킨다. 그렇기에 창조는 이러한 타자에 대한 책임이라는 창조 질서의 구축사건이다. 우리 편에서는 하나님이 타자이지만, 하나님 편에서 피조 세계가곧 타자이다. 이 두 존재가 서로 동일하지 않고 그저 근접해 있기에, 양자 사이의 관계형성은 존재론적이고 윤리적인 응답을 통해서 가능하다. 레비나스는 타자에 대한 책임을 "내가 타자들을 내신함"[50]으로 묘사하는데, 이는 "타자의 비참과 비탄을 짊어지는 것이며, 또 타자가 나에 대해 가질 수 있는 책임마저 짊어지는 것"[51]과 다르지 않다고 본다. 그리고 이는 "자기에 속한 모든 것을, 자기를 위한 모든 것을 포기"[52]하는 것까지 아우르는 요청이다. 이러한 절대적인 책임으로서의 타인을 대신 짊어짐이 곧 창조 질서 안에서의 삶 그 자체라고 볼 수 있다.

창조 사건이 창조 질서 안에서의 삶과 그 완성을 지향한다는 것은 신학

---

50 Levinas, 『존재와 달리 또는 존재성을 넘어』, 249.

51 앞의 책, 255.

52 앞의 책, 258.

적으로 중요한 의미를 지닌다.

위르겐 몰트만(Jürgen Moltmann)은 창조의 근본적 의미가 가장 여실히 드러나는 지점이 안식일이라고 했다. 그는 창조의 궁극적인 목표가 안식일에 있다고 보았다. 그는 안식일이 6일의 창조와는 구별되는 창조의 완성이요, 하나님의 현존의 날이기에 "창조의 날이 아니라 주의 날"이라는 점을 강조함으로써 창조론을 종말론으로 확장시킨다.[53] 몰트만은 안식일의 하나님은 단순한 세상의 제작자가 아니라, 세상과 함께 연합하시기로 결정하신 분이심을 다음과 같이 강조한다.

> 그의 창조적 활동에 있어서 하느님은 그 자신에게 상응하는 사역들에 대하여 자유로웠으며, 그의 안식일의 휴식 안에서 하느님은 그의 사역들로부터 자유로워지며 자기 자신에게로 돌아간다. … 그러나 이것은 창조 이전에 있었고, 하느님이 거기에서부터 세계를 창조한 세계 없는 영원한 영광으로 돌아감을 뜻하지 않는다. 안식일에 휴식하는 하느님은 그의 창조로부터 쉬시는 창조자이다. 그는 창조한 다음에 다시 자기 자신에게로 돌아오는데, 그의 창조 없이 돌아오는 것이 아니라 그의 창조와 함께 돌아온다. 그러므로 그의 휴식은 그의 창조의 휴식이 되며, 그의 창조에 대한 그의 기쁨은 피조물들 자신의 기쁨이 된다. … 하나님은 창조를 창조하시고 만드시기만 한 것이 아니라 그의 얼굴 앞에서 실존하게 하며 자기 자신과 공존하게 한다는 것이다.[54]

---

53 Jürgen Moltmann/김균진 역, 『창조 안에 계신 하느님』 (서울: 한국신학연구소, 2007), 398-402.

54 앞의 책, 399.

하나님의 창조는 단순히 인간 A가 대상 B를 제작했다는 것과는 질적으로 다르다. 하나님은 그의 얼굴 앞에 그 피조물을 그분과 공존하는 타자로 만드셨음을 의미하며, 동시에 그 피조물의 관점에서는 그가 하나님을 마주할 때에 하나님을 타자로서 경험하게 됨을 의미한다.

창조는 한 마디로 하나님이 자기 자신을 타자로 내어주신 은혜의 사건인 것이다. 우리는 안식일 속에서야 비로소 창조주 하나님을 타자로서 대면할 수 있다. 하나님은 스스로 창조 질서 안에서 타자로서 우리에게 얼굴을 보이시는 분으로서 존재하시기로 결단하셨다. 안식일이 곧 그러한 창조 사건의 목적인 것이다. 안식일 속에서 하나님은 피조물 없이 존재하기를 원치 않으시는 분이심을 명시적으로 보여주신 것이다. 안식일은 창조의 끝에서 남겨진 진공이 아니다. 그것은 창조와 함께 돌아와야 하는 또 다른 창조적 공간이다. 이는 나 자신을 위한 창조적 공간이 아니다. 레비나스의 용어로 표현하자면, 안식일은 여전히 동일성 안에 갇힌 자기로의 회귀가 아니라, 타자를 위한 자기 수축의 공간이다.[55] 안식일 속에서의 자아는 결코 자기 연민의 회복을 도모하지 않고, '타자에 의해서 불어 넣어진 자기 자신'을 마주하게 된다.[56] 안식일에서 조명되는 주체와 타자의 관계는 종말론적이면서 윤리적인 요청을 함축한다.[57] 안식일에서 완성되는 창조는 단순한 창조 사

---

55 Levinas, 『존재와 달리 또는 존재성을 넘어』, 248.

56 앞의 책, 249.

57 레비나스는 『전체성과 무한』의 서문에서 자신의 철학이 일종의 철학적 종말론이라는 존재론적이고 윤리학적인 기획이라고 밝힌다. 그에게 종말론은 일종의 묵시적이거나 예언적 사태에 대한 진술이 아니라, 무한과의 관계를 통한 전체성으로부터의 자유라는 사건을 지시한다. 또한, 그는 이러한 종말론적 사건의 심층에 창조가 자리한다고 보고 있다. 이와 관련하여 문성원은 레비나스의 『전체성과 무한』을 철학적 종말론으로 해석한다. 그에 따르면, 전체주의적인 정치에 맞서지 못하는 빈약하고 나약한 도덕이 기댈 수 있는 유일한 사상적 기저는 종말론인데, 이 레비나스의 종말론은 결코 종교적 의미의 종말론에 국한하지 않는다. 그렇다고 헤겔 방식의

건에 대한 논의로 축소될 수 없다. 그것은 피조물적 존재로서, 창조 질서 안에서 하나님의 현존에 참여하는 구성적 존재로서의 인간 이해를 요청한다.

요약하자면, 레비나스의 현상학을 통해 조명해 본 창조신학은 창조를 우주론적 기원이 아니라, 타자에 대한 책임과 윤리적 응답의 사건으로 이해하도록 이끈다. 창조는 한 주체의 의식 활동(노에시스)과 그것에 의해 구성된 의식 대상(노에마)의 관계를 해명하는 의식현상학 만으로는 충분히 조명될 수 없었다.

레비나스의 현상학은 창조를 노에시스-노에마의 구성적 구조 안에서 다루는 것에 만족하지 않고, 타자의 현현 곧 1) 창조 속에서 하나님께서 어떻게 자기 자신을 타자화하셨는지를 해명하고, 더 나아가 2) 창조 세계 안의 타자에 대한 책임과 윤리적 응답을 촉구하는 근원적인 틀로 활용되었다. 그의 현상학은 창조를 타자와의 만남 속에서 그 타자와의 존재론적 상관관계와 윤리적 응답을 재구성하는 근원적 경험으로 제시한다는 측면에서 독자적인 사유의 틀을 제공한다고 볼 수 있다.

## IV. 나가기: 창조 질서 안에서의 삶을 위한 창조론

우리는 지금까지 과연 창조신학이 나아가야 할 방향성에 대해서 현대 신

---

역사철학에 지배된 종말론도 아니다. 오히려 이러한 전체적인인 역사 현실을 넘어서는 초월적 종말론이다. 문성원은 레비나스의 종말론은 "우리와 관계하는 무한, 곧 전체성의 바깥이 전체성을 깨뜨리고 윤리적 삶을 불러일으킨다는 점을 나타내는 용어"라고 정리한다. 문성원, "윤리와 종말론 – 전체성과 무한의 서문 읽기," 「시대와 철학」 24/4(2013), 111을 보라.

학적, 성서신학적, 현상학적 관점에서 살펴보았다.

II장에서는 창조에 대한 현대 신학적 담론들이 창조를 단순히 만물의 기원 담론으로 다루는 것이 아니라, 창조주와 피조물의 관계에 대한 해석학적인 진술의 관점에서 다룬다는 점을 언급했다. 창조신학은 창조 사건의 자연과학적 실체를 해명하는 것이 아니라, 오히려 하나님께서 창조주로서 피조물과 연합하시기를 원하시는 분이심을 피조 현실과 결부지어 진술하는 것이라고 했다.

그리고 이어서 이에 대한 성서신학적 근거를 지혜문학에서 찾고자 했다. 구약은 시종일관 세계 현실 속에서 일하시는 하나님에 대한 경험이 유대인들의 삶을 조명하고 있음을 전제한다. 구약에서 창조는 단순히 기원 담론이 아니라, 창조주 안에서의 삶과 그 원리에 대한 일종의 관계 담론으로 기능한다고 했다.

이에 대한 구체적인 근거가 지혜문학이다. 지혜문학은 땅 위에서 창조주의 뜻과 창조 질서 안에서 삶의 기쁨을 만끽하는 것이 참다운 지혜로운 삶이라고 가르친다. 창조 담론은 창조 질서 안에서의 삶이며, 그러한 삶이 곧 창조주를 기억하는 삶이라는 것인데, 이러한 창조신학적 실존 이해는 고대 근동의 지혜 전통과는 질적으로 구분되는 히브리 지혜 전통의 독특성이라고 했다.

III장에서는 창조신학이 창조 질서 안에서의 삶에 대한 담론임을 구체적으로 해명하기 위하여 에마뉘엘 레비나스의 타자의 현상학을 살펴보았다.

레비나스는 주체 중심의 타자 이해가 아니라, 타자에 대한 책임적 응답으로서 반응하는 주체의 태도를 제시하고자 했다. 레비나스에게는 전통 철학적인 의미의 절대적인 주체성은 존재하지 않는다. 오히려 타자적 정체성이 참다운 주체성이라고 볼 수 있다. 결국 타자에 대한 환대와 열려있음을 통해서 근원적이고 새로운 자기 이해가 가능하게 된다.

이 글에서는 이러한 주체에게 자신의 얼굴을 열어 보여주는 타자의 행위가 하나님의 창조를 해명하는 가장 기초적인 자리라고 했다. 창조는 하나님이 자기 스스로를 피조 세계에 대해서 타자로 규정하시고, 피조 세계를 향해 다가오시는 사건의 시작이다. 그런 의미에서 본다면, 창조는 그 자체로 하나님의 자기제한 및 자기 수축의 행위라고 볼 수 있다.

그리고 하나님의 창조는 단순히 하나님 주도적인 행위가 아니라, 우리를 창조 질서 안에서의 삶으로 부르시는 사건이라고 했다. 이것이 이웃에 대한 환대로 이어질 수 있다면, 이것이야말로 창조 질서 안에서의 삶의 기쁨인 것이다. 이는 앞선 히브리 지혜 전통의 창조 이해와도 일맥상통한다.

이러한 논의를 통해 본 연구는 창조를 단순한 교리적 대상이 아니라, 하나님께서 창조주로서 한 주체에게 의미로서, 윤리적 요청으로서 현현하시는 사건으로 기술함으로써, 창조신학을 현상학적으로 재구성할 수 있는 하나의 가능성을 제시하고자 하였다.

창조에 대한 레비나스의 현상학적 담론을 통해서 하나님의 존재는 단순히 창조주라는 신앙고백적 내용을 넘어, 그분이 창조주로서 현상하는 방식, 곧 창조가 그것을 인식하는 주체에게 의미로 드러나는 방식을 확인할 수 있었다. 그에게서 창조 사건은 창조의 경험 구조와 실천적, 윤리적 지평으로 확장되었다.

레비나스라는 창을 통해서 우리는 현상학적 방법으로 창조신학의 의미 구조를 해명할 수 있는 단초를 확인하였다. 창조에 대한 자연과학적 발견과 진술들은 창조의 신비를 해명해 주는 주요한 도구로 기능할 수 있다. 하지만 과학적 진술과 발견을 통하여 진술될 수 있는 창조 담론을 창조에 대한 성서적 증언과 일치시키는 것은 전형적인 과학주의적 발상이다.

성서는 철저하게 창조주를 기억하며 살아가는 삶을 촉구하고 있는 책이지, 창조 사건의 자연과학적 신비를 명시적으로 드러내 보여주는 책이 아니다. 창조신학은 창조주 하나님과 피조 세계 사이의 구성적인 관계담론으로서, 곧 철저하게 창조주를 기억하는 삶을 촉구하는 신학적 담론으로 다루어져야만 한다. 창조신학은 일차적으로는 타자로서 다가오시는 그 하나님을 마주하면서 우리의 존재론적 위상을 조명하고, 더 나아가 이차적으로는 이웃에 대한 환대를 통해 전체주의적인 세계질서를 혁파함으로써 창조 질서를 새로이 구현해 내는 윤리적 삶을 촉구한다. 이것이 성서가 증언하는 창조주를 기억하는 삶이다.

# 참고문헌

갓월드, 노만 K./김상기 역. 『히브리성서 2. 사회·문학적 연구』. 서울: 한국신학연구소, 2001.

강영안. "레비나스 철학에서 주체성과 타자: 후설의 자아론적 철학에 대한 레비나스의 대응," 「철학과 현상학」 제4집(1990).

레비나스, 에마뉴엘/김도형·문성원·손영창 역. 『신, 죽음 그리고 시간』. 서울: 그린비, 2013.

_____/김동규 역. 『후설 현상학에서의 직관이론』. 서울: 그린비, 2014.

_____/김도형·문성원·손영창 역. 『전체성과 무한』. 서울: 그린비, 2018.

_____/김도형·문성원 역. 『타자성과 초월』. 서울: 그린비, 2020.

_____/문성원 역. 『존재와 달리 또는 존재성을 넘어』. 서울: 그린비, 2021.

몰트만, 위르겐/김균진 역. 『창조 안에 계신 하느님』. 서울: 한국신학연구소, 2007.

문성원. "윤리와 종말론 – 전체성과 무한의 서문 읽기." 「시대와 철학」 24/4(2013).

박인철. "타자성과 친숙성. 레비나스와 후설의 타자이론 비교." 「철학과 현상학 연구」 제24집(2005): 1-31.

볼프, 한스 W./문희석 역. 『구약성서의 인간학』. 왜관: 분도출판사, 1996.

슈미트, W. H./차준희·채홍식 역. 『구약성서입문 I-III』. 서울: 대한기독교서회, 2002.

신용식. "폴 틸리히의 문화신학에 대한 상호문화적 비판 – 베른하르트 발덴휄스의 타자 현상학을 중심으로." 「한국조직신학논총」 제71집(2023.06).

_____. "과학주의적 창조 이해에 대한 현상학적-신학적 비판," 「한국조직신학논총」 제80집 (2025.09).

안근조. 『히브리 지혜전승의 변천과 기독교의 기원』. 서울: 동연, 2016.

앤더슨, B. W./강성렬·노항규 역. 『구약성서이해』. 고양: 크리스챤다이제스트, 2006.

와이브레이, R. N./차준희 역, 『오경입문』. 서울: 대한기독교서회, 2005.

이남인. "상호주관성의 현상학 – 후설과 레비나스." 「철학과 현상학 연구」 제18집 (2001).

켈리 M. 케이픽·브루스 L. 맥포캑 편/박찬호 역, 『현대 신학 지형도. 조직신학 각 주제에 대한 현대적 개관』 (서울: 새물결플러스, 2023).

폴킹혼, 존/현우식 역. 『과학으로 신학하기』. (서울: 연세대학교 출판부).

Barth, Karl. *Kirchliche Dogmatik* III/1

Bonhoeffer, Dietrich. *DBW* Band 3.

Fagenblat, Michael. *A Covenant of Creatures. Levinas's Philosophy of Judaism.* California: Stanford University Press, 2010.

Härle, Wilfried. *Dogmatik.* Berlin: Walter de Gruyter, 2007.

Tillich, Paul. *Systematische Theologie* I. Stuttgart: Evangelisches Verlagswerk, 1984.

von Rad, Gerhard. *Wisdom in Israel.* Nashville: Abingdon, 1981.

Waldenfels, Bernhard. *Topographie des Fremden.* Frankfurt am Main: Suhrkamp Verlag, 2020.

Weber, Otto. *Grundlagen der Dogmatik* I. Neukirchen: Moers, 1955.

# 지 은 이 알 림

**김정형**

연세대학교 연합신학대학원에서 종교철학 교수. 서울대학교 철학과(B.A.), 장로
회신학대학교 신학대학원(M.Div.), 버클리 연합신학대학원(GTU, Ph.D.)에서
수학하고, 장로회신학대학교 연구지원처 조교수를 지냈다.

『창조론: 과학 시대 창조 신앙』, 『예수님의 눈물 — 인간으로 사셨던 하나님의
이야기』, 『기술윤리 — AI 혁명, 디지털 전환기의 윤리적 도전과 미래』, 『신학과
과학의 만남 — 기포드 강연을 중심으로』, 『생태 사물 신학 — 팬데믹 이후 급변하는
생태신학』 외 다수의 저서와 『하나님과 진화를 동시에 믿을 수 있는가 — 당혹한
이들을 위한 안내서』 등의 역서 그리고 여러 논문이 있다.

**박일준**

현재 원광대학교 한중역사문화연구소에서 학술연구교수로 재직하고 있다. 감리
교신학대학교에서 종교철학(B.A.)을 공부하고, 보스턴대학에서 신학 석사
(S.T.M.)를 마친 후 드류대학교에서 철학적 신학/종교철학으로 학위(Ph.D.)를
취득하였다. 신학과 철학과 과학의 접경에서 존재와 인간의 의미를 연구하고
있으며, 특별히 디지털 네트워크와 인공지능 및 사이보그의 존재 역량을 곰팡이
균과 식물 등의 존재 역량 등과 비교분석하면서, 포스트휴먼 시대의 인간의 의미
를 새롭게 정의하는 데 집중하고 있다.

최근 주요 업적으로는 (공저) *Stirring Up Liberation Theologies* (SCM Press,
2024), *Troubling (Public) Theologies* (Fortress Academic, 2023), *Emotions
in Korean Philosophy and Religion* (Palgrave Macmillan, 2022) 등을 포함
한 수십 편의 논문과 저술이 있으며, 특별히 『인공지능시대, 인간을 묻다』(2018)
와 『정의의 신학: 둘(the Two)의 신학』(2027)을 저술하였다.

**박창훈**

현재 서울신학대학교에서 교회사를 가르치고 있다. 서울대학교(B.A.)에서 공부하고, 서울신학대학교에서 목회학 석사(M.Div.)를 마친 후, 듀크대학교(Th.M.)와 드류대학교(M.Phil./Ph.D.)에서 학위를 취득하였다.

저서로는 『존 웨슬리, 역사비평으로 읽기』(2007), 『존 웨슬리, 사회비평으로 읽기』(2014) 등이 있으며, 근대 사회와 기독교에 관한 연구에 관심을 갖고 있다. 현재 한국웨슬리학회 회장이다.


**배덕만**

현재 기독연구원 느헤미야의 교회사 교수 겸 원장으로, 백향나무교회 담임목사로 섬기고 있다. 서울대학교 종교학과(B.A.), 서울신학대학교 신학대학원(M.Div.), Yale Divinity School(S.T.M.), Drew University(M.Phil. & Ph.D.)에서 공부한 후, 건신대학원대학교 교회사 교수와 주사랑성결교회 담임 목사, 한국복음주의 역사신학회 회장을 지냈다.

저서로는 『전광훈 현상의 기원』, 『한국 개신교 근본주의』, 『교회사의 숲』 등과 『한국교회, 어디로 가나?』, 『태극기를 흔드는 그리스도인』, 『신학과 신학적 상상력』 등의 공저 그리고 『기독교는 어떻게 세상을 변화시키는가』, 『3천년 기독교 역사 2』, 『월터스토프 하나님의 정의』 등의 역서와 다수의 논문이 있다.


**손호현**

현재 연세대학교 신과대학/연합신학대학원에서 조직신학과 문화신학을 가르치고 있다. 연세대학교, 하버드대학교, 밴더빌트대학교에서 공부하였다. 관심 연구 분야는 기독교 신정론, 신학적 미학과 예술신학, 신학적 해석학 그리고 한국문화신학이다. 저서로는 『악의 이유들』(2024년 대한민국학술원 학술도서), 『아름다움과 악』, 『인문학으로 읽는 기독교 이야기』, 『사도신경』, 『한국 교회 건축과 공공성』, 『민중신학과 예술』, *Main Challenges for Christian Theology Today* 등이 있다. 역서로는 『신학적 미학』, 『성령과 아름다움』(2020년 세종도서 학술상), 『기독교 구성신학』 등 다수가 있다.

## 신용식

부산장신대학교에서 신학을 공부하고, 스위스 바젤대학교 Reinhold Bernhardt 교수의 지도 아래 조직신학/교의학으로 박사학위를 취득하였다. "계시인식. 폴 틸리히의 현상학적 신학 재구성"라는 제목으로 틸리히의 신학과 후설의 현상학을 종합적으로 고찰하는 시도를 학위 논문에 담았다. 오늘날 주된 연구 과제는 문화신학, 폴 틸리히의 신학 그리고 현상학과 상호주관성에 입각한 신학적 현상학을 구축하는 것이다. 주요 연구로는 "폴 틸리히의 현상학적 신학 재구성", "문화신학의 해석학적 과제에 대한 고찰", "인간성 위기의 폐쇄적 근원에 대한 신학적 고찰" 외 다수가 있다. 현재 부산장신대학교에서 조직신학을 가르치고 있다.

## 신익상

현재 성공회대학교에서 종교철학과 생태신학을 가르치고 있다. 서울대학교에서 물리학으로 학사를, 감리교신학대학교에서 목회학석사(M.Div.)와 박사학위(Ph.D.)를 받았다. 요즘은 횡단과 불이 속에서 자유를 생각하고 있다.

지은 책으로는 『낮은 곳에서 열리는 삶, 종교』, 『바울 해석과 한국 사회 주변부』, 『이제 누가 용기를 낼 것인가』, 『변선환 신학연구』 등이 있으며, 『코로나 펜데믹과 기후위기 시대, 생물다양성에 주목하다』, 『한국 기독교의 보수화, 어느 지점에 있나』, 『종교는 돈을 어떻게 넘어서는가』, 『포스트휴먼 시대, 생명 신학 교회를 돌아보다』를 비롯해 여러 권을 함께 썼고, 옮긴 책으로는 『과학으로 신학하기』 등과 여러 논문이 있다.

## 이상목

연세대학교 신학과 졸업 후 하버드대학교와 예일대학교에서 각각 목회학 석사(M.Div.)와 신학 석사(S.T.M.) 학위를 받았다. 목회 현장에서 사역하다 귀국하여 연세대학교에서 신약학 전공으로 박사학위(Ph.D.)를 취득하였다. 현재 평택대학교 피어선신학전문대학원 부교수로 재직 중이며, 한국신약학회 부회장, 「신약학회」 편집위원, 예술목회연구회 전문연구위원이다.

저서로 『요한계시록』, 『평화의 신학』(공저), 『창조신학, 어떻게 볼 것인가?』(공저), 역서로 『예수, 바울, 복음』, 『피어선 설교 선집』(공역) 등이 있다.

## 이성호

배재대학교 기독교사회복지학 교수. 버클리연합신학대학원(GTU)에서 조직
신학 중 종교와 과학을 전공했고, 지금은 배재대학교 기독교사회복지학과 교수
이자 교목으로 사역 중이다. 종교와 과학의 대화, 포스트휴머니즘, 인간동물학,
생태신학 및 윤리 등이 관심 분야이다. "자연 개념의 변천사 속 기독교의 대응과
새로운 기독교 자연관 탐구 – 관계론적-삼위일체론적 자연관을 향하여(2025)",
"Wolfhart Pannenberg's Theological Methods and His Conversation
with Science"(2025), "Seeking the Anthropological Significance of
Animals in God: A Conversation Between Ethology and Theology"
(2025), "동물 연구(Animal Studies) 시대에서 기독교 신학의 길 찾기(2023)"
외 다수의 국내외 논문들과 『비대면 시대의 '새로운' 교회를 상상하다』(공저),
『생태 사물 신학』(공저), 『기술신학』(공저) 등을 저술하였다.

## 이오갑

강서대학교 명예교수(조직신학 전공). 한신대(신학사), 연세대 연합신학대학원
(신학 석사) 그리고 프랑스 Institut Protestant de Théologie (Montpellier)
에서 신학박사 학위를 받았다.

저서로는 『칼뱅 자본주의의 고삐를 잡다 – 그의 경제사상과 자본주의』(한국연
구재단 인문학 우수성과 교육부총리상), 『칼뱅의 신과 세계』(한국기독교학회
소망학술상), 『칼뱅의 인간』, 『한국교회, 신학에서 길을 열다』, 『한국 기독교
개혁의 테마 20』, 『종말론, 무엇이며 어떻게 볼까』외 여러 저서, 역서가 있고,
다수의 논문이 있다.

## 이용주

연세대학교, 연세대학교 대학원, 장로회신학대학교 신학대학원, 독일 하이델베
르크대학 등에서 신학을 공부하였고, 튀빙엔대학교에서 신학 박사(Dr. Theol.)
학위를 취득하였다. 현재 숭실대학교 기독교학과에서 조직신학 교수로 재직 중
이며, 학생들과 나누는 소소한 대화를 직업생활의 중점으로 두고 살고 있다. 신론,
인간론, 교회론, 기독론 같은 전통적인 신학적 주제들에 대해 공부하는 것을 즐겨

하고, 종교와 정치의 관계, 세속국가와 세속성에 대한 균형 잡힌 신학적 이해를 도모하는 일에도 간간이 관심을 두고 있다.

*Unterwegs zum trinitarischen Schöpfer*(De Gruyter, 2010), 『신·인간·정치 — 자유와 연대를 위한 신학적 제언』(2023년 세종도서 학술상) 등의 저서와 『셸링: 절대자와 자유를 향한 철학』 역서를 출판했고, 국내외 전문학술지에 다수의 학술논문을 발표했다.

## 장재호

공군 군목, 명지대 교목을 거쳐, 현재 감리교신학대학교 종교철학 조교수이자 과학과신학연구소 소장으로 재직 중이다. 감리교신학대학교(B.Th., Th.M.), 연세대학교(B.A.), 서울대학교(M.A.&Ph.D.[ABD]), 미국 보스턴대학교(S.T.M.), 영국 에든버러대학교(Ph.D.)에서 신학, 철학, 종교학 등을 공부했다. 영국의 '과학과 종교 포럼'에서 피콕 상(2015)을, '과학과 신학 유럽학회'에서 ESSSAT 논문상(2018)을 수상했다.

*Are We Special? Human Uniqueness in Science and Theology* (Springer, 2017)를 공저했고, 『창조의 본성: 성서와 과학 사이에 다리 놓기』(2016), 『과학 시대의 신앙 — 첨단과학 사회에서 신앙인이 고민해야 할 12가지 질문』(2021)을 번역했다.

## 전철

한신대학교 신학부 교수. 한신대 신학대학원장 역임. 독일 하이델베르크대학에서 신학을 전공했다(Ph.D.). 서울대-한신대 포스트휴먼 연구단에 소속되어 포스트휴먼 시대의 인간과 문명에 관한 논의에 참여했다.

주요 공저로는 『AI가 던지는 질문』(2026), 『기독교와 탄소중립의 미래 — 기후위기 기독교 신학포럼』(2023), 『생태 사물 신학 — 포스트휴먼 시대의 신, 인간, 자연』(2022), 『인간 너머의 인간 — 팬데믹 이후 급변하는 생태신학』(2021), 『내가 만난 루만』(2021), 『한국교회 개혁을 위한 신학』(2019), 『한국의 과학과 종교』(2019), 『포스트휴먼 시대, 생명·신학·교회를 돌아보다』(2017), 『한국

신학의 선구자들 — 20세기 한국신학자 13인』(2014), 『박근혜 정부의 탄생과 신학적 성찰』(2013) 등이 있다.

## 정대경

장로회신학대학교, 샌프란시스코 신학대학원, 버클리 연합신학대학원(GTU)에서 박사학위(Ph.D.)를 취득하였다. 현재 연세대학교 연합신학대학원과 교목실에 소속되어 있고, 종교와 과학 분야 연구를 수행하며 기독교와 종교 현상을 과학기술과 연계하여 가르치고 있다.

저서로는 *The Promise and Peril of AI and IA*, 『기술신학』, 『신학과 과학의 만남 — 기포드 강연을 중심으로』, 『신학과 과학의 만남 3 — 21세기 기독교 자연신학』 등 다수 있고, 『삼위일체로 존재하는 하나님의 삶』 외 몇 편의 역서(공역)와 여러 편의 논문이 있다.

## 홍국평

현재 연세대학교에서 구약학을 가르치고 있다. 연세대학교, 상로회신학대학교, 하버드대학교, 클레어몬트대학원에서 공부하였다.

지은 책으로는 *Judah's Desire and the Making of the Abrahamic Israel* (2024, de Gruyter), 『이사야 1』 (2016, 대한기독교서회)이 있고, "Unleashing the Trickster: A New Look at the Lying Prophet of Bethel." *JTS* (2025) 등 다수의 학술 논문이 있다.

# '나는 창조의 하나님을 믿습니다' 연속 기고 목록*

1. '무로부터의 창조' 교리를 누가 부정했는가 (손호현)

2. 마르틴 루터의 창조 이해 (이용주)

3. 진화론과 기독교 (정대경)

4. 존 웨슬리의 자연과학 이해와 창조신학 (박창훈)

5. 자연의 신학: 종교(신학)과 과학의 대화 방법 (이성호)

6. 신약의 창조 이해 (이상목)

7. 시작과 에너지 (박일준)

8. 창조, 과연 증명이 필요한가 해석이 필요한가 (신용식)

9. 과학신학을 공부해야 하는 이유 (장재호)

10. 방법론적 자연주의에 대하여 (김정형)

11. 과학에게 창조과학은 무엇인가 (신익상)

출처: 뉴스앤조이(https://www.newsnjoy.or.kr)

게재일: 2024. 5. 10. ~ 2024. 6. 6.

---

* 이 책에 나오는 일부 원고는 「뉴스앤조이」 연재 "나는 창조의 하나님을 믿습니다"에 실린 글이다. 다만 필자에 따라 책 수록을 위해 대폭 개정하기도 했고, 완전히 새로 쓰기도 했다. 이 책에 수록하도록 허락해 준 「뉴스앤조이」에 감사드린다.